权威·前沿·原创

皮书系列为
"十二五""十三五""十四五"时期国家重点出版物出版专项规划项目

B
BLUE BOOK

智库成果出版与传播平台

传媒蓝皮书

BLUE BOOK OF CHINA'S MEDIA

中国音频传媒发展研究报告（2023）

REPORT ON THE DEVELOPMENT OF CHINA'S AUDIO MEDIA (2023)

主　编／申启武

社会科学文献出版社
SOCIAL SCIENCES ACADEMIC PRESS (CHINA)

图书在版编目（CIP）数据

中国音频传媒发展研究报告 . 2023 / 申启武主编
. --北京：社会科学文献出版社，2023.12
　（传媒蓝皮书）
　ISBN 978-7-5228-3074-2

　Ⅰ.①中…　Ⅱ.①申…　Ⅲ.①音频技术-传播媒介-
产业发展-研究报告-中国-2023　Ⅳ.①G219.2

　中国国家版本馆 CIP 数据核字（2023）第 248984 号

传媒蓝皮书
中国音频传媒发展研究报告（2023）

主　　编 / 申启武

出 版 人 / 冀祥德
组稿编辑 / 张建中
责任编辑 / 朱　月
责任印制 / 王京美

出　　版 / 社会科学文献出版社·政法传媒分社（010）59367126
　　　　　地址：北京市北三环中路甲 29 号院华龙大厦　邮编：100029
　　　　　网址：www.ssap.com.cn
发　　行 / 社会科学文献出版社（010）59367028
印　　装 / 天津千鹤文化传播有限公司

规　　格 / 开　本：787mm×1092mm　1/16
　　　　　印　张：22.25　字　数：332 千字
版　　次 / 2023 年 12 月第 1 版　2023 年 12 月第 1 次印刷
书　　号 / ISBN 978-7-5228-3074-2
定　　价 / 189.00 元

读者服务电话：4008918866

本书出品方

暨南大学新闻与传播学院

《中国音频传媒发展研究报告（2023）》
课 题 组

组　长　申启武

副组长　牛存有

成　员　（以姓氏拼音为序）

蔡　静　蔡钜丞　陈叶红　景义新　李　婵

李　玥　李丹丹　李颖彦　刘原芃　孙　杨

孙佳雪　孙美玲　童　云　涂有权　王　宇

王成梧　王春美　王怡菲　魏文楷　吴生华

谢豪莹　邢丹蕊　许　宁　于　丹　张　帅

钟启华　周世皓

主编简介

申启武 暨南大学新闻与传播学院教授、博士生导师。拥有十余年媒体工作经历,主要从事广播理论与实务、网络音频的教学与研究工作;主持国家社科基金一般项目、国家广电总局社科研究重大项目与一般项目、国务院侨办人文社科一般项目及广东省社科基金一般项目、广东省普通高校人文社科重点研究基地重大项目等;发表论文90多篇,出版专著7部,主编著作6部;获第十一届全国广播电视学术论文评选一等奖,第六届全国广播电视学术著作评选二等奖,广东省广播影视奖社科论文类一等奖、二等奖等,并有作品获2000~2002年度"中国广播文艺奖"一等奖,1件作品获"中国广电学会广播文艺专家奖"一等奖;担任中国广播电视社会组织联合会特邀理事、第五届学术委员会委员,中国高校影视学会理事、广播专业委员会副主任委员,全球修辞学会-视听传播学会副会长,广东省广播影视协会常务理事,《中国广播电视学刊》编委;连续多年担任广东省广播影视奖评委以及第20、23、25、33届中国新闻奖评委。

摘　要

《中国音频传媒发展研究报告（2023）》由暨南大学新闻与传播学院设立的课题组负责编纂，汇聚了中国广播媒体与音频领域的专家、学者、业界精英的真知灼见，以及国内融媒体专业研究人员最新的研究成果。

2022 年面对严峻复杂的外部形势和艰巨繁重的宣传任务，广播系统坚持以习近平新时代中国特色社会主义思想为指导，认真落实党中央决策部署和要求，推动自身工作取得了新的成效。这一年，中国音频传媒坚持巩固和壮大主流舆论引导力，充分发挥舆论引导的积极作用。广播媒体的深度融合开创了全媒体传播的新境界，传统广播与新媒体广播为促进中国和世界沟通交流做出新贡献，应急广播体系在全国广电系统齐心协力建设下取得新进展。同时，移动音频发展顺应移动互联网时代的重大变革，逐步探索出涵盖手机、车载、穿戴、家居等应用场景的全场景传播模式。

2022 年中国广播媒体不断加强多场景、跨区域的智慧广播建设，推动全媒体融合发展。全国各级广播媒体通过打造融媒主体、建设全媒体矩阵、探索多元化盈利模式、积极利用新技术探索深度融合转型之路。自党的二十大提出加强全媒体传播体系建设后，广播媒体不断深化融合理念、巩固传播平台、拓展传播矩阵、创新打造内容、推动人才转型、促进管理变革，为经济社会发展提供强大精神力量。广播领域的深度融合在主流价值观引领、社会治理、文化继承以及国际传播等层面发挥重要作用，并呈现智能化、沉浸式、接地气等传播特点。随着移动通信技术以及数字多媒体技术的不断发展，声音内容市场规模持续扩大，声音内容产业持续挖掘声音的独特价值。

广播媒体经与短视频、直播、门户网站以及各大商业音视频客户端等平台的诸多融合尝试之后，探索出了多元创新的发展之路。在新媒体的强势冲击下，广播媒体影响力与用户规模进一步回落，广播媒体在巩固听众规模、提高听众黏性与忠诚度的同时，需要大力加强网络平台非音频类内容布局。广播媒体经营需要在平台、数据、内容、品牌、技术等多维度上开拓探索，发挥广播媒体优势，在固有经营模式中开拓新赛道。疫情居家时代的结束标志着不同终端的广播电台收听逐步回归常态化，因此未来广播电台应秉持内容为王的发展战略，以听众为中心，满足听众对于内容个性化、场景化以及垂直化的需求，打造更多精品节目，才能进一步提升广播内容的生产力和竞争力。

面临产业升级发展、产业模式重塑的重大挑战，中国移动音乐产业还需要直面短视频音乐、人工智能辅助生成音乐带来的行业技术新考验。中国移动音乐产业需要继续在平台侧、用户侧、技术侧、内容侧同步发力，将移动音乐与城市文化建设相结合，打造数字时代中国文化消费新场景。在网络音乐用户规模同比略降、视频和音乐用户边界不断融合等形势变化下，车载广播和音乐 App 愈加寻求接轨，求新求变的网络音乐行业也在积极结合元宇宙、人工智能等新技术，以期为用户带来全新的音乐体验。而传统音乐广播必须在移动互联网技术的加持下，加速与移动音乐产业的协同发展。

移动音频在政策、市场、技术等多重因素叠加的驱动下，已经进入相对成熟的发展阶段，形成了全域服务生态。从用户行为分析来看，移动音频已成为用户娱乐休闲的重要方式，也成为连接用户生活服务的重要载体。新冠疫情之后，在全民阅读政策引领下有声阅读市场进入健康有序发展阶段，有声阅读的产业结构不断完善、规模不断扩大、形态不断丰富。同时，有声阅读作为数字时代新型出版传播体系的重要板块，其版权保护工作进入新阶段。音频直播持续深耕专业垂直领域，优化沉浸感听觉体验，充分利用自身的特性与优势牢牢占有了直播领域的长尾市场，实现了与其他传媒形态和内容形式的差异化竞争。2022 年的中国播客市场进一步发展壮大，播客节目的细分趋势明显，内容的原创活力不断增强，越发呈现巨大的营销潜力。

关键词： 音频传媒　深度融合　广播电台　移动音乐

目 录 ⤵

Ⅰ 总报告

Ⅱ 媒体融合篇

Ⅲ 广播电台篇

Ⅳ 音乐类移动音频篇

Ⅴ 非音乐类移动音频篇

皮书数据库阅读**使用指南**

总 报 告

General Report

B.1

奏响时代强音

——2022 年中国音频传媒发展报告

申启武*

摘 要： 2022 年中国音频传媒奏响了新时代中国特色社会主义音频事业的时代强音。在中国共产党第二十次全国代表大会召开期间，音频传媒坚持巩固和壮大主流舆论，发挥了舆论引导的积极作用。这一年广播媒体融合继续向纵深挺进，推动构建了服务于国家治理和社会治理创新的全媒体传播体系。移动音频顺应移动互联网时代发生重大变革的发展趋势，逐步探索出涵盖手机、车载、穿戴、家居等应用场景的全场景传播模式。传统广播与新媒体广播携手在国际广播事业领域取得新成就，为促进中国和世界沟通交流做出新的贡献。值得注意的是，应急广播体系在全国广电系统齐心协力共同建设下取得突出进展，最大限度

---

* 申启武，暨南大学新闻与传播学院教授、博士生导师，研究方向主要为广播理论与实务、网络与新媒体。

发挥出了广播在国家政策宣传、社会治理和文化建设方面的独特作用。

关键词： 音频传播　深度融合　移动音频　应急广播

2022 年，中国音频传媒行业坚持以习近平新时代中国特色社会主义思想为指导，深刻学习贯彻落实党的二十大精神，聚焦主流舆论宣传，深化媒体融合创新，推动我国广播音频传媒业实现"十四五"良好开局。回顾一年的工作，可以看到中国音频媒介在信息发布、舆论引导、社会服务等方面取得新进展、呈现新成效。在移动音频、国际传播、媒体融合等领域也做到改革创新、与时俱进，充分展现中国音频传媒事业在中国共产党的领导下踔厉奋发、勇毅前行的蓬勃面貌。

一　坚守阵地：锤炼党性服务大局

2022 年中国最引人注目的事件莫过于中国共产党第二十次全国代表大会的成功召开，全国上下广播媒体围绕党的二十大精心策划、制作了大量音频节目，充分发挥出音频媒体舆论引导的重要作用。中国共产党第二十次全国代表大会于 2022 年 10 月 16 日至 22 日在北京举行。在会议召开期间，各级广播电台充分利用各种宣传形式和手段，以人民群众喜闻乐见的方式对党的二十大精神和习近平总书记重要思想进行提炼解读，获得社会各界的热烈反响和积极评价。

党的二十大开始前，上海人民广播电台在重点新闻时段推出一批主题报道、特别节目，线上通过阿基米德 App 和线下传播矩阵同频共振，为迎接党的二十大的胜利召开做好充足准备。其中，《非凡十年·从 1 到 N》系列报道聚焦十年来与民生息息相关的新事物、新政策、新举措，生动地展现了上海十年间的非凡变化；《奋进新征程·中国科创百秒印象》节目以每期

100 秒、共 10 期的形式，在长三角之声数字人主播"长小姣"的带领下，回顾党的十八大以来中国所取得的重大科技创新成果。2022 年国庆长假期间，上海交通广播带来《细看新发展 喜迎大跨越》国庆特别直播，通过讲述先进代表人物守正创新的奋斗故事，展现交通行业十年来的巨大变化。同时，直播内容与人们黄金周自驾出行相呼应，实时紧扣重点路段交通情况，为听众们的车内时光增添几分色彩。

党的二十大闭幕当天，广东广播电视台新闻广播、珠江之声与上海人民广播电台长三角之声、河北新闻广播、湖北之声、四川新闻广播一起，五台联合推出庆祝党的二十大特别节目《新时代 新征程——20 位党员的二十大心声》。来自上海、河北、湖北、四川、广东的 20 位不同行业的党员，通过分享他们对党的二十大报告的深切领悟，结合他们踔厉奋发、锐意进取的个人奋斗故事，展现了各行各业的人民群众不忘初心、砥砺前行的心声。2022 年 11 月 1 日起，全国 32 家广播电台及其新媒体联合推出"二十大精神二十人讲"全媒体党课。党课内容聚焦二十大会议提到的关键词，通过主持人与嘉宾互动由点及面地解读二十大精神；形式上采用"广播直播+新媒体音视频直播+全程图文直播"的全媒体直播模式，同时节目在 B 站（哔哩哔哩弹幕视频网）进行直播和年轻人互动，增强了节目在年轻群体中的引导力、吸引力、传播力和影响力。

党的二十大期间广电视听媒体打造融媒体传播矩阵、提高主流媒体传播力的成效卓著。江苏省广播电视总台制作的《十年巨变：中国发展"成绩单"》节目展现了党的十八大以来中国取得的发展成绩，通过 MG 动态图形动画、交互视频等新媒体技术的运用，展现了数据新闻产品的崭新面貌。齐鲁网·闪电新闻推出"这就是山东·这十年这十秒"系列微视频接力传播活动。微视频联动山东省 16 市区县融媒体中心，以全省各地人、事、景的演变为主线，创造性地加入了 VR、手绘、H5 等新媒体技术手段，刻画了十年里山东全省人民的突出成绩和经济社会发展带来的巨大变化。可以看出，广播媒体正充分运用线上线下融媒体传播矩阵，以崭新面貌发挥着党的喉舌功能，倾听民众的声音，传递党的话语，共同书写时代新篇章。

习近平总书记在党的二十大报告中提出："全面建设社会主义现代化国家，必须坚持中国特色社会主义文化发展道路，增强文化自信，围绕举旗帜、聚民心、育新人、兴文化、展形象建设社会主义文化强国，发展面向现代化、面向世界、面向未来的，民族的科学的大众的社会主义文化，激发全民族文化创新创造活力，增强实现中华民族伟大复兴的精神力量。"[①] 在媒体队伍建设方面习近平总书记进一步指出，建设具有强大凝聚力和引领力的社会主义意识形态，应当加强全媒体传播体系建设，塑造主流舆论新格局。[②] 不论是过去、现在还是未来，广播媒体始终团结一致、守正创新、不忘初心、牢记使命，用优质的音频节目和贴心的群众服务，努力为党和国家事业全局做出更大贡献。

二 深度融合：构建新型广播媒体生态

国家广播电视总局在 2020 年印发的《关于加快推进广播电视媒体深度融合发展的意见》中强调，广播电视媒体深度融合发展要"坚持深度融合、整体转型，坚持科技引领、创新驱动，坚持移动优先、一体发展，坚持多屏互动、矩阵传播，坚持平台与网络并用、内容与服务并重"[③]。随着音频传媒的纵深发展，中国广播逐步建立起以内容建设为根本、先进技术为支撑、创新管理为保障的全媒体传播体系。

广播音频的深度融合不是片面孤立的融合，而是在动态发展中正确理解声音传播在人们生活中扮演的角色，辩证地把握音频与视频之间的共生关系，在综合考察现代媒介环境变迁的前提下，实现广播与其他传播媒介从

---

① 习近平：《高举中国特色社会主义伟大旗帜　为全面建设社会主义现代化国家而团结奋斗——在中国共产党第二十次全国代表大会上的报告》，新华网，2022 年 10 月 25 日，http：//www.news.cn/politics/2022-10/25/c_ 1129079429. htm。

② 同上。

③ 《广电总局印发〈关于加快推进广播电视媒体深度融合发展的意见〉的通知》，中华人民共和国中央人民政府官网，2020 年 11 月 13 日，http：//www.gov.cn/gongbao/content/2021/content_ 5582647. htm。

"合而为一"到"融为一体"的转变，从而更好地发挥音频媒介的作用。在广播深度融合的进程中，移动化是一大必然趋势。新型广播媒介从指导思想到具体实践都充分彰显移动化、流动化、自主化的特征。从传统广播纷纷创办移动线上 App 可以看出，在新媒体飞速发展的时代背景下，广播必须将传统线性思维转变为用户思维，也就意味着除了满足传统意义上的收听需求外，广播媒介还要考虑新媒体用户的消费意愿。① 在"珠江模式"孵化下诞生的"粤听"App 深耕广东市场，以满足粤语市场用户的使用需求为出发点，以岭南文化和情怀为切入点，聚合粤语地区优质的音频资源，向世界传递出丰富精彩的原创广东声音。资料显示，截至 2022 年 12 月，"粤听"用户下载量 3700 万+，用户规模稳居全国广电音频类客户端前四。② "粤听"App 的成功不仅在于为用户提供了高质量的粤语音频内容与垂直化服务，更在于凭借清晰的差异化发展战略打造了"广东名片"。如今，"粤听"App 已经成为广东广播电视台主要的新媒体主流阵地之一，它还将岭南文化和湾区故事传播到全球各地，让世界人民共同见证中国、见证广东的成长。

在市场竞争的驱动下，用户思维的转变和贯彻是广播深度融合的内在动力，技术手段则是广播融合得以实现的外在支持。广播媒体从形式上"合"到全方面"融"的深度转型，主要表现为在新型视听技术和互联网技术的驱动下，音频内容渠道、平台的外延不断拓展，新业态、新产品、新机制层出不穷。在大数据、算法推荐等技术的加持下，场景化智能推送等功能进一步提升了用户的使用体验；而 5G+4K/8K+AI、虚拟主播等技术具有高速率、低时延和大连接的人机物互联通信优势，极大地提升了用户的听觉体验。2022 年"两会"期间，中央广播电视总台音频客户端"云听"App 联合"中国之声"，推出全 AI 播报资讯专栏《两会快报》和 AI 主播团体 IP "云小天团"，不仅实现了全 AI 语音播报，更创建了 AI 声音"人格化"、AI 播报多场景覆盖等音频新理念。"云小天团"包括定位于政策要闻的 AI 主播

---

① 申启武：《移动音频的崛起与传统广播的选择》，《中国广播》2019 年第 9 期，第 10~15 页。
② 《广东台粤听｜听岭南、听湾区、听世界，听见美好新时代！》，"国家广电智库"微信公众号，2023 年 1 月 16 日，https：//mp. weixin. qq. com/s/IhykRkj7vLVS-o1iKm_ Mww。

"云小琦"、定位于社会热点的"云小宇",以及定位于行业报道的"云小江",AI主播的播报内容紧扣"两会"热点议题,播报质量丝毫不输经验丰富的专业播音员,最终为用户呈现了具有十足科技感的融媒体"两会"音频报道。可以说,智媒技术的发展加深了人与物、物与物之间的互动,创造了万物互联的新局面,让音频媒介的深度融合逐渐走向全媒体融合。

作为全国最早上线的主流媒体客户端,新华社客户端在媒体深度融合领域追求卓越。在音频原创内容领域,新华社特别推出以原创歌曲、MV、声音纪录片、声音博物馆甚至大型音乐会为代表的《声在中国》栏目,栏目不断为受众带来充满想象力和创意的音频内容,短短一年时间里迅速收获超过120亿次的播放量,无数听众留下好评。① 2022年五四青年节之际,《声在中国》栏目策划了一场盛大的青年音乐会,邀请知名小提琴家吕思清、美杰新青年乐团成员等多位青年音乐家共同演奏,让听众在昂扬的旋律中感受青年的时代之音。这场表演在新华社客户端、新华网直播间和新华社快手、抖音等短视频官方账号进行同步线上展播。除了为用户带来音乐上的审美熏陶外,《声在中国》栏目也为脱贫攻坚、全面建成小康社会、实现第一个百年奋斗目标的国家发展大计做出了一份特殊贡献。栏目与科大讯飞集团联合,借助先进的声纹识别技术,专门研发出一款利用音色进行交互的应用程序。当用户喊出"你好,小康"时,语音识别系统就从提前录制的声音博物馆中匹配到与用户音色最相似的"脱贫之声",点击播放就能听到与自己声音相似的"脱贫之声"讲述的战贫故事。在《声在中国》栏目创作成员们的规划中,五花八门的声音技术的使用并不是为了炫技,而是为了挖掘声音与人、与时代发生化学反应的催化剂。"脱贫之声"的内容实质上还是脱贫故事文本的复刻,如果只是平铺直叙地将脱贫故事呈现出来,可能并不会引起很大的反响,多数人不会停下来想要仔细欣赏。但加上声音识别这一道程序之后,人们的好奇心被激发起来,想要知道到底会匹配到什么样的声音。如此

① 《这一"声",有故事!》,"新华社"微信公众号,2021年2月5日,https://mp.weixin.qq.com/s/zJSeAUYXZKESCWOTIXdCAQ。

一来，脱贫攻坚的宏大叙事便能够化作与你我都息息相关的身边故事，极大地提升了音频节目的传播力、影响力、引导力。通过技术加持，传统广播声音媒介实现了从内容到形式、从产业到生态的深度融合。

三 场景多元：移动音频传媒深入发展

移动音频是音频内容顺应移动互联网时代发展趋势的重大变革，自2010年至今已经走过十余个年头，仍然具有巨大的发展潜力。复盘中国移动音频十余年来的发展历程可以发现，人们对于声音的需求有增无减。iMedia Research（艾媒咨询）数据显示，中国声音经济产业市场规模保持连续增长态势，2022年声音经济产业市场规模达3816.6亿元。艾媒咨询分析师认为，用户使用需求不断增长，中国声音经济产业市场前景广阔。[①]《中国网络视听发展研究报告（2023）》显示，2022年，互联网音频市场用户规模已达8.3亿人，其中移动音乐类达到73%的较大规模，但以有声阅读、移动电台为代表的内容类音频App应用的用户量在2022年呈现持续上涨的趋势。[②] 可以看到，用户的快速增长和内容的多样化以及相关技术的发展正在重塑数字音频市场，声音经济仍然具有巨大活力。

伴随属性是移动媒体时代声音的特有优势。从移动音频的收听途径来看，车载音频和手机音频是目前移动音频最为广泛的两大接触渠道，因此汽车和手机成为移动音频深入发展的主要发力点。中央广播电视总台音频客户端"云听"App充分采用音频新技术，将音频内容连入车联网系统，进而实现智能网联时代车内空间的音频全覆盖。同时，"云听"还为鸿蒙系统和小米系统打造专属轻应用产品，推出的"鸿蒙服务卡片"和"小米小部件"凭借简洁

---

① 艾媒咨询：《2022年中国声音经济数字化应用发展趋势报告》，百度百家号，2023年2月20日，https：//baijiahao. baidu. com/s？id=1758320583311475613&wfr=spider&for=pc。

② 《阿基米德|〈中国网络视听发展研究报告（2023）〉网络音频解读：智能互联，再塑生态》，"上海人民广播电台"微信公众号，2023年3月30日，https：//mp. weixin. qq. com/s/zmtRc_ cB6qXDZRAv8D7mcA。

实用的操作模式得到手机用户的喜爱。从音频的内容类型上看，近年来移动音频内容传播呈现创作群体扩大化、内容创意新颖化、音频形式多样化的特征，不断为用户带来独具特色的音频内容。移动音乐、广播新闻、语音直播、广播剧、有声书、播客等音频内容满足了部分用户的信息需求和娱乐需求，从某种程度上看，丰富多样的移动音频创建了多种多样的音频场景。

场景，原本是戏剧学、电影学的专业术语，用来表示戏剧、电影等文艺作品中的一幕幕场面。如今，"场景"成为移动媒体时代颇为火热的概念。中国人民大学新闻学院彭兰教授认为与 PC 时代的互联网传播相比，移动时代场景的意义大大强化，移动传播的本质是基于场景的服务，即对场景（情境）的感知及信息（服务）的适配。[①] 换言之，场景意味着消费，移动互联网将人类生活分割成一幕幕消费场域。移动音频中的消费场景目前囊括了亲子场景、运动场景、工作学习场景、居家场景、夜间场景、通勤场景等，而这些场景中的声音具有独特的陪伴属性和高度适配性，对用户而言具有情感价值，同时能够帮助用户养成消费使用习惯，甚至创造新的使用习惯。当用户形成固定的声音习惯之后，音频节目将与用户休闲娱乐生活形成强力联结，在提高了个人生活密度的同时提升了听觉感官的效率。尤其在疫情期间，拥有特有亲近感和陪伴感的声音，有效缓解了人们在面对未知时的孤独感和烦躁感，家庭成为移动音频发挥陪伴功能的主要场所。随时可听、随处可听的音频陪伴驱散了人们的紧张和孤独感，反过来促使用户收听音频的习惯养成，显著增加了移动音频平台的用户黏性。可见，声音的场景内容消费是移动音频媒体的核心。

构建移动音频的全场景生态是媒体深度融合的必然目标。音频面对短视频等视觉媒介的注意力争夺，其所独有的陪伴属性和解放视觉的特性在过去很长一段时间内其实并未得到充分发挥。而移动音频全场景生态，强调硬件制造商、系统研发商和内容服务商三者合作构建音频场景生态，满足用户在特定场景特征下的音频收听需求。在全场景生态下，个性化的收听行为和收

---

① 彭兰：《场景：移动时代媒体的新要素》，《新闻记者》2015 年第 3 期，第 20~27 页。

听喜好通过不同设备之间的无缝衔接和切换，能够自然地融合贯穿于不同听觉场景之中。从某种意义上说，全场景生态融合了受众细分、内容差异化等发展战略，不仅能够助推音频内容流量变现，而且不断细分的场景和需求将成为音频内容创新的助推器，激发小众领域内新的音频内容创作。

随着 PGC、UGC、PUGC、AIGC 共同创造新的音频内容生产范式，开发声音场景愈来愈凸显不容忽视的重要性。事实上，声音场景的蓝海还很宽阔，2022 年各大音频内容媒体持续在音频场景领域深耕，探究声音的更多可能性。睡眠音乐便是在场景深度细分下开发的小众音频类型，音乐治疗理论认为舒缓、平稳的音乐有助于从生理上缓解睡眠问题、提升睡眠质量而达到助眠效果。2022 年 11 月，酷狗音乐于睡眠专区上线"沉浸助眠"功能，针对现代人越来越常见的失眠、易醒等睡眠问题，提供专业、细致的声音哄睡助眠服务方案。酷狗 App 的睡眠专区针对不同场景开设了九种音乐效果，用户可以在深海、竹林鸟叫、海浪拍岸、林间小雨、风吹麦浪、溪流、篝火、琴声、深海鲸鸣中自由切换，在最适合的声音陪伴下享受一段完整的睡眠时光。2022 年移动音频的行业领头羊喜马拉雅进一步加强全场景生态的建设，全面实现人与人、人与物之间的声音联结，通过技术开发让音频内容生态与车载终端、智能音箱、智能穿戴等硬件终端应用之间建立广泛、自然的连接，让更多声音内容以多元化渠道触达用户，让万物皆可有声有色。从全场景生态发展结果来看，喜马拉雅实施的战略无疑是成功的。经过几年的发展，不仅喜马拉雅与阿里巴巴、小米、百度、华为、美的等头部企业达成合作，而且 93% 以上的智能音箱都接入了喜马拉雅的内容，喜马拉雅更在车载智能终端部分与特斯拉、保时捷、宝马、奥迪等超过 95% 的汽车企业进行深入合作，目前市场 TOP 30 的汽车品牌均已接入喜马拉雅的音频服务。[①] 最近几年中，移动音频凭借自身的移动性不断实现伴随性的最大化，而全场景生态更是为声音发展注入了新的生命力。

---

① 齐鲁晚报网：《喜马拉雅过去十年持续重塑声音价值，做强做大文化产品》，百度百家号，2022 年 10 月 10 日，https://baijiahao.baidu.com/s? id=1746272987674530946&wfr=spider&for=pc。

四 国际广播：立足中国连接世界

党的二十大擘画了全面建成社会主义现代化强国、以中国式现代化全面推进中华民族伟大复兴的宏伟蓝图，明确了新时代新征程党和国家事业发展的目标任务，并对文化建设做出战略部署，提出了推进文化自信自强、铸就社会主义文化新辉煌的总目标，为广播音频媒体标定了新方位、新坐标、新维度。2021 年习近平总书记在十九届中共中央政治局第三十次集体学习时再次指出，媒体部门要"下大气力加强国际传播能力建设，形成同我国综合国力和国际地位相匹配的国际话语权，为我国改革发展稳定营造有利外部舆论环境，为推动构建人类命运共同体作出积极贡献"。[①] 2022 年习近平总书记在党的二十大上再次强调："坚守中华文化立场，提炼展示中华文明的精神标识和文化精髓，加快构建中国话语和中国叙事体系，讲好中国故事、传播好中国声音，展现可信、可爱、可敬的中国形象。加强国际传播能力建设，全面提升国际传播效能，形成同我国综合国力和国际地位相匹配的国际话语权。"[②] 如今，世界之变、时代之变、历史之变正以前所未有的方式展开，人类社会面临前所未有的挑战。音频传播作为中华文化输出的重要渠道之一，肩负着加强国际传播能力的使命，在未来工作中音频媒体应始终坚守初心，广泛宣介中国道路、中国理念、中国主张，通过声音讲好中国共产党的故事，讲好新时代中国的故事，努力塑造可信、可爱、可敬的中国形象。

中国国际广播围绕"讲好中国故事、传播好中国声音"的目标，向世界人民展示了中国形象，这对我国新闻媒体的对外宣传实践起到一定引导作用。在多次国内外重大新闻事件中，中国媒体通过国际广播第一时间进行现

[①] 《习近平在中共中央政治局第三十次集体学习时强调加强和改进国际传播工作 展示真实立体全面的中国》，《人民日报》2021 年 6 月 2 日，第 1 版。

[②] 《习近平：高举中国特色社会主义伟大旗帜 为全面建设社会主义现代化国家而团结奋斗——在中国共产党第二十次全国代表大会上的报告》，新华网，2022 年 10 月 25 日，http://www.news.cn/politics/2022-10/25/c_1129079429.htm。

场报道，向世界鲜明表达了中国的立场，使我国具有与国际地位相匹配的传播力、影响力和话语权，形成了国际传播的核心竞争力，增强了中国对外广播的国际传播能力。正如习近平总书记所指出的，我国广播媒体"继承发扬优良传统、主动担当外宣使命，以我为主、融通中外、敢于斗争，通过电波、网络等媒介广泛宣介中国道路、中国理念、中国主张"。① 2022 年全国广播媒体不断完善国际传播体系，加强优质音频内容创作，积极利用新媒体推动中国广播的国际传播效能提升和动能培养，充分发挥讲好中国故事、传播好中国声音、提高国际传播话语权的重要作用。

根据中央"重塑外宣业务、重整外宣流程、重构外宣格局"的决策部署，中央和地方广播电视与网络视听媒体不断加强国际传播内容与形式的创新。一方面，经过多年来的不懈努力，我国构建起覆盖全球 150 多个国家和地区的广播电视国际传播体系，国际话语权和影响力日益提高。"丝绸之路影视桥工程""视听中国播映工程""当代作品翻译工程"等工程项目，"中俄媒体交流年""中非媒体合作论坛""中国—阿拉伯国家广播电视合作论坛""中国东盟视听传播周"等定期合作机制，均有助于推动我国国际传播实现从"借船出海"到"造船出海"。习近平总书记曾先后为中国—东盟媒体交流年、中阿广播电视合作论坛、中非媒体合作论坛致贺信，表达了对深化媒体合作、服务双边关系发展、推动构建人类命运共同体的殷切期望。另一方面，我国广电媒体积极参加国际电联、亚广联、欧广联、阿广联等国际组织举办的官方活动，不断扩大国际传播圈、提升国际传播影响力。在传播技术方面，广播音频加强技术产业合作，带动设备与内容出口。以地面数字多媒体广播（DTMB）为代表的具有我国自主知识产权的技术标准、服务、设备等，带动音频内容和音频产业走向国际，提高了我国广电视听国际传播竞争优势。我国在推动音频传媒积极参与构建对外传播业务的同时，加强互联网思维、新媒体思维的实践转化。爱奇艺、抖音、喜马拉雅等头部互

---

① 《习近平致信祝贺中国人民对外广播事业创建 80 周年强调　加强国际传播能力建设　打造具有强大引领力传播力影响力的国际一流新型主流媒体》，人民网，2021 年 12 月 3 日，http://jhsjk.people.cn/article/32299177。

联网视听企业不断拓展海外媒体市场，其自主传播平台在海外进行规模化、本土化运营，为世界客观了解中国提供新窗口。

作为透视新时代中国发展与形象的重要工具，中国音频传媒充分利用重大国际性活动做好国际广播工作。2022 年春，北京第二十四届冬季奥林匹克运动会开幕式在国家体育场隆重举行，中央广播电视总台对这次盛会进行了完整、同步、广泛、清晰的全球报道，中央和地方的 14 个电视频道和中国之声、环球资讯广播等 17 套广播频率全景展现了冬奥会盛况，获得全球媒体同行的广泛好评。中国广播电视媒体聚焦"共享冰雪运动"主题主线，把握开幕式、闭幕式重要节点，用先进的媒体技术和多样的传播形式丰富传播内容，通过广播、电视、新媒体打造视听内容的国际传播矩阵，发挥视听媒体在国际传播和文化交流方面的优势。正如习近平总书记评价的，冬奥会、冬残奥会的"四场开闭幕式精彩纷呈，人类命运共同体的主题贯穿始终，中华文化和冰雪元素交相辉映，体现了自然之美、人文之美、运动之美，诠释了新时代中国可信、可爱、可敬的形象"。[①] 奥运会作为国际性重大体育赛事，是传递国家优秀文化、展现全国人民精神风貌的宝贵机会。中国音频传媒把握奥运会机会积极主动做好对外传播工作，在公共平台上以视听节目内容为载体，生动形象地传播中华优秀文化。综观北京冬奥会从申办、筹措、策划到举办赛事、完美闭幕的全过程，无数基层工作人员、志愿者、运动员、裁判等共同为冬奥会的顺利举办奉献了自己的汗水，创造了胸怀大局、自信开放、迎难而上、追求卓越、共创未来的北京冬奥精神，深刻展现了爱国敬业、开放包容、坚韧不拔、开拓进取、热爱和平的中国精神。

传统视听媒体应该转换新媒体思维，充分运用网络新兴媒体内容丰富、时效性强、互动性强的优势，提升全媒体传播能力。随着网络技术、传播技术、传播观念的不断更新，国际传播的主战场逐渐呈现网络空间和现实空间相结合的新特征。因此，广大传媒工作者应遵循新闻传播规律和新兴媒体发

---

① 习近平：《在北京冬奥会、冬残奥会总结表彰大会上的讲话》，人民网，2022 年 4 月 9 日，http：//jhsjk. people. cn/article/32395043。

展规律，促进形成立体多样、融合发展的现代传播体系。习近平总书记谈到网络空间舆论时指出，"加强全媒体传播体系建设，塑造主流舆论新格局。健全网络综合治理体系，推动形成良好网络生态"①。因此，中国音频媒介应当以创新驱动构建具有先进技术支撑、集广播电视和现代网络视听于一体的大视听发展格局，不断提高服务党和国家工作大局的能力水平，使互联网这个最大变量成为事业发展的最大增量。中国音频媒介在传播内容上要积极适应互联网传播特点，打通手机、平板、车载等各类使用终端，构建满足多元化、分众化需求的大视听供给体系；传播渠道上要统筹用好广播电视网、电信网、互联网等多种信息网络，有序拓展 IPTV、OTT 业务范围，构建泛在、协同、智能的大视听传播体系。

五 应急广播：音频媒介公共服务能力提升

党的二十大报告明确提出"健全现代公共文化服务体系"的总体要求，中国广播媒体在加强公共服务、增进民生福祉、提高人民精神文化生活品质方面责无旁贷。2022 年全国上下广播机构紧紧围绕促进精神文化生活共同富裕目标，强化项目支撑，夯实基础建设，进一步推动广电公共服务提质升级，推进广电公共服务体系深度融入网络强国、数字中国、智慧社会建设。应急广播体系建设便是其中重要内容之一。应急广播作为国家政策宣传、应急管理、社会治理和精神文明建设的重要基础设施，是打通信息发布最后一公里、实现精准动员的重要渠道。2022 年以来，全国广电系统深化应急广播体系建设，切实推动形成上下贯通、综合覆盖、安全可靠、精准高效的中国特色应急广播体系，提高服务政策宣传、乡村治理、应急管理和公共事务能力。具体来说，取得的新成绩主要体现在以下四个方面。

一是应急广播系统建设和平台对接有序推进。截至 2022 年底，应急广

---

① 习近平：《高举中国特色社会主义伟大旗帜 为全面建设社会主义现代化国家而团结奋斗——在中国共产党第二十次全国代表大会上的报告》，人民网，2022 年 10 月 25 日，http：//jhsjk. people. cn/article/32551583。

播国家级平台已经投入试运行，并与已建设完成的省级平台实现对接，市县级应急广播平台已经超过1300个。国家广电总局凭借一体化云底座展现优秀的数据对接能力，为加强广播指挥调度体系建设提供了强有力的支持。以安徽省应急广播的建设情况为例，省级应急广播指挥调度综合平台已经建成并与国家级应急广播实现互联互通。16个市级应急广播平台中13个已完成建设并与省平台成功对接。107个县（市、区）级应急广播平台中的97个完成建设并与省平台成功对接。全省已部署应急广播终端19万多个，覆盖行政村（社区）1.6万多个，终端平均在线率87%以上。① 基本实现了省—市—县—乡镇—行政村的上下贯通、互联互通，以及应急广播终端行政村全覆盖。而在传输技术领域，广电系统继续研究探索有线、无线、卫星传输覆盖技术与5G、宽带通信、车联网等技术融合发展，推动面向移动接收、车载接收、跨屏切换等融合协同业务功能开发。

二是基层应急广播建设突出，扩大应急广播的城乡覆盖面。基层是各级单位服务群众的最前沿，也是社会治理的"神经末梢"，基层工作是一切工作的落脚点，基层工作的好与坏直接关系到人民群众的幸福安宁与否。应急广播体系建设始终高度重视各基层单位应急广播终端建设，推动应急广播服务到地到户到人。山东省济南市作为城市应急广播系统建设全国试点城市，结合城区特点、交通状况，模拟了应急广播在城市的十个典型应用场景，包括工厂应用、雪野湖自然环境应用、公交（地铁）电视应用、户外大屏应用、校园应用、广场应用、图书馆的应用、应急避难场所的应用、公园的应用、火车站的应用。广播系统对接和信息导入、智慧屏终端的推广部署，把应急广播管控单元下沉到社区，为基层社区治理提供专业化、个性化、定制化的全面服务。

三是播发渠道广泛，音频服务应用丰富。辽宁省广播电视局全力推进广播电视制播、传输渠道与应急广播体系建设的同频共振、融合发展，辽

---

① 《应急广播体系建设案例——省级案例之三 安徽局》，国家广播电视总局官网，2023年4月7日，http://www.nrta.gov.cn/art/2023/4/7/art_3888_63887.html。

宁交通广播（FM97.5）呼号增设辽宁应急广播呼号，落实了全省应急广播主频率。辽宁广播电视台牵头建设了辽宁省应急广播频率播发平台，并开办《97.5应急通》等应急广播栏目，实现了广播电视制播与应急广播融合发展。辽宁北票市30个乡镇级播控平台及发布终端、264个行政村级播控平台及发布终端，及516个村民组，均实现了大喇叭终端安装的全覆盖。北票市还通过"传统媒体+新媒体"的发布方式，终端实现"有线TS流+4G+无线RDS调频广播"三种信号多模联通。实现县应急局、县气象局和上级应急广播平台信息的"三进"，通过有线电视网络、无线广电信号、终端大喇叭和县融媒体矩阵四个渠道的信息发布，最终实现了信息发布的"三进四出"。①

四是逐步探索建立了应急广播系统平战结合的规划机制。应急广播工程建设作为一项长期发展的利国利民的政策模式，必须做好系统性、长效化运行维护，既着眼于平时服务民生需求，又立足战备特殊情况，以形成应急广播优质通、长期通的良好态势。从媒介属性来看，应急广播媒体可以结合当地自然灾害、乡村治理、生产劳动、交通运输、人文环境等特点，做到快速反应、集中宣传。另外，从国家长远发展来看，应急广播不只是"应急"和"广播"，音频还可以与图像、视频等媒体融合，与天网工程、雪亮工程、智慧广电、乡村振兴等国家发展战略相结合，在服务于国内发展的同时将中国发展推向世界，推动建设开放型世界经济，更好地惠及世界各国人民。平战结合的发展方针不仅符合我国新时期防范化解社会风险的管理要求，而且迎合了文明交流互鉴、构建人类命运共同体的美好畅想。

2022年中国音频传媒在习近平新时代中国特色社会主义思想指导下，在中国共产党的坚强领导下，牢记高举旗帜、引领导向，围绕中心、服务大局，团结人民、鼓舞士气，成风化人、凝心聚力，澄清谬误、明辨是非，联接中外、沟通世界的职责与使命，在联系和服务群众、服务社会主义建设方

---

① 《应急广播体系建设案例——省级案例之一　辽宁局》，国家广播电视总局官网，2023年4月7日，http://www.nrta.gov.cn/art/2023/4/7/art_3888_63885.html。

面发挥了突出作用。过去的一年经过全党全国各族人民共同努力,我们已经如期全面建成小康社会、实现了第一个百年奋斗目标。现在,我们正意气风发迈上全面建设社会主义现代化国家新征程,向第二个百年奋斗目标进军。① 未来,中国音频传媒将继续在技术上加快创新探索的步伐,在内容上秉持客观真实、精心制作的标准,在形式上大量吸收借鉴人民群众喜闻乐见的方式,为全面建设社会主义现代化国家、全面推进中华民族伟大复兴做出新的更大贡献。

---

① 《习近平在二十届中共中央政治局常委同中外记者见面时强调 始终坚持一切为了人民一切依靠人民 以中国式现代化全面推进中华民族伟大复兴》,人民网,2022 年 10 月 23 日,http://jhsjk.people.cn/article/32549996。

媒体融合篇
Media Convergence

B . 2
2022年中国广播深度融合现状与特点

李　玥*

摘　要： 媒体融合自2014年上升为国家战略以来已经走过了近十年，在加速推进媒体深度融合进程中，全国广播锚定新型主流媒体融合发展方向，在音频业态、场景、案例、模式等层面不断进行探索和创新，媒体融合已跨入智能化的新阶段。本文选取全国2022年度最具代表性与创新性的案例进行剖析，归纳深度融合的媒体实践与特点。2020年全国广电行业的传统盈利模式大幅萎缩，各级广播媒体都在进行供给侧改革，通过打造融媒主体、建设全媒体矩阵、探索多元化盈利模式、利用新技术，探索深度融合转型之路。

关键词： 深度融合　广播转型　大端大号　媒体矩阵

---

* 李玥，北京广播电视台节目研发中心融合发展研究科科长，高级编辑。

2022 年的中国广播，挑战与机遇并存，"深度融合"四个字体现在组织形式、传播渠道、内容形态、经营模式的自我革命与迭代升级上。2022 年 5 月，在人力资源和社会保障部、国家发展改革委、财政部、税务总局 4 部门联合印发的重要保障性文件《关于扩大阶段性缓缴社会保险费政策实施范围等问题的通知》中，广播电视被列为"特困行业"。如果仅从经济效益上看，特困并不完全归咎于新冠疫情。广电行业效益的下滑始于 2015 年，三年后的 2018 年，广播与头部卫视广告出现大幅下滑，疫情只是雪上加霜。国家广电总局最新数据显示：2022 年传统广播电视广告收入、节目销售收入降幅较大，其中广播广告收入 73.72 亿元，同比下降 28.09%；传统广播电视节目销售收入 330.68 亿元，同比下降 24.54%。虽然广电传统盈利模式萎缩，但是新型盈利模式已成长起来。用户付费、网络视听节目版权、短视频、电商直播与新媒体广告等多元化收入增幅在 20%以上。① 广播媒体也在上述领域"掘金"，融媒体矩阵越来越多，新媒体业务渐大渐强。

一　机构融合：供给侧为转型赋能

2018 年以来，广播传统端媒体开始精简整合。一是面临经营压力的被动选择，二是适配各级融媒体中心的建立整合与优化。2022 年批准撤销 1 个县级播出机构和 24 个频道频率。其中，北京广播电视台于 2022 年 12 月底一次性关停故事广播、外语广播、青年广播 3 个频率。精简精办是广电结构调整和深化改革的重要契机，不是简单"一减了之"，而是适配新的体制机制对资源进行优化配置。

广播频率转型有两种模式。一是垂类整合。按照产业赛道，把全台广播频率资源进行整合，由 1 个团队运营管理 2~3 个频率，通过集约经营降低运行成本。二是跨媒介整合。广播渐呈"无台化"趋势，省级媒体大多进

① 《2022 年全国广播电视行业统计公报》，国家广播电视总局官网，2023 年 4 月 27 日，http://www.nrta.gov.cn/art/2023/4/27/art_ 113_ 64140.html。

行广播电视媒体融合，地市级媒体则采用"广播+电视+报业"的模式，广播进入总台或媒体集团下属的融媒体中心，将工作重心全面转向移动端。融媒体中心是省级媒体内容生产与运营的中枢，也被称为新媒体中心或中央厨房，统领"大端大号"向社会综合信息服务大平台发展。市县两级融媒体中心已经成为地方媒体机构的代名词，多采用"广播+电视+报业"的模式，成立跨媒介的融媒体中心。截至2022年8月，全国2585个县级融媒体中心已建成运行。2022年4月，中宣部等三部门联合下发《关于推进地市级媒体加快深度融合发展实施方案的通知》，对地市级媒体深度融合进行具体部署，遴选60个市（地、州）推动开展市级融媒体中心建设试点工作，截至2022年底，接近90%机构已完成整合。

经过供给侧改革后的广播概括起来有三点共性。一是构建全媒体矩阵。将自有客户端建设作为重点，构建了包括广播频率、自有客户端、网站、各类新媒体账号在内的全媒体传播矩阵，扩大媒体品牌的影响力。二是开发多元产业。构建涵盖内容、产品、服务、技术等全业务链的产业发展体系，探索"新闻+政务+商务"模式。三是创新组织形式，以融媒体工作室或MCN机制盘活资源，构建市场化的运营机制。

二 夯实大端：打造平台核心能力

近几年，以"耳朵经济"著称的在线音频产业崛起，虽然广播媒体自办的音频客户端深度参与行业发展，但是目前还不是市场主流。《2023中国在线音频市场发展研究报告》显示，2022年在线音频用户规模达6.92亿人，市场规模突破310亿元，媒体的音频客户端在用户最常使用的平台中占到37.2%，占比排名位于综合性商业音频平台、有声书平台与知识付费平台之后。[①] 广播媒体的音频客户端至今还未实现获利，内部考核重点仍是拉

---

① 《〈2023中国在线音频市场发展研究报告〉36套关键数据解读》，搜狐网，2023年4月1日，https://gov.sohu.com/a/661593099_121124374。

新促活，重点培育的盈利模式有四类：一是版权收入，二是广告业务，三是内容付费，四是政府业务。

第一，打造核心竞争力。在新型主流媒体平台建设的过程中，各家都在围绕自身核心资源打造核心竞争力。中央广播电视总台的音频客户端"云听"上线三年以来，已经发展成与央视频、央视新闻并列的总台客户端"三驾马车"之一。2022年中央台收回在各个新媒体渠道的音频节目版权，由自有平台"云听"App独家经营，中央台的思路与当年芒果TV的独播策略相似，以壮士断腕的决心收回新媒体渠道音频节目版权，意在以内容版权壁垒换来渠道的核心优势。随着战略调整，中央台广播端降低不适合二次传播的直播类节目比例，在某种程度上放弃了传统端的收听市场份额，收听率同比下降超过25个百分点。在中央台看来，传统的收听数据不能精准匹配用户，在融媒体时代，再高的市场份额也难以兑换广告价值，所以将直播态广播节目的资源转向弱时效性的精品版权内容的生产与开发。北京台在北京广播市场占有近80%的市场份额，丰富的直播态品牌节目吸引了大量本地用户与客户，其自有平台"听听"FM客户端与用户建立强连接的方式是密切与品牌直播态节目的合作，通过打造互动社区让用户可视化，吸引定位明确的客户，探索用户付费等私域流量运营变现模式。上述中央台与北京台的"大端"建设思路虽然看起来截然相反，但是在新型主流媒体平台建设上，一切皆有可能。

第二，深耕垂类版权内容。北京台的音频客户端"听听"FM与人民文学出版社、作家出版社、北京十月文艺出版社、长江文艺出版社等130余家出版机构以及何建明、周大新、徐则臣等100余位知名作家建立了良好的版权合作关系，成为国内最大的音频版权内容提供商之一。"听听"FM自有版权内容和独家代理的北京广播电视台音频版权内容总时长共计3万个小时，包括1000余部版权作品（有声小说、广播剧、评书等）和60余档版权节目，内容涉及悬疑推理、历史军事、人物传记、科幻奇幻、儿童文学、生活百科等16个大类，建立起了覆盖全国100多家广播电台、近20家互联网音频平台、数字图书馆、智能硬件及公共文化建设项目等多层次的全媒体音频版权运营渠道，实现了音频版权的全渠道运营。上海台的音频客户端

"阿基米德"将内容进行了精细化的垂直细分,整体有四级分类,第一级涵盖66个分类,逐级层层细分使所有内容可标签化与可被筛选,便于垂类人群的触达。细分后的垂类内容便于多渠道分发,根据标签和分类将内容推送到广泛的智能硬件之中。

第三,聚焦移动车载市场。截至2022年,我国新能源汽车产销量连续8年保持全球第一[1],车载广播和手机App已经成为用户最主要的收听途径。[2] 车载是优质用户的聚集地,有着巨大的可消费潜力,是未来可长期拓展的方向。中央台凭借"国家队"的独特优势,争取国家政策支持,参与车联网行业标准制订。"云听"通过收购车载音频平台头部品牌"听伴"(原"考拉"FM),加速扩大在车联网领域的市场规模与调整战略布局。2022年12月,"云听"的母公司央广传媒集团与上海金桥集团签署战略合作协议,双方将共同打造"央广云听智联汽车数字媒体产业基地",将在上海成立子公司运营车联网业务。北京台"听听"FM持续入驻"腾讯随行""阿里斑马""华为"等车联网领域头部平台。广东台的"粤听"客户端推出了智慧交广等智能化广播频道;针对车载端、智能硬件端、家居端等各类端口推出了在线音频版本,目前已完成华为、小鹏车机版本,将与比亚迪、埃安等智能汽车合作。虽然车联网前景广阔,但是车机的合作存在平台多元化、接入研发成本较高的情况,目前车联网音频还没有清晰成熟的盈利模式。

三　做强大号:端外矩阵日趋成熟

2022年中国广播融媒体矩阵建设取得很大进展,已完成了单一传播向

---

[1] 《【2022中国经济年报】工信部:我国新能源汽车产销量连续8年保持全球第一》,"光明网"百家号,2023年1月18日,https://m.gmw.cn/baijia/2023-01/18/36312313.html。

[2] 和讯网:《〈2023中国网络视听发展研究报告〉发布:用户规模达10.40亿,网络视听成第一大互联网应用》,百度百家号,2023年3月31日,https://baijiahao.baidu.com/s?id=1761869774226769360&wfr=spider&for=pc。

复合传播的转变，微信、微博、抖音、快手等社交平台账号已成为各家广播的标配，基本形成了多渠道、多形式的广播融媒体传播矩阵，下一步力争实现由矩阵向"强阵"的跨越。

第一，"两微"注重新闻服务属性。在广播媒体传播矩阵中，"两微"从发布数量上看依旧是主阵地，内容更具有新闻资讯属性，更强调权威性与服务性。CSM媒介研究显示，2022年广播电台在微信、微博、抖音、快手、今日头条、微信视频号累计发布超过260万条内容，日均发布量超过7000条，其中微博发布量最多，微信次之，传播量分别为24亿与35亿。2022年疫情相关内容传播充分展现了广播大号传播的影响力与引导力。

第二，短视频成为创新亮点。截至2022年12月，我国网民规模为10.67亿人[①]，网络视听网民使用率达97.4%，其中短视频用户规模达10.12亿人，已成为吸引网民"触网"的首要应用。[②]

虽然短视频的视频化不是广播的强项，但广播媒体在短视频领域的表现毫不逊色，广播媒体在以抖音、快手、西瓜视频、微信视频号为代表的短视频平台上传播总量达403亿。广播人借助短视频平台成为意见领袖是一大转型亮点。浙江广播电视集团首批重点培育的新闻账号实现了广播"破圈"传播，城市之声编辑邹雯在抖音打造的"新闻姐"，截至2022年抖音号粉丝达2000万，抖音平台认证它是中国广播电视新闻界首个突破千万粉丝的个人IP号，位列全国广电新闻大V粉丝量第一位。"新闻姐"最初来自浙江城市之声的新媒体短视频赛道布局，频率鼓励所有一线采编播人员，根据自己的节目打造新媒体账号，截至2022年，城市之声拥有百万级粉丝的短视频账号6个，总粉丝量近5000万。"新闻姐"以"原创内容+热点评论+正面引导"的内容模式对社会热点新闻事件进行梳理与评论，亮点是逻辑清晰、通俗易懂，善于从纷繁复杂的信息中寻找关联和传

① 新浪科技：《CNNIC报告：截止去年12月我国网民规模10.67亿 互联网普及率达75.6%》，C114通信网，2023年3月26日，https：//www.c114.com.cn/news/52/a1227562.html。

② 人民日报：《我国短视频用户规模达10.12亿，成吸引网民"触网"首要应用》，沈阳网，2023年6月7日，https：//news.syd.com.cn/system/2023/06/07/012101860.shtml。

播脉络，像破案一样，从权威通报中提取关键信息，由点到线形成框架。产品整体调性是理性、客观与正能量。账号采用精益运营模式，生产采取手机拍摄剪辑，可随时随地录制、剪辑、发布，适应移动互联网"短、平、快"的节奏。

第三，融媒体策划传播品牌。广播媒体策划大型音视频融媒体项目锻炼队伍，整合全台资源提升品牌的影响力。2022年初，北京广播电视台推出大型广播跨年融媒体项目"大声喊 新年好"，进行了长达9个小时的广播音视频共做直播。该项目紧扣声音主线，以视觉化舞台戏剧场景，整合全台新闻内容资源，通过视频直播、诵读晚会、现场报道等丰富的音视频内容，创新呈现了一场广播多场景声音剧，通过全媒体预热，在34个音视频平台进行传播。整场活动直播期间（16点到次日凌晨1点）广播端10个频率合计收听率为2.693%，较2021年同期增幅达15.1%；合计市场份额达到76.288%，较2021年同期增幅为13%。融媒体大型活动有两个运营要点。一是创新场景。整体策划以"寻找最美好的声音"为主线，6组主持人在具有设计感的舞台直播间，以广播剧的形式讲述梦想、时间、生活和百年等6个主题，通过实时互动、视频连线形式盘点全年重大新闻事件，塑造了视觉化、有仪式感的场景。例如，与用户分享2021年的最后一个日落；在颐和园看故宫钟表师王津修理古董钟表；通过慢直播欣赏张家口"雪如意"的优美造型；乘坐长安街上百年公交车大1路；"置身"环球影城的好莱坞大道、城市副中心与北京航天飞行控制中心等。项目设定了近20个采访点位进行移动视频直播，以故事与视觉化表达创新广播正能量报道传播形态。二是矩阵互动。融媒体项目用音视频共做内容为多渠道传播创造热点，让广播品牌以可视化的形式进行全媒体传播。在直播中通过互动话题、互动游戏、红包雨与用户密切连接，在移动端策划设计了声音记忆、年度声音推荐官等多个H5互动产品，触发用户分享。通过广播端宣传片、户外大屏海报展示与微博话题预热，"大声喊 新年好""这儿声儿爱了爱了"两个微博话题总阅读量超过1127万。

四　多元经营：深耕布局垂类产业

2022 年各级广播媒体主要围绕垂类资源，以活动与全媒体整合营销的形式拓展多元化产业资源，基本形成了"广播端+融媒体矩阵+线下活动+产业延伸"的经营模式，以前是通过广播节目，现在是通过"大端大号"打造品牌与用户建立信任和连接，在服务用户与客户的过程中从"政务 G 端+商务 B 端+用户 C 端"变现。

第一，做好政商服务。2022 年广播的政务服务较为常见的是参与城市建设与承办政府文化活动。北京台依托高水准音频制作能力，承接 2022 年北京市政府"折子工程""北京之声"项目，助力博物馆服务升级，帮助全市博物馆开发移动收听收看、场景导览推送、专家专业讲解、特定人群版本、留言互动打卡等功能。截至 2022 年底，已累计完成与 56 家博物馆的合作签约、导览录制、线上博物馆搭建工作。浙江经济广播电台为浙江省委实施重点文化工程打造"宋韵文化"IP，主创团队根据政府"乡村振兴+文旅"的主题需求，以还原宋代美学场景、为用户提供沉浸体验的形式承办了三场活动，单场价格为 60 万元到 300 万元，广播充分运用整合营销能力，为地方政府部门定制特色化的服务。上述参与城市建设、承办文化活动主要基于广播的渠道价值，扬州经济音乐广播 FM94.9 通过为江苏油田做党群案例宣推，打开了政企内宣服务的"蓝海赛道"，不依靠自身渠道价值而是通过为用户解决个性化需求创造价值。扬州经济音乐广播打破对国企劳模的固有宣传思维和方式，通过一本电子书、一个基地、一场追星落地活动、一系列短视频等具有仪式感的"包装"，让甲方的劳模工作室成为系统内党群建设的优秀案例。扬州经济音乐广播虽然在此案例中收入仅 30 万元，但是以此为模板的企业内宣订单"滚雪球式"增长。

第二，整合开发产业链。医疗是与用户生活密切相关、各家广播普遍关注、信息相对封闭的领域，产业链延伸与整合的基础是让用户与客户得到独家资源，通过广播媒体获得差异化的服务。沈阳广播电视台全媒体新闻中心依托《铁锋帮你忙》开发"医生 IP"整合"医疗资源"，以导诊的形式满足用户刚需，创新了广播的专题节目盈利模式，打造"医生问询、医生经纪、医疗科普、下乡义诊、产学研一体"五个模块产品，以互联网思维开拓医疗行业资源。在医生经纪方面，与百度合作为医生录制视频，这在服务医生的同时通过平台实现变现，通过导医节目积累的真实的用户数据与私域流量可用于产业链开发与变现，可以通过带资进组的方式为地方广播开发医疗节目，现已与四个地方台建立合作。沈阳台的盈利模式本质上是携独家资源做"刚需"型中介，形成用户、医生、地方广播与客户多方共赢格局。

第三，探索新兴产业。在传统观念上媒体创新特别强调"大众爆款"，而颠覆性互联网创新传递的价值观是"小众冷门"，从小处着眼且能为用户提供核心价值的创意具有改变整个行业的力量。广播媒体也在积极开发垂直分众化的用户与产业。江阴市融媒体中心依托"最江阴"全媒体矩阵开发了《太可爱了叭》宠物节目，举办了"萌宠成精啦"系列活动，如宠物婚礼"毛孩子的五月婚礼"，宠物走秀"动物星人麦田秀"，宠物泳赛"狗刨冠军杯"等。每场活动的内容和主题都以宠物为纽带，以矩阵为平台，串起用户与目标商家的需求。活动通过全媒体、多维度、立体化的推广宣传，不断优化听众参与感，提高粉丝覆盖率，通过节目的品牌价值提升开发宠物周边产业。青岛交通广播打造的"海米"FM 系列节日活动，通过宠粉节、月亮节、电台文化咖啡节、月光音乐节、时光节、海米艺术节与飞盘音乐节等让广播实现了"破圈"，让客户切实看到了广播品牌的号召力，以及广播私域流量所蕴含的商业潜力。郑州广播电视台敏锐把握户外消费趋势，推出的"露营嘉年华系列活动"联动五个城市、七个地点举办不同调性的露营活动，撬动新兴小众经济。疫情使线下实体经济受到重创，当广告主缩减预算、计算广告销售转化率的时候，广播需要实实在在地为客户连接用户、兑现收入。对于客户而言，广播媒体开发垂类产业要回归"营销专家"的角色，从自身渠道销售者变为整合多渠道资源的用户资产管理者，为客户精准匹配"人、货、场"。

第四，做带货服务中台。5G 智慧电台联合湖南交通广播运营"千频一网"电商项目,通过搭建整合供应链与服务平台协助地方融媒体中心开启电商模式。湖南交通频道的"平安小精灵福利社"有电商运营经验与供应链基础。5G智慧电台联盟具有技术开发、渠道与用户资源。地方融媒体中心有地方的宣推渠道与用户。5G智慧电台通过开发"千频原产地甄选"商城小程序,引入了湖南交通广播的供应资源,通过分析其电商平台运营数据,甄选了20款首发商品,如宁夏盐池滩羊、原产地直邮的哈尔滨阿列克谢红肠、科大讯飞X3 Pro AI智能学习机等,在小程序中为合作单位搭建独立的专题页面,根据当地受众需求,展销其他地域的合作媒体引荐的原产地好物。参与媒体既是原产地好物的推荐者与"供应商",也是引导当地群众在线购买原产地好物的推广者与"分销商",以供销一体的形式响应"数商兴农"助力乡村振兴,拓展盈利模式。目前,以茶陵县融媒体中心为代表的6家湖南省内融媒体中心参与合作,所有参与单位自注册完成后,基本可以进行零人力成本运维。5G智慧电台成立了项目组,全面保障技术、运营、宣传、财务等各项工作,为6家县级融媒体中心配备了商城专页设计、排版,以及主打产品的音频广告、口播文案、公众号推文等。各单位自行选取宣传物料,安排融媒体中心旗下的电台、微信公众号等媒体渠道进行发布。当地用户可以通过媒体公众号的菜单栏"甄选"进入商城进行选购并快递到家,也可以向媒体公众号发送关键词获取商场链接。

上述案例本质上是地方媒体的私域流量运营变现。5G智慧电台与地方媒体的关系类似S2B(Supply Chain Platform to Business)。S2B是阿里巴巴提出的面向未来的新型商业模式。S指大的供应链平台,B是指大平台上成长的小商家。各地融媒体中心作为小商家B主要做分销,供应链外包给S——湖南交通频道与5G智慧电台。S2B模式是根据用户的关联需求,逐步建立一个综合服务的生态平台。因为S具有整合上下游产业链的能力,B再也不用去批发市场进货了。S与B之间是赋能关系,B被S赋能,提高了效率;S从这些B中获得流量。此模式形成了三家共赢,提供供应链的湖南交通频道卖出更多货品,提供服务中台的5G智慧电台通过平台获得服务收入,作为分销商的各地媒体通过引入私域流量实现变现。私域流量运营是互联网盈利模式变现的基础，虽然在 2022 年的广播发展中有很多私域流量运营的雏形，但是还没有媒体将其视作发展规划，然而这势在必行。

五　技术赋能：助力广播融合传播

5G、人工智能、物联网的发展对于广播赋能作用越发明显，广播的全媒体生产传播更高效，可视化应用更丰富。2022 年广播的两个技术应用亮点是融媒体制播体系与虚拟主播应用。

第一，搭建融媒体制播体系。广播媒体通过可视化物理空间+全媒体制播系统建设，创新了内容形态，提升了融合制播效率。一是创新了内容形态，将传统立体声音乐广播节目拓展为沉浸式和可视化全媒体内容。二是提升了融合制播效率，利用技术系统实现全媒体平台的高效生产与分发。上海 SMG 东方广播中心为保障旗下 4 套音乐频率转型，自主开发建设了"上海广播音乐中心及融媒体应用支撑平台"，项目包含上海广播音乐中心、全媒体广播音乐内容生产分发平台两个部分。上海广播音乐中心是一个物理空间，内设 8 间"网络音视频直播间"与应用了 L-ISA 和 BlackTrax 沉浸式音频技术的 5D 沉浸式剧场。全媒体广播音乐内容生产分发平台是融媒体制播系统，实现了广播可视化"采、编、播、发、存、管"生产业务的完整闭环，可直接将视频流推送至"抖音""快手""微信视频号""一直播""哔哩哔哩"等网络视频社交平台，将音频流提供给"阿基米德"、"蜻蜓"FM 等网络平台，将媒体内容发布在微博、微信公众号等网络平台。中央广播电视总台中国之声和经济之声等广播频率开设的视频直播间配备多通路高清摄像头，实现"多条分轨视窗+多屏自由拼选"类似电视直播间的制播运作。

第二，虚拟主播创新业态。以虚拟主播为代表的虚拟人可以不受物理空间与时间的限制，长期保持稳定的形象和声音，也可以根据市场需求快速迭代，也不会出现人设崩塌、道德失范等问题，能够稳定地维持良好的公众形象与口碑。2022 年多家广电媒体引进虚拟主播进行业态创新。广东台的音频客户端"粤听"推出全球第一个粤语虚拟主播"悦小满"，上线的"悦小满音乐电台"开设虚拟电台和直播节目,倒逼"粤听"加快技术优化升级,通过游戏引擎技术实现实时高画质互动。客户端下一步将围绕"悦小满"进行全链条产品打造,包括 IP 形象开发、多场景应用、海内外宣发、文化融合推广、跨界内容创作、数字藏品与品牌商务合作等。全国百家智慧电台推出了中国广播首档虚拟主播大赛,近 20 名 AI 主播展现了播报、辩论和即兴发言的能力。"两会"期间,中央广播电视总台推出了财经节目中心主持人"AI 王冠"的虚拟形象,上海 SMG 融媒体中心应用了三维超写实数字人"申䒕雅"。虽然目前广播虚拟人的应用并不广泛,也存在形式大于内容的问题,但是随着技术的日趋成熟,应用场景将更加多元。

2022 年的广播从组织结构、传播渠道与内容形态上都呈现"去广播化"特点,通过音视频采集一体化、内容生产多样化、分发渠道多平台化、"线上+线下"联动整合营销、深耕垂类市场等,构建了越来越强大的全媒体传播矩阵,各地广播媒体各显其能跨界出新。在自我革命跨界的过程中,广播经常被质疑视频化的优势在哪里,是否弱化了声音优势,跨界与不务正业之间的界限十分微妙。转型期的广播面对无法专注的用户,对注意力的争夺也将日趋激烈,不设限制"遍地撒网战略"是实现"全面开发潜在空间"目标的最佳方法。在深度融合背景下,广播的核心竞争力是适应变化的能力,其自身价值的实现,体现在品牌、用户与多元化的产业资源中。

2022年中国广播融合传播效果
与应用场景分析

景义新　孙佳雪*

摘　要： 2022年中国广播媒体不断加强多场景、跨区域的智慧广播建设，推动全媒体融合大发展。随着智能技术的不断发展，广播媒体独特的传播优势得以放大，在主流价值观引领、社会治理、文化继承以及国际传播等层面发挥重要作用，并呈现智能化、沉浸式、接地气等传播特点。中国广播媒体在主旋律宣传层面不断凝聚社会共识，在基层治理层面不断提高广播服务能力，在中华文化传播层面加强文化渗透，并在国际舞台上用声音呈现中国亮点。2022年中国广播发展实践无疑是值得称道的，广播作为媒体深度融合的关键一环，正在推动媒体传播新格局建设，唱响时代新声。

关键词： 智慧广播　智能音频　多维场景　媒体融合

随着国家广播电视总局发布《广播电视和网络视听"十四五"发展规划》，我国不断强化科技创新引领支撑，加强优秀广播作品创作生产传播，推动广播电视公共服务优化升级，构建新时代大视听全产业链发展格局。

---

* 景义新，河北经贸大学文化与传播学院院长、新闻传播学博士后；孙佳雪，河北经贸大学文化与传播学院硕士研究生。本文系河北经贸大学科学研究与发展计划（人文社会科学）重点项目"新世纪以来的传媒经济研究：学术脉络与未来图景"（编号2020ZD06）的阶段性成果。

2022 年，中国切实落实《广播电视和网络视听"十四五"发展规划》，是中国广播业发展至关重要的一年。在全媒体传播格局下，广播在舆论引导、应急传播、公共服务、文化传承、国际传播等领域等体现其不可或缺的独特媒体价值。

一　声音赋能：广播深度融合实践

2022 年，党的二十大报告明确提出要加强全媒体传播体系建设，塑造主流舆论新格局。[①] 全媒体传播体系建设再次被提到新的历史高度，指导我国媒体深度融合转型。随着智能传播生态持续深化，我国媒体融合逐渐迈向纵深发展的阶段，已取得诸多具备前沿技术、创新形式的融合建设与传播成果。

（一）构建大音频融合传播格局

随着各类互联网平台的崛起，广播媒体开始面临受众被分流的危机。融合转型求生存，渠道转移争用户，成为广播媒体的必选之路，各大广播媒体积极入驻第三方音频聚合平台以及搭建自有移动音频 App。目前，广播媒体已经形成了"FM 直播流+App 电台直播+App 非电台直播"的"台网共生"大广播、大音频格局，不同收听媒介呈现差异化的蓬勃发展态势。

移动互联网的不断普及倒逼广播媒体积极践行媒体融合、移动优先战略，纷纷"造船出海"，通过打造自有音频 App 进军移动互联网和新媒体领域。目前，各广播电台自有移动音频 App 以本地及周边收听市场为主，也有部分强势电台的 App 在本地及周边收听市场中占据了较高的收听份额，成为用户收听电台直播节目的重要渠道。CSM 的数据显示，2022 年广播和音频在所有平台（包括广播直播流和点播有声内容平台）的平均收听时长

---

① 习近平：《高举中国特色社会主义伟大旗帜　为全面建设社会主义现代化国家而团结奋斗——在中国共产党第二十次全国代表大会上的报告》，《人民日报》2022 年 10 月 26 日，第 1 版。

已达 114 分钟，相较 2021 年的 103 分钟提升 10.7%，大多数用户已接受并形成了为优质声音内容付费的习惯。① 中央广播电视总台旗下的多套广播频率长期以来在广播市场中处于强势领跑地位，中国之声在各个传播力榜单中常年位居榜首，覆盖范围广，有着优异的收听表现；经济之声作为主流财经媒体，凭借"快资讯、亮观点、专业化、个性化"的传播特点领跑全国经济类频率；音乐之声锁定新生一代，用户超六成为 90 后和 00 后，在全天全时段都有不俗的收听表现。

媒体融合的纵深发展使得具备内容力、公信力和影响力的广播媒体纷纷开发自有 App，如中央广播电视总台"云听"、江苏广电"大蓝鲸"和湖南广电"芒果动听"等，处于第一梯队的"云听"已拥有超 2 亿用户。② 广播媒体逐渐从"窄融合"走向"宽融合"，在智能化、多元化和立体化发展道路上行稳致远。

（二）拓宽智能化语音服务场景

当下，智能语音系统因自身强交互属性与产业进行深度融合，提高企业服务质量，释放产业红利。在"十四五"的大背景和智能经济形态下，5G、人工智能、云计算等作为辅助核心基础设施加速发展，人工智能相关利好政策不断推出，智能语音产业迎来更加广阔的发展空间。许多广播媒体积极探索与智能语音技术的深度融合实践，带来了新的用户需求增长和商业模式创新，所创造的智能语音助手提高产业经济价值、繁荣广播行业生态。

在广播场景下，声音是传播的主要介质，但因为介质单一，对数字人的语义理解、语音合成方面的能力就提出了更高的要求。随着这两个方面技术的飞速发展，目前广播虚拟主持人在语音播报方面的主持已经能够非常接近真人，在新闻资讯播报场景中，"阿基米德"以广播节目实际制作方式为蓝

---

① 《2022 收听市场扫描：广播+音频平均收听时长 114 分钟，新闻频率四连增》，央广网，2023 年 2 月 21 日，http://ad.cnr.cn/hyzx/20230222/t20230222_526161535.shtml。
② 央广网：《总台云听：越主流 越好听 奋力建设国家主流声音新媒体平台》，搜狐网，2023 年 1 月 16 日，https://www.sohu.com/a/630645814_362042。

本，独创性设计"AI 对播"功能，以多主持人对播的形态，自动合成一档完整的新闻播报节目，在合成效果上，虚拟主持人可随时替代真人主持人，在稳定和效率方面，远超真人主持人。[①] 2022 年喜马拉雅用单田芳 AI 合成音所制作的 TTS（语音合成）专辑总播放量破亿，这标志着喜马拉雅已经通过 AIGC 探索出内容生产的更多可能。喜马拉雅"单田芳声音重现"等账号上线的运用单田芳 AI 合成音所制作的专辑数量已经有 100 多张，总播放量超过 1 亿。其中，《民国四大家族》播放量近 730 万，《十二金钱镖》播放量近 700 万，《卧虎藏龙全集》播放量超 390 万。[②] 通过行业领先的 TTS 技术，喜马拉雅用 AIGC 引领长音频行业的内容生产变革，让内容生产提效。与此同时，喜马拉雅还通过多项语音技术的加持，进一步提升用户的内容消费体验。

在移动互联网时代，硬件与平台的结合让音频内容的场景化播放实现零障碍，带来用户规模的扩大；同时人们接触媒介的方式从遥控器到触屏，再到未来的语音操控，智能语音操作系统会成为下一代的操作系统，语音会成为下一代获取信息的重要方式，声音形态变为一种高度适应智能化传播语境的表达方式。广播媒体需要挖掘内容生产的更高价值，创建音频服务的更多场景，构建城市生活的音频内容服务生态圈。

（三）推动全精品广播内容生产

在文化强国的背景之下，文化类节目的兴盛正当时，广播电视及网络视听平台将文化类节目创作摆在重要的位置，进行矩阵化谋篇布局，"组合拳"效应日益明显。深度媒体融合打破了传统媒介固有的单向传播模式，也打开了文化类节目多向传播的纵深空间，网络直播、音视频、可视化等新应用推动精品广播内容生产。

---

① 胡蓓蓓：《打造广播"虚拟主持人"，关键还在构建声音的场景生态》，"阿基米德传媒"微信公众号，2022 年 12 月 27 日，https：//mp.weixin.qq.com/s/tjRUMnWIOMwPFIi_x02B_w。
② 《喜马拉雅利用 TTS、ASR 等 AI 技术，全面赋能内容生产、提升用户体验》，凤凰网，2022 年 10 月 8 日，https：//finance.ifeng.com/c/8JtOU64IyMb。

文化类广播节目是精品广播内容生产布局的主赛道之一，富有文化气息的节目以全新的表达方式传承灿烂的历史文明，坚定文化自信；以细腻的社会观察直面世间万象，传递时代声音；以炫酷的生活样态描摹青春本色，追逐坦荡洒脱的人生旅程。以中央广播电视总台文艺节目中心制作的16集大型融媒体文化节目《行走大运河》为例，该节目在文艺之声、阅读之声及央视频、央视文艺新媒体矩阵、央广网、云听等平台同步上线，以16集音频节目等多种方式进行多维度、全矩阵、多平台内容发布，吸引更多年轻受众共同感受大运河之美。① 此外，原创广播精品的内容生产也备受重视。为庆祝香港回归祖国25周年，中央广播电视总台精心打造了一批主题鲜明、创意十足、新风扑面的原创精品节目，包括专题片、纪录片、MV、广播剧等，生动展现了"一国两制"在香港的成功实践，由香港演员沈震轩和内地演员宋嘉其主演的主题广播剧《香江兄弟》于2022年6月在总台大湾区之声、香港电台等广播平台播出，在新媒体平台同步上线。②

二 广播覆盖：声音媒介的全景陪伴

广播作为一种伴随性媒介，其传播特征与互联网时代下受众"碎片化"的信息接收特点具有高度适配性。广播充分调动人类的听觉感官，相较于电视媒体等视觉媒体更具便捷性。此外，广播这一传播媒介不易受到空间的限制，广播对于空间的适配也使其方便触及其他媒体难以到达的使用场景。在智能化传播语境下，广播更是不断拓展使用场景，从声音陪伴逐渐转向全景陪伴，从背景媒介转向全景媒介，从渗透场景转变为塑造场景。

（一）中国广播的国际传达

2022年，中国广播电视和网络视听机构加强内容和平台渠道建设，积

---

① 《广电文化类节目"水涨船高"的三大推力!》，搜狐网，2022年9月28日，https：//www.sohu.com/a/588528875_121123774。
② 李京盛：《广播剧"香江兄弟"：香港人的家国情与奋斗史》，光明网，2022年8月31日，https：//m.gmw.cn/baijia/2022-08/31/35990480.html。

极拓展海外市场,有效提升国际传播效能,国际传播呈现新气象。当前,国际政治格局处于深度变革期,突破传统亚洲区域视角的全球中国正成为新兴议题。2022年,中国广播继续在中国形象的全球传播中放大音量,加强广播声音的全球连接。

党的二十大报告指出,要加快构建中国话语和中国叙事体系,讲好中国故事、传播好中国声音,展现可信、可爱、可敬的中国形象。① 丝路之声广播剧创研基地是传播中国故事、展现中国形象的重要载体,其出品的中华传统文化经典题材广播剧《司马迁》《白居易》《孙思邈》等是加强国际传播的重要实践。陕西省重大文化精品项目《逆行者》《生命速递》等30多部广播剧在中央广播电视总台中国之声播出。《一代史圣司马迁》《白居易》等7部作品在美国纽约中文台播出。② 与此同时,通过大型媒体活动进行国际广播交流合作也是中国声音走向世界的重要实践。2022年是中国同中亚各国建交30周年,在中国与中亚国家广电视听合作研讨会中,中外广播对于深化务实合作、推动构建中国—中亚命运共同体发挥了重要作用。③ 2022年"亚洲—太平洋广播电视联盟奖"颁奖大会在印度首都新德里举行,中央广播电视总台4件作品获奖,其中《安妮的花海》获广播类"广播剧"奖,《分秒人生》获广播类"播客"奖。④

(二)应急广播的广泛建设

党中央、国务院高度重视国家应急广播体系建设,2022年5月,《全国应急广播体系建设"十四五"发展规划》正式印发实施,提出要扩大覆盖

---

① 习近平:《高举中国特色社会主义伟大旗帜 为全面建设社会主义现代化国家而团结奋斗——在中国共产党第二十次全国代表大会上的报告》,《人民日报》2022年10月26日,第1版。

② 《加强国际传播建设 发挥桥梁纽带作用》,"丝路之声网络音频产业基地"微信公众号,2022年6月12日,https://mp.weixin.qq.com/s/HlNtBATQHjHTZaFQ29adnA。

③ 《中国与中亚国家广电视听合作研讨会成功举办》,"中国联合展台"微信公众号,2022年8月5日,https://mp.weixin.qq.com/s/dDsmr_wDVOgDadXff1a5Lg。

④ 《揭晓!中央广播电视总台4件作品荣获"亚广联奖"》,"大湾区之声"微信公众号,2022年11月30日,https://mp.weixin.qq.com/s/4RBvS2gUoV9VrL1kd2Cs_g。

规模持续完善应急广播体系、强化安全管理规范应急广播运行维护、加强宣传引导及时传达党和政府声音、优化应用布局提高应急广播服务质量、加快创新发展提升应急广播现代化水平。

经过多年的建设，应急广播国家级平台已经投入试运行，并与已建设的省级平台完成对接，市县平台已经超过1300个，为加强指挥调度体系建设，广电总局设立了一体化云底座，具备了与各省数据进行对接的能力。各级应急广播平台的互联互通、资源共享和协作联动能力不断增强。各省份普遍推动布局多种传播媒介，综合利用广播、电视、网络视听、手机App、新媒体平台、大喇叭等发布渠道，打通应急广播传统渠道与新兴渠道，持续提高了应急广播消息的触达率。[①] 与此同时，应急广播的使用场景也被不断拓展。首先，在政策宣讲方面，应急广播在政策宣传、科技推广、移风易俗和文明引领等方面发挥了重要作用。云南专门制作民族语版广播，推动党的二十大精神深入人心。其次，在文化供给方面，西藏自治区墨脱县依托应急广播，通过创新自办"微型栏目"，积极满足当地门巴族、珞巴族等群众生活、文化需求。最后，在社会治理方面，近年来浙江、江西、贵州、江苏、湖南、河南等地都涌现"应急广播+视频监控"的"视播一体化"创新应用，其中启动较早的有浙江台州仙居、江西丰城等。云南、西藏、甘肃、广西等少数民族聚居地区应急广播实现多语言播发，边疆地区积极发挥应急广播在服务强边固防等方面的积极作用。

（三）多维场景的跨界应用

2022年，广播从"跨区域"到"跨地域"，从车载移动空间到室内多场景空间，营造广播新"声"态圈。智能音频的场景是指以用户为中心，以智能技术为依托，从内容、系统、硬件三方面满足用户在时间、空间和心

---

① 《全国应急广播发展实践综述》，国家广播电视总局官网，2023年4月6日，http：//www. nrta. gov. cn/art/2023/4/6/art_ 114_ 63850. html。

理三重维度下的音频收听需求而构建的场景。① 随着在线娱乐项目不断拓展新功能、形式不断创新,声音经济产业项目的发展日渐繁荣,用户渗透率不断提高,应用场景逐渐多元化。

数据显示,中国在线音频规模保持稳定增长,2022 年在线音频用户规模达 6.9 亿人。② 在内容多元化趋势下,在线音频的付费用户规模已经形成明显增长,"耳朵"经济产业开始逐步获得用户红利,2022 年中国用户在线休闲项目体验比例前五名分别是看剧/看电影,占比 73.5%;电子游戏占比 68.2%;在线音乐占比 67.9%;在线 K 歌占比 59.3%;有声书以及播客占比 53.7%。③ 广播正以用户为中心不断拓展音频的使用场景。智能音箱作为智能家居的主要入口之一,其语音交互能力和人工智能体验受到青睐。在智能医疗领域,武汉大学中南医院多个科室已上线智能语音系统,该系统可利用语音识别和语义理解技术实时将语音转换为文本,适用于病程记录、手术记录等需要书写大段文字的场景,提高书写效率。④ 2022 年上海广播博物馆建设完成,设有一个透明全媒体直播室,听众和观众可参与广播节目的录制。⑤ 另外,随着 5G 和车联网技术的不断发展,车载广播的质量和稳定性也得到了进一步提升。艾媒咨询数据显示,"车载预装软件"是用户最常用的收听车载音频的方式,除"车载无线电台"外,"自己下载的车载软件"也是用户较常使用的方式之一。⑥ 接下来,在 AI 技术和音频应用场景的加持下,音频将迎来更加广阔的发展空间,市场潜力不容小觑。

---

① 夏涌、谢巧巧:《Web3.0 时代智能音频场景化应用研究》,《新闻战线》2019 年第 24 期,第 20~22 页。

② 《艾媒咨询 | 2022 年中国声音经济数字化应用发展趋势报告》,世展网,2023 年 2 月 20 日,https://www.shifair.com/informationDetails/84937.html。

③ 《耳朵经济新发展:用户基础扩大,技术支持赋能》,搜狐网,2023 年 3 月 20 日,https://www.sohu.com/a/656490381_121123774。

④ 《"黑科技"讯飞医疗 AI 智能语音输入,助攻武汉中南智慧医院建设新突破!》,"讯飞医疗"微信公众号,2022 年 4 月 12 日,https://mp.weixin.qq.com/s/Bp5037dMIGwzQdp4mMqU4Q。

⑤ 徐婷:《特别关注 | 叮!上海广播博物馆来了》,"视典"微信公众号,2022 年 11 月 5 日,https://mp.weixin.qq.com/s/4K1eIxrdPQm46QBAEenLHA。

⑥ 《2022~2023 年中国车载音频行业:中国车载音频步入快速发展期,市场规模进一步扩大》,艾媒网,2023 年 1 月 31 日,https://www.iimedia.cn/c1020/91596.html。

三　广播的潜移默化：情感叙事深入人心

2022年，广播媒体不断研发精品节目，紧扣主题主线，加强主题宣传的精准化传播，推动内容创新，强化主旋律宣传的共情传播，深化媒体融合，构建舆论引导的一体化传播，提升主旋律和正能量的传播效果。

（一）广播媒体的主旋律宣传

2022年，全国广播剧的创作生产焕发蓬勃生机与活力，是丰收的一年。聚焦新时代新思想新征程挖掘选题，坚持以人民为中心讲好故事，传承中华文明增强内涵底蕴，秉持工匠精神打造艺术精品，努力推出更多礼赞时代、讴歌人民的精品力作，是我们努力的方向。这一年，全国广播剧人以更加开阔的视野和思路投入创作，聚焦现实题材、关注普通人故事、创新运用影视化手法、探索音视频相结合的传播途径成为献礼党的二十大的优秀广播剧的突出特点。《中国北斗》《一泓清水北上》心怀"国之大者"；《黑色沃土》守望麦田，稻花飘香；《谋将来永远幸福——张太雷》《正青春》围绕庆祝建党百年、建团百年而作；《守望黄河口》唱响人与自然和谐共生；《达西村》描绘民族团结、乡村振兴的时代传奇；《大港》《我是妈妈》展现全国道德模范、时代楷模风采；以北京冬奥会为主题的广播剧《追梦少年》将冰球少年的性格刻画为自信飞扬，并将2022年北京冬奥会开幕式的现场音效融入剧情，在北京交通广播、北京新闻广播、中央广播电视总台中国之声多轮次播出，该剧最高收听率为1.062%，最高收听份额为43.199%，广播端累计到达听众人数75.5万。①

（二）文化节日广播仪式的潜移默化

中华传统节日凝结着中华民族的民族精神和民族情感，承载着中华民族

---

① 《〈追梦少年〉全新版本震撼开播　讲述北京冰球少年十年追梦历程》，光明网，2022年5月30日，https://m.gmw.cn/baijia/2022-05/30/1302973006.html。

的文化血脉和思想精华，是维系国家统一、民族团结和社会和谐的精神纽带，是建设社会主义先进文化的宝贵资源。广播在节日宣传方面同样发挥着重要的作用，广播可以潜移默化地构建社会大众的节日仪式框架，实现有效的、深层次的传播。

《中国声音中国年》是总台央广的春节标志性节目，被誉为"声音春晚"，自 2016 年首播以来，已经连续七年陪伴全国听众共度除夕。2022 年除夕的这场声音"盛宴"在总台中国之声、经济之声等六个广播频率并机直播，在"云听"App 进行独家视频直播。据不完全统计，这场持续 9 个小时的直播在社交媒体全平台阅读量超过 4200 万；社交媒体全平台累计播放量达到 1.35 亿；微博话题累计阅读量超 1.1 亿。2022 年 9 月 10 日，中央广播电视总台 2022 年中秋晚会持续释放科技创新活力，为观众带来让人耳目一新的视听体验，观众可以通过"云听"客户端收听到与视频同步的三维菁彩声晚会电视伴音，感受晚会现场的震撼效果。[①] 国庆节期间，大连都市之声广播特别策划 2022 年国庆特别节目《我和我的祖国》，穿梭时空倾听中国，从 10 月 1 日到 10 月 7 日依次围绕华彩科技、温馨家庭、革新生活、舌尖之旅、行业百态、动力人生、乐动华夏七个篇章展示中国这十年的变化与发展，各篇章以播报、讲述、采访等多种方式结合播出，从各个维度展现这十年，大家到小家、社会到个人的变化与进步。[②]

（三）优秀传统文化的声音传承

为深入贯彻落实习近平总书记关于传承弘扬中华优秀传统文化的重要论述，推动广播电视创作坚守中华文化立场、传承中华文化基因的优秀节目，讲好中国故事，坚定文化自信，近年来，围绕传承传统优秀文化这一主题，各级广播电台分别以经典名作、历史故事、地域文化为切

---

① 《节目单出炉！中央广播电视总台 2022 年中秋晚会彰显悠悠家国情》，"网信广东"微信公众号，2022 年 9 月 10 日，https://mp.weixin.qq.com/s/nUs967sLh60IcgAUkeTSCQ。
② 《国庆有约！都市广播"十一"假期特别节目新鲜出炉》，"大连都市之声"微信公众号，2022 年 9 月 30 日，https://mp.weixin.qq.com/s/rT_ kX3wudn9fXOrOOF3-YA。

入口，借由名家讲评、视频直播、广播剧演绎等方式，让音频里的文化内容有趣又有思。

自正式上线以来，"云听"以打造自主可控、具有强大影响力的国家主流声音新媒体平台为目标，不断创新，以主流内容传递主流价值，坚持"守正创新，特色主流"的战略定位，全力推动平台高质量发展，截至2022年底，全平台用户量达2亿，向着移动音频领域第一梯队昂首奋进。① "云听"与总台多个节目中心联合打造现象级刷屏作品，深耕总台IP，推出《国家宝藏·挖藕季》《华彩少年说》《中国诗词小课》等一系列衍生音频节目，创造出更广泛的内容。同时，各级地方广播电台基于本地文化，积极发掘具有本土特色的广播内容。北京台《长城内外是故乡——长城文化系列节目》，通过主持人与长城资深研究者共同实地寻访长城的方式，讲述绵延不绝的历史文脉。由山西综合广播与山西省文化和旅游厅联合策划的12集系列文化节目《读着诗词去旅行》，通过《登鹳雀楼》《同赵校书题普救寺》《太原早秋》《清明》《平遥夜坐》《鹧鸪天——洪洞大槐树怀古》等12首由著名诗人描写山西独特风光的传世之作，讲述诗词背后的山西历史文化故事，用丰富的声音元素展现山西历史之美、山河之美、文化之美。湘乡市融媒体中心推出《党史故事会》《红色记忆》《红歌嘹亮》等节目，聚焦地方党史文化，展现地域文化特色，丰富基层群众文化生活。

四　面向未来的思考

智能技术的发展促进了"耳朵"经济的崛起，赋予了声音新的传播优势。广播媒体的深度融合提高了音频媒介的创造力与生命力，加快了大众对于听觉体验的回归。将声音作为连接万物的中介来强化大众身份认同、

① 央广网：《总台云听：越主流　越好听　奋力建设国家主流声音新媒体平台》，搜狐网，2023年1月16日，https://www.sohu.com/a/630645814_362042。

促进社会交往，不仅有利于广播这一媒体不断占领社会空间，寻找与社会的最佳嵌合方式①，而且有利于推进媒体融合与社会发展同频。

（一）深入推进媒体融合，加快音频智能化传播

在媒体融合背景下，全球媒体行业都经历着深刻变革，从旧媒体时代走来的传统广播，历经重重挑战，向"融"而"声"。更显而易见的是，在不断深入进行媒体融合的进程中，广播这一媒介形态再次回归人的日常，并焕发新的活力。面对这样一片蓝海，传统媒体如何把握住时机，构建广播媒体新"声"态圈成为重要的发展议题。此外，重视广播音频的传播不仅是推进媒体深入融合的重要一环，更是智能化传播的主场之一。音频媒体已然不是信息的提供者，而是社会大众个性化需求的满足者。目前来看，广播媒体在车载智能设备、智能家居等领域发挥着不可替代的作用，随着智能技术的不断发展，广播也应该用充分准备迎接智能化浪潮。

（二）加快基层广播建设，提高社群式服务能力

互联网在提高社会公众事件参与的积极性方面有着巨大的优势，但是就社会基层治理层面而言，传统主流媒体依旧发挥着不可或缺的作用，广播作为音频媒体，无论是在乡村还是在城市社区范畴，在调动基层群众个体参与和社会互动层面有着不可比拟的优势。近年来，全国各地不断推进应急广播体系建设和农村公共文化建设，以顺利打通信息传播的最后一公里，利用广播媒体实现党中央的政策部署与基层群众生产生活高度契合成为广播媒体实践重要一环，应充分发挥广播的传播优势，提高基层群众对现实基层社会问题的参与度以促进问题的解决，确保基层大众的奋斗目标与党中央政策方针同向同行，提高基层服务能力。

---

① 陈虹、杨启飞：《生产与联动：我国广电媒体深度融合的空间建构逻辑》，《当代传播》2021 年第 3 期，第 65~69 页。

（三）积极传达中国声音，增强国际化传播能力

作为跨国界的信息传播，国际传播也是跨语言和跨文化的传播。传统的国际传播活动，主要把语言符号作为传播内容，因此必然存在对语言的"二次编码"。语言差异一直是国际传播所面临的一大障碍。作为国际传播主体的国家，长期以来试图寻找多种媒介来跨越这一障碍，并试图规避"语言文字"所产生的知识鸿沟。相较于在国际传播中依旧占据主导地位的电影、电视等视觉媒体，音频广播因其多语种优势，及音频与日常化、本地化、个体化的密切关联等优势，在国际传播活动中的潜力有待继续开发。

B.4
2022年中国声音内容用户
触媒行为分析报告

牛存有*

摘　要： 2022年我国声音内容市场规模持续扩大，声音内容类产品应用已经成为消费者日常生活的重要组成部分。第五代移动通信技术以及数字多媒体技术的广泛应用，有效地促进了声音广播与声音内容的深度传播，强烈地刺激了消费者对声音内容市场的需求，使声音内容成为文化传播的重要载体之一。声音内容产业是指围绕声音进行内容信息消费而发生的相关经济现象和行为所形成的产业，"让声音创造价值，让声音实现价值"。

关键词： 声音内容　声音价值　用户画像　触媒行为

随着第五代移动通信技术（5G）以及涵盖了音视图文等多种形式的数字多媒体技术的快速发展和广泛应用，新兴媒介对生活场景的全方位渗透有效地刺激了消费者对声音市场的需求，移动音频线上平台促进了声音内容的深度传播，声音广播的音频平台化转型构建了声音广播的全场景生态，在发挥声音广播广度传播优势的同时，进一步推进了声音广播与声音内容的深度传播，使声音内容成为文化传播的重要载体之一。2022年中国声音内容市场规模达到3816.6亿元[①]，声音内容类产品应用已经成为消费者日常生活

---

* 牛存有，原尼尔森网联媒介数据服务有限公司副总裁。

① 艾媒咨询：《2022年中国声音经济数字化应用发展趋势报告》，百度百家号，2023年2月20日，https：//baijiahao.baidu.com/s？id=1758320583311475613&wfr=spider&for=pc。

的重要组成部分，声音内容市场的用户规模得到有效扩大，声音内容市场不断创新、应用场景日渐多元、新商业模式日趋成熟，因此，音频传媒实现了向声音内容市场的转型和升级。

一　中国声音内容市场的用户规模与画像

中国声音内容市场的用户由广播听众和音频用户共同构成。广播听众包含了采用传统方式收听广播节目的线下听众，也包含了通过音频平台收听广播节目的线上听众；音频用户涵盖了通过音频平台收听移动音乐、有声读物、播客、音频直播以及非广播类音频节目的用户。

（一）声音内容市场的用户规模与变化

2022年我国广电媒体的融合进入了深水区，打造新型主流媒体成为融合转型的重要目标，媒体平台化直接决定着新型主流媒体的转型。互联网平台依托人工智能推荐算法，改变了信息传播的底层逻辑，通过对用户行为的标签化、具象化和归类化，直接且有效地接收了来自用户的互动反馈，使平台具有媒体化属性和特征。而媒体的平台化转型依托声音内容的数字化平台构建，以及声音内容产品的版权加持和保护，强化主流媒体的内容优势，打通城市服务、政务服务等用户刚需，将资源、技术、宣传、运营有效连接和聚合，丰富和完善声音内容市场的应用场景，有效地吸纳和聚拢声音内容市场的用户。因此，2022年中国声音内容市场的用户规模稳定上升。

1. 声音内容市场的用户规模变化

2022年中国声音内容市场受到政府高度关注和国家产业政策的支持，版权保护及政策监管保证了优质内容的产出；物联网技术使得声音内容市场生态场景变得多元，5G技术实现声音内容产品质量的大幅提升，AI技术提升了声音内容的语音能力和音乐创作能力，声音内容产品的消费已经成为广大民众日常生活的重要组成部分。

《中国音频传媒发展研究报告（2023）》暨南大学课题组的调查数据显

示，2022 年中国声音内容市场的用户规模达到 7.78 亿人，较 2021 年同期增加 1900 万人；全国 55.08% 的民众在过去三个月内接触/收听过声音内容产品。

2. 声音内容市场的用户规模与变化

2022 年中国声音内容市场的用户整体规模稳步扩大，细分市场此消彼长。数字经济的高速发展以及声音的特殊属性促进了声音内容市场的细分化和垂直化发展，物联网、AI、5G 等技术对声音内容市场的赋能，极大程度地提升了声音内容产品的质量，拓展和丰富了声音内容市场的多元化应用场景，促进了声音内容市场的繁荣发展，用户渗透率持续提升。

《中国音频传媒发展研究报告（2023）》暨南大学课题组的调查数据显示，声音内容市场的用户在声音内容细分市场中进一步呈现互联网平台化的流转趋势。声音内容市场中的音乐类音频市场用户虽然较 2021 年度有所减少，但依然以近 7 亿的用户规模成为声音内容市场最主要的用户。

在非音乐类音频市场中，移动听书以 3% 的用户增长率，达到 6.56 亿人的用户规模，成为非音乐类声音内容市场的用户支柱；移动电台的用户规模达到 4.41 亿人，较 2021 年度增长 3%，其中移动播客用户群以近 30%（28.2%）的增长率，突破了 1 亿（1.09 亿）人的用户规模；而伴随着短视频的快速发展、语音直播类产品的升级优化，语音直播的用户规模较 2021 年度有 10% 的增长，达到 3.66 亿人。

而声音内容市场中的主力军——广播电台的用户规模进一步萎缩，由 2021 年度的 5.30 亿下降了 4.34%，守住了 5 亿人用户大关，为 5.08 亿人（见图 1）。随着媒体融合的进一步深化，以及主力军全面转型主战场，传统广播电台的用户规模萎缩趋势将不可逆转，而平台化的声音内容平台已经成为媒体融合的发力点和价值承载点。

（二）声音内容市场的用户画像

1. 整体市场男性用户特征明显，细分市场不同性别用户各有优劣

在 2022 年中国声音内容市场中，男性用户占比为 54.31%，女性用户占

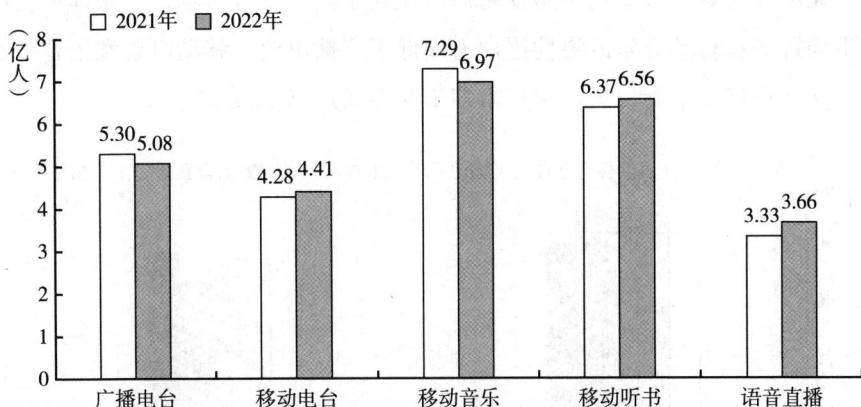

图1　全国声音内容市场用户规模

数据来源：《中国音频传媒发展研究报告（2023）》暨南大学课题组。

比为45.69%，声音内容用户总体的性别比（以女性为100，男性对女性的比例）为118.87，与2021年（120.07）基本持平，略有降低；但较总人口性别比（以女性为100）104.69[1]高，说明声音内容市场的用户群体性别差异不显著，若与总人口性别比相比较，男性用户对声音内容产品的消费倾向较为明显。

由于传播方式、细分定位、内容品类等的差异影响，声音内容各细分市场对不同性别用户的吸纳能力存在较为明显的区隔。有声书作为数字阅读的延伸，极大地提高了声音内容用户对碎片化时间以及陪睡时间的利用程度，凸显强大的市场生命力。物联网、AI、5G等技术对有声书制作的赋能，极大地提升了有声书的音效水平和制作水准，有声书凭借历史、传记、玄幻、纪实、现实等题材的作品，受到了更多男性用户的青睐。

广播电台受机动车驾驶员的基础性别比（以女性为100）196.91[2]影

---

[1] 人民日报海外版：《2022年末中国人口141175万人》，新浪网，2023年1月18日，https：//finance. sina. com. cn/jjxw/2023-01-18/doc-imyapyeu8905287. shtml。

[2] TechWeb：《懂车帝报告：女性用户对新能源车偏好度高达66%　是男性1.5倍》，百度百家号，2023年3月7日，https：//baijiahao. baidu. com/s? id=1759688871067569447&wfr=spider&for=pc。

响,在声音内容细分市场中男性用户占比高于其他细分市场,与整体声音内容市场持平;移动音乐的男性用户占比低于广播电台;移动电台和语音直播的男女性别基本平衡,男性用户略多于女性用户(见图2)。

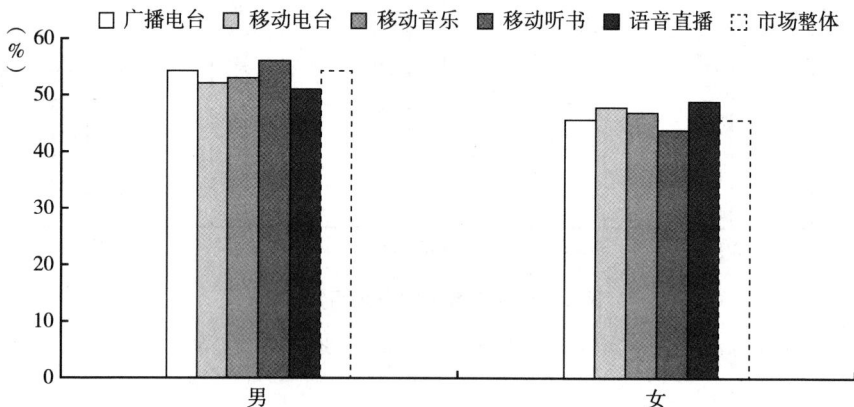

图2　全国声音内容市场用户画像——性别

数据来源:《中国音频传媒发展研究报告(2023)》暨南大学课题组。

2. 中青年为核心主力群体

2022年中国声音内容市场用户的年龄构成依然呈现正态分布的特点,25~54岁的用户占比达到80.87%,较2021年同期增加了10.42个百分点;其中25~44岁的核心用户占整体音频用户的近60%,占比达到58.80%,较2021年同期增加了9.28个百分点。

众所周知,2022年是我国人口老龄化的开始年,人口老龄化以及生育率下降直接打破了人口结构的平衡,我国经济的高速增长严重依赖人口红利,人口结构影响经济结构。25~44岁的适龄人口是整个社会经济体系的基础,处于职业生涯的起步和发展阶段,他们面临知识迭代、职场焦虑、情绪纾解、市场竞争等一系列的职场问题,而声音内容的场景陪伴、沉浸体验、碎片化消费的特点在极大程度上与该年龄群体的情绪舒缓、知识补偿的诉求相契合。

洞察中国声音内容的细分市场,内容定位和传播方式的不同形成细分市场用户年龄构成的差异。在25~44岁的核心用户中，移动电台、语音直播、移动音乐的占比在50%以上，分别为51.30%、52.62%、51.18%。而广播电台的用户年龄呈现上行趋势，其中，55岁及以上的占比达到15.49%，为各细分市场该年龄段之最高；45岁及以上的用户占比将近40%。移动听书的用户年龄呈正态分布，移动听书呈现覆盖全市场的趋势（见图3）。

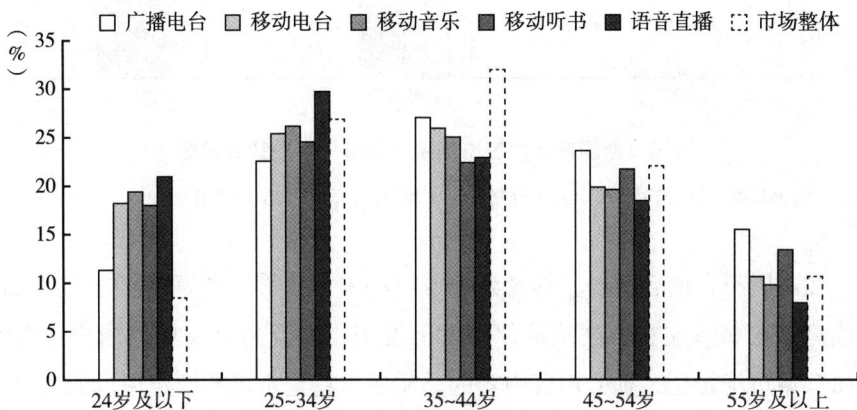

图3　全国声音内容市场用户画像——年龄

数据来源：《中国音频传媒发展研究报告（2023）》暨南大学课题组。

3.高学历用户持续稳定具黏性

2022年中国声音内容市场的用户有近60%接受过高等教育，与2021年度基本持平，略有降低。其中，接受过大学本科及以上教育的用户占比超过四分之一（26.18%）。一个市场所凝聚用户的受教育水平，在一定程度上反映了该市场用户的整体素质以及商业价值，也影响着该市场的产品定位和影响策略。

具体到中国声音内容的细分市场，用户的受教育水平整体接近，略有差异。单纯从接受过高等教育的用户占比分析，除广播电台之外，各细分市场的占比均在60%以上，移动听书更是达到了66.79%的高值，而移动音乐和语音直播均在64%左右（见图4）。

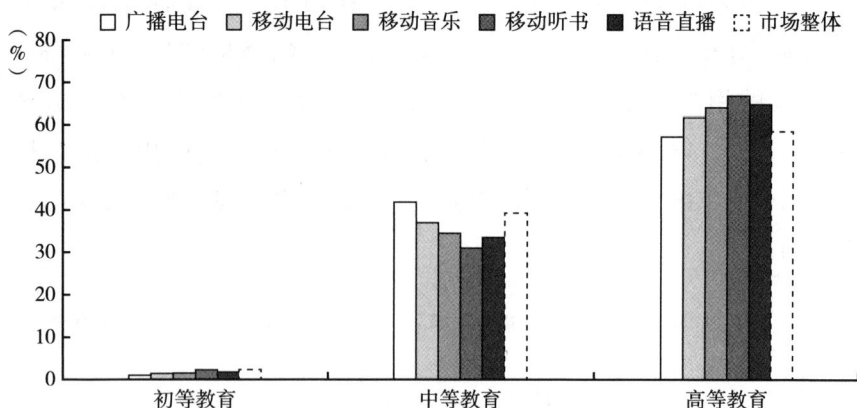

图4　全国声音内容市场用户画像——受教育程度

数据来源：《中国音频传媒发展研究报告（2023）》暨南大学课题组。

在中国声音内容市场整体及诸细分市场中，接受过高等教育的用户占比持续稳定在60%左右，这从某种程度上说明，声音内容市场的用户正在逐步向存量市场转化，提升声音内容的品质成为稳定市场和锁定用户的关键。

4. 市场高价值用户占据核心地位

2022年中国声音内容市场用户的个人月收入在5000元以上的比例达到56.55%，较2021年度的67.75%下降了11.2个百分点。特别是个人月收入为5001~10000元的用户比例达到48.43%，较2021年度的38.08%提升了10.35个百分点。

个人可支配收入是指可以由消费者个人或家庭自由支配的货币额，被认为是影响消费者消费开支的最重要的决定性因素，也常被用来衡量国民生活水平的变化情况。2022年中国声音内容市场用户的人均月收入为6618.84元，是2022年全国居民人均可支配收入36883元（全年）①的2.15倍，在一定程度上体现了声音内容市场用户的市场价值。

在中国声音内容细分市场用户中，2022年个人月收入在5000元以上的

---

① 《中华人民共和国2022年国民经济和社会发展统计公报》，中华人民共和国中央人民政府官网，2023年2月28日，https：//www.gov.cn/xinwen/2023-02/28/content_ 5743623. htm。

用户使用广播电台的占比最高，达到65.43%，较2021年度的69.24%，略有下降，但依然占据了中国声音内容诸细分市场的头部；而移动听书的用户个人月收入在5000元以上的占比依然最低，为56.39%，较2021年度的66.60%，下降了10.21个百分点（见图5）。

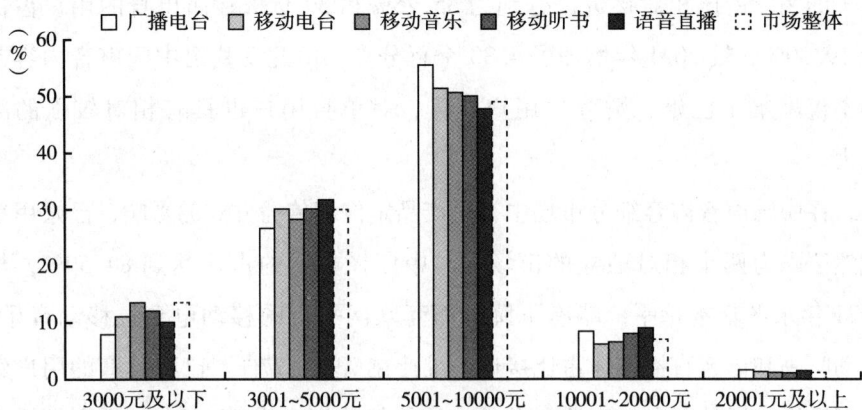

图5　全国声音内容市场用户画像——个人月收入

数据来源：《中国音频传媒发展研究报告（2023）》暨南大学课题组。

在疫情之后全球经济下行的大趋势下，消费市场的供需双方均持谨慎态度，消费市场的发展将呈现一个相对波动回升的趋势。中国声音内容市场用户的个人月均高收入的占比有所回落，但市场主体地位未改变。由此说明，随着经济的回暖，中国声音内容市场的价值空间依然让人充满期待。

5.广播电台在婚育用户市场地位突出

国之本在家，家之本在人。婚姻是两个家庭的融合，生育关系到全社会的发展。要想实现人口与社会的均衡发展，就要建立个人、家庭与社会的良性互动关系。2022年中国声音内容市场用户的婚育状况，在某种程度上影响着声音内容的消费倾向和消费选择。从婚、育两个维度进行分析，已婚、已育的用户占比较2021年均有不同程度的减少，分别较2021年减少了5.38、1.83个百分点。婚育状况不仅决定着适龄人口目前的生活观和消费观，也影响着未来一段时期内的经济行为和社会行为。中国声音内容市场的用户婚育状况同样影响着声音内容消费行为变化及声音内容产业的未来走向。

2022年中国声音内容市场的用户中已婚且已育的偏多，已婚且已育的用户占比达到75.21%，其中，已婚且育有0~12岁孩子或育有13岁及以上孩子的用户占比相对接近，分别为35.25%和39.96%；而单身的用户占比为19.00%，较2021年增加了4.33个百分点。由此反映出中国声音内容市场不仅聚集了已婚、婚育的用户群体，对单身用户也具有相对较强的凝聚力。

在中国声音内容细分市场中，受产品定位和传播方式的影响，已婚用户截然区隔为两个相对独立的市场，其中广播电台的占比达到84.50%，与2021年水平基本持平，略有下降；而互联网平台的移动电台、移动音乐、移动听书和语音直播整体占比接近，维持在73%~77%。已婚且育的用户延续了已婚市场的区隔，广播电台的占比依然最高，为80.49%；语音直播占比最低，将近70%；而移动电台、移动音乐和移动听书的占比较为接近，维持在70%~74%（见图6）。

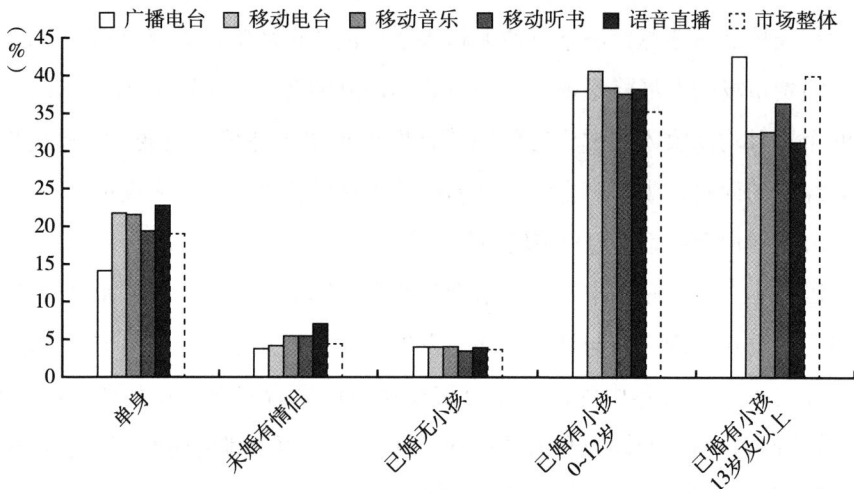

图6　全国声音内容市场用户画像——婚育状况

数据来源：《中国音频传媒发展研究报告（2023）》暨南大学课题组。

二 中国声音内容用户的触媒行为分析

近几年，声音内容产业迅猛增长，随着5G、数字多媒体以及大数据技术的不断发展和广泛应用，声音作为"陪伴者"，正在通过现代科技手段改变人们的阅读、娱乐和生活习惯，短视频异军突起，音频类产品升级优化，音频类App、在线音乐、网络K歌、广播剧、有声书等新型模式层出不穷，消费者对声音内容产业的需求得到刺激，用户规模进一步扩大，有关平台进一步推动声音内容的传播，把声音内容产业推到了新的风口。

声音内容产业包括围绕声音进行信息消费而引发的一切经济现象及行为，也就是常说的"让声音创造价值，让声音实现价值"，如有声书、短视频动漫配音、在线K歌、直播、音乐翻唱、打造个人音频IP等，均为"声音内容经济"的典型表达方式。声音内容已经成为文化传播的重要载体之一，其中音频相关应用已成为人们日常生活的重要组成部分，声音内容产业的发展日渐繁荣，市场规模保持连续增长态势。

声音内容市场的用户触媒行为反映了声音用户对声音内容产品的选择性行为活动，一方面反映了声音用户对自身需求的有限满足性，另一方面反映了声音内容对用户潜在需求的引导性。研究声音内容用户的触媒行为，可以为声音内容产业的发展提供指引。

1. 声音内容用户获取信息聚焦微信、电视、抖音三大平台

2022年是媒体融合由"推动"到"推进"，从"融合发展"到"深度融合"，加强全媒体传播体系建设，塑造主流舆论新格局的发展之年。政策引导为主流媒体融合发展构建了良性环境，主流媒体创新表达形式强化了使命担当，技术赋能推动了主流媒体的社会化和智能化转型，主流媒体依托全媒体传播平台可以提升主流舆论在互联网环境下的影响力和传播力。

2022年声音内容用户获取信息的平台主要为微信、电视和抖音。微信依然是声音内容用户获取信息的第一平台，以77.7%的选择率占据高位，

与 2021 年的 68.2%相比，提升了近 10 个百分点。电视媒体坚持守正创新，加强全媒体传播体系建设，打造多样化融合产品、探索新商业模式、衍生互动社交新业态，其跨界融合打开新空间，以 61.5%的用户选择率成为声音内容用户获取信息的三大平台之一。而最重要的短视频平台——抖音以 57.7%的用户选择率居于第三位，且比 2021 年减少了 4.56 个百分点（见图 7）。

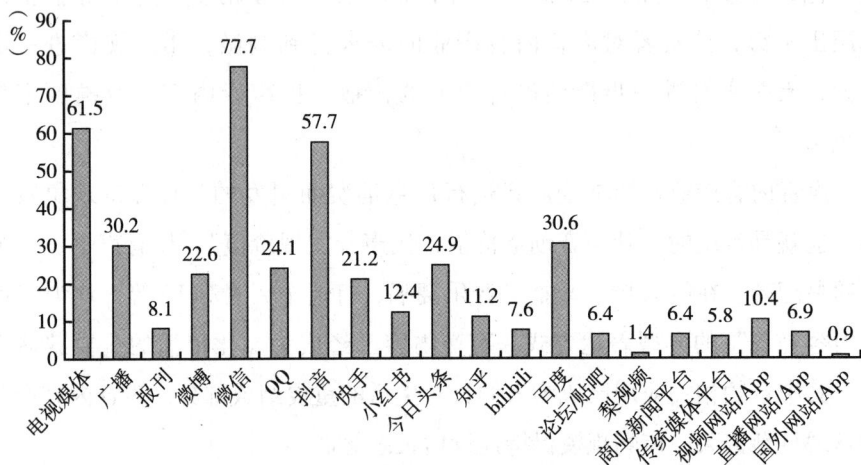

图 7 全国声音内容用户通常获取信息的渠道

数据来源：《中国音频传媒发展研究报告（2023）》暨南大学课题组。

2. 智能手机在声音内容智能设备中一枝独秀

在智能时代，智能技术与社会生产力的深度融合对社会各领域产生了巨大的影响。人工智能以拟人化的"个人智能生活助理"的形象为用户提供服务，最基本的服务就是代替用户筛选各类内容，满足用户的个性化消费需求。由此，人工智能引领了内容产业的生产与传播范式的变革，促进了媒介业态的融合和多元平台的竞合共生。

通过对声音内容用户获取声音内容通常使用的设备进行分析，智能设备毋庸置疑成为 2022 年声音内容用户获取声音内容的第一绝对路径，使整个声音内容市场的传播路径向智能设备高度集中，智能手机以 97.9%的使用率成为 2022 年整个声音内容市场传播和接收声音内容的绝对第一选择（见图 8）。

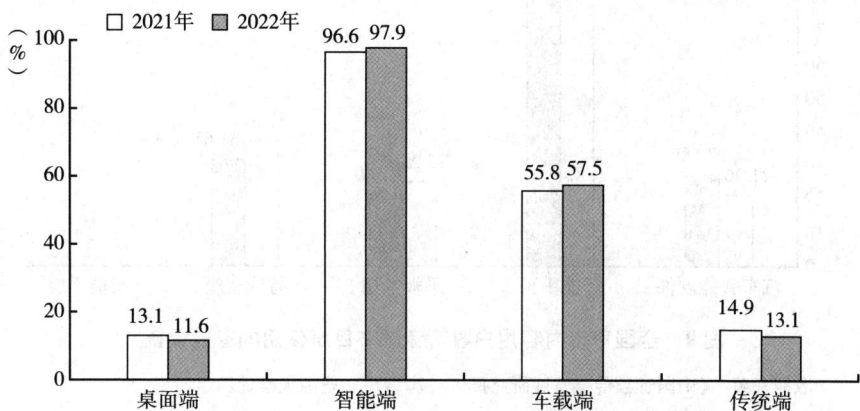

图 8　全国声音内容用户收听终端分布

数据来源：《中国音频传媒发展研究报告（2023）》暨南大学课题组。

智能手机除具备手机的通话功能外，还具备了掌上电脑的功能，特别是在万物互联的 5G 时代，智能手机成为万物互联的中心控制端。截至 2022 年 12 月，我国手机网民规模达 10.65 亿，网民使用手机上网的比例为 99.8%。① 智能手机成为声音内容市场智能设备的代名词，使用智能手机获取声音内容的用户比例高达 88.78%，高居智能设备之首。除此之外，汽车智能硬件、平板电脑、智能音箱和智能手表等智能设备也成为声音内容市场的补充（见图 9）。

3. 声音陪伴和助睡成为声音内容消费的主要场景

以智能手机为代表的智能设备在用户中的广泛应用不仅改变了声音内容产业的传播模式和路径，也改变了声音内容市场的消费模式和应用模式。声音内容市场的消费本身具有碎片化和陪伴化的特点，而智能设备的内容聚合性以及应用的普适便捷性为声音内容用户提供了更为多元的应用场景。

---

① 第 51 次《中国互联网络发展状况统计报告》，中国互联网络信息中心官网，2023 年 3 月 2 日，https：//www.cnnic.cn/n4/2023/0303/c88-10757.html。

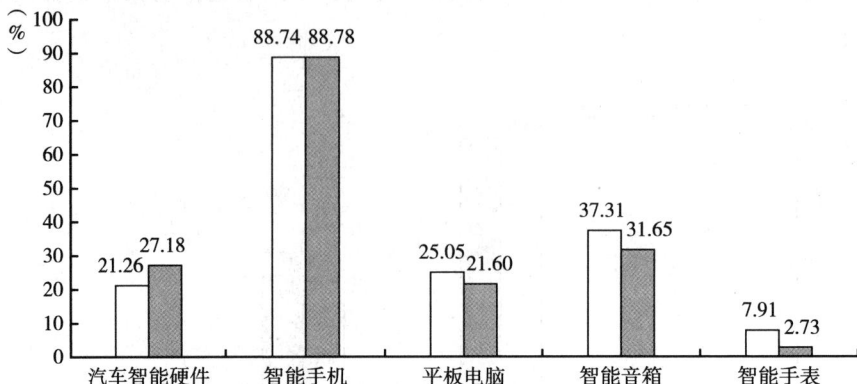

图9 全国声音内容用户收听音频节目所使用的智能设备

数据来源:《中国音频传媒发展研究报告（2023）》暨南大学课题组。

就声音内容市场整体而言，用户对声音内容的接触和消费场景主要集中在居家休闲、上下班通勤的驾乘、睡前以及做家务的应用场景。而居家休闲的声音陪伴以44.05%的占比成为声音内容用户的第一消费场景；驾乘通勤则以39.92%的占比成为声音内容用户极其重要的消费场景；睡前的助睡和做家务的声音陪伴分别以28.42%和28.16%的占比成为声音内容用户的重要消费场景。午休、散步、运动/健身、逛街、学习等碎片化场景也成为声音内容消费的场景（见图10）。

声音内容消费的场景具有多元化长尾的趋势和特点，不同细分市场的消费场景整体趋势相近，具体场景略有差异。这客观说明了在声音内容市场智能化升级转型过程中，声音内容产品的具象化定位有效形成了声音内容子市场的细分和区隔，既发挥了线下广播电台的权威优势，又发挥了线上平台的传播优势；专业平台深耕了垂直领域，综合平台聚合了声音资源。由此构成了声音内容的多元化市场。

4. 微信、抖音成为声音内容用户使用率最高的平台化媒体

互联网平台依托庞大的用户规模和领先的人工智能技术，在信息传播中凸显了其内容分发的优势，从而使其日益具有了媒体化特征。从全球视角观

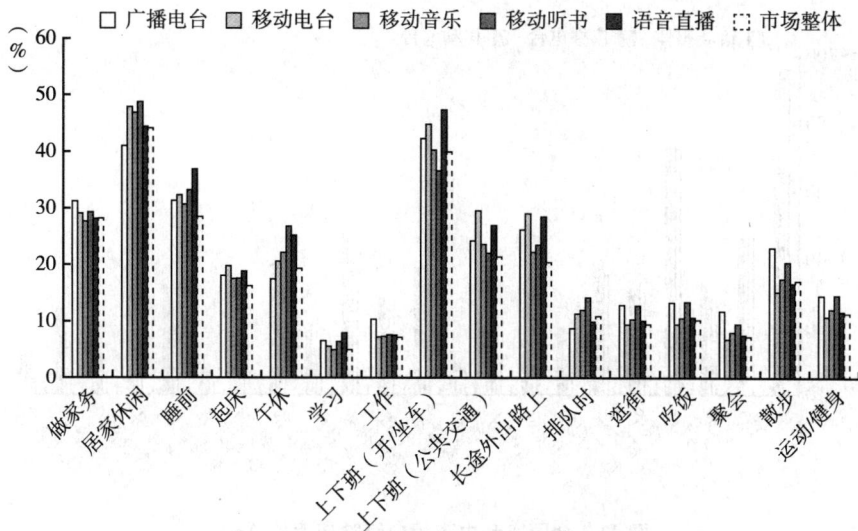

图10 全国声音内容用户的触媒场景

数据来源：《中国音频传媒发展研究报告（2023）》暨南大学课题组。

察，以技术驱动、资本创新为主导的平台化媒体已经成为主流的枢纽平台且占据垄断位置；而国内的社交类、资讯类和视频类平台业已成为不同类型平台化媒体的主导者。

在2022年声音内容用户最近三个月使用过的App中，三大社交应用软件微信、QQ和微博，短视频应用软件抖音和快手，长视频应用平台腾讯视频、爱奇艺和优酷，资讯应用软件今日头条以及音乐类应用软件QQ音乐位列声音内容用户经常使用App的TOP10。其中，微信、抖音分别以96.20%和72.56%的使用率位居前列。

互联网市场是个赢家通吃的市场，声音内容用户对App的使用率向头部高度集中，导致在被纳入统计调查范畴的近50个App中，除TOP10之外，其他App的渗透率和使用率极其有限，形成较为明显的长尾（见图11）。

5. 声音类App市场趋势尚未出现明显变化

声音内容市场是内容整体市场的一个分支，虽然存在着较为广阔的未来市场空间，但声音毕竟具有"陪伴"属性，声音以其独特的形态进行传播

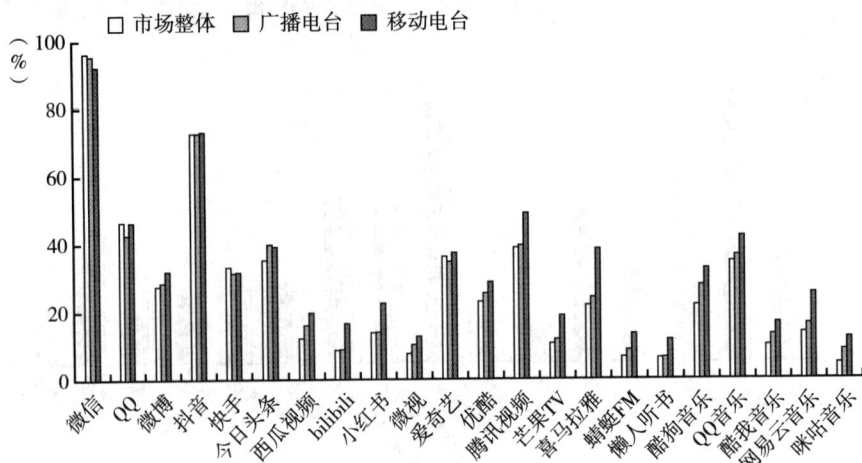

图11　全国声音内容用户经常使用的 App

数据来源:《中国音频传媒发展研究报告(2023)》暨南大学课题组。

有局限性。声音内容领域不管是平台化媒体还是媒体化平台,为了满足声音内容用户的消费需求,纷纷以平台为支点,以数据算法为依托,创新声音内容形态和产品组合,以期适应市场变化和满足声音内容用户的需要。

对2022年声音内容用户最近三个月使用过的声音类 App 进行分析,不同音频 App 的市场影响力之间存在较大的差距。以"PGC+UGC+社交"为主要特点的喜马拉雅 FM 以绝对优势占据整个声音内容市场的头部,声音内容用户的使用率高达57.68%;将声音内容通过互联网进行传播的蜻蜓 FM 的用户使用率出现大幅下滑,以17.22%的用户使用率位列次席;懒人听书以16.46%的用户使用率位列第三。

除此之外的其他音频 App,均以不足10%的声音内容用户使用率处于广阔的长尾市场中。在广电系打造的广播音频平台中,阿基米德、云听、芒果动听、听听、在南京、粤听、九头鸟、大蓝鲸、冀时、凤凰等一系列广电系自有 App,虽然各具特点且在所属区域市场内具有一定的影响力,但在整体声音内容用户中的使用率有限,难以形成较为显著的用户聚集效应(见图12)。

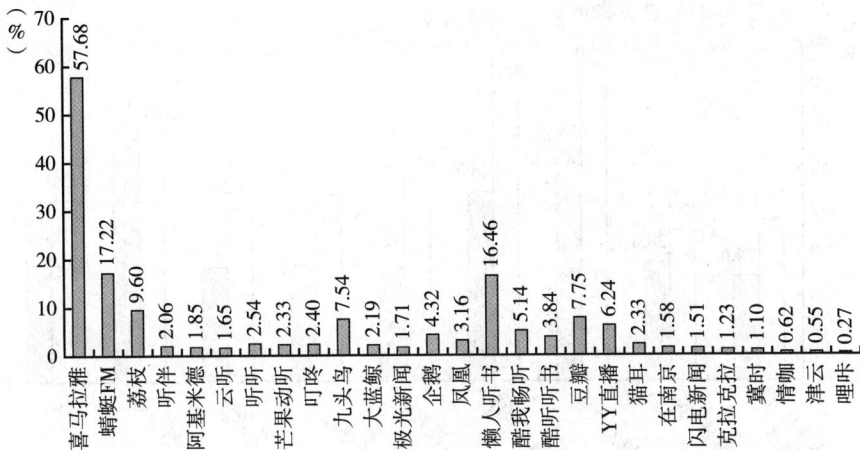

图12 全国声音内容用户经常使用的声音类 App

数据来源：《中国音频传媒发展研究报告（2023）》暨南大学课题组。

6. 微信公众号、小程序以及短视频平台是声音内容用户关注使用的主流

2022 年是我国媒体融合由"推动"到"推进"，从"融合发展"到"深度融合"，加强全媒体传播体系建设，塑造主流舆论新格局的关键一年。在 5G、AI、元宇宙等技术加持下，虚拟主播、跨屏互动、智能互动等成为现实，有效提升了声音内容用户的沉浸式体验。

2022 年我国声音内容用户对于传统主流媒体打造的全媒体传播矩阵的不同平台/账号的关注和使用程度，除抖音平台上用户的关注和使用程度与 2021 年度基本持平外，其他平台/账号均较 2021 年度有不同程度的降低。

虽然传统主流媒体的微信公众号、小程序和视频号的关注和使用程度均有不同程度的降低，但微信公众号和微信小程序的关注和使用程度依然较高，分别以 53.9% 和 44.7% 的关注和使用程度位于前三位。而微信视频号的关注和使用程度下降超过了 40%。传统主流媒体的微博账号的关注和使用程度的下降也超过了 40%，仅以 22.2% 的关注和使用程度位于诸平台/账号的尾部；而媒体官方网站和媒体 App 的关注和使用程度也呈现较为显著的下降趋势（见图13）。

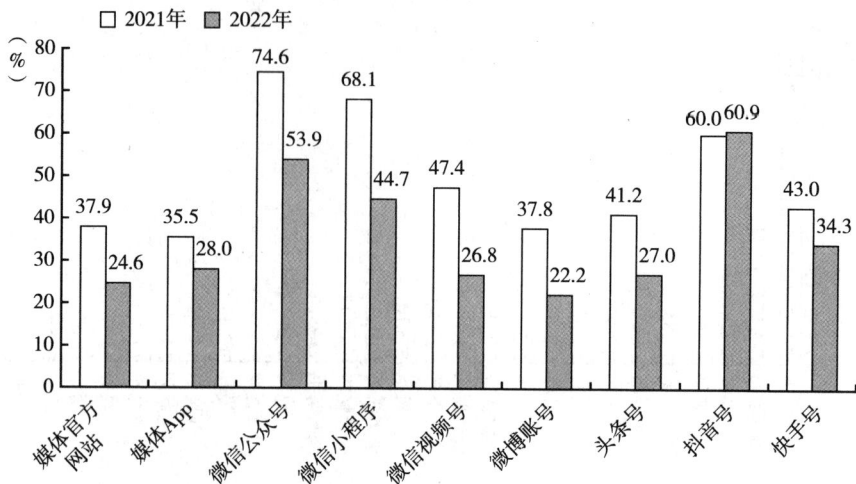

图13　全国声音内容用户对不同媒体账号的关注和使用程度

数据来源:《中国音频传媒发展研究报告(2023)》暨南大学课题组。

通过声音内容用户对于传统主流媒体打造的不同平台/账号的关注和使用程度的分析发现,虽然传统主流媒体打造的微信公众号、小程序以及抖音和快手的短视频账号整体的关注和使用程度在降低,但仍然属于关注和使用程度较高的平台/账号。说明在深入推进媒体融合发展、实施移动优先战略的大背景下,基于移动和社交属性的生态型媒体账号是声音内容用户关注和使用的主流。

7.声音内容用户网络平台的互动热度持续上涨

传统主流媒体打造全媒体传播矩阵的核心目的是提高传统主流媒体的传播价值和影响力。通过声音内容用户在微信、微博、短视频等平台的传统主流媒体账号的发声、互动,传统主流媒体实现用户(粉丝)的聚拢和吸纳,进而实现用户价值变现。2022年声音内容用户在微信、微博、短视频等平台上的行为主要为点赞、浏览/阅读、转发/分享、评论以及加关注;而直播间购物、打赏、直播带货等行为近乎为零,可以被忽略。

声音内容用户在微信、微博、短视频等平台上的发布、浏览/阅读、点赞的互动行为较 2021 年度整体热度有增加，而转发/分享、评论和加关注的热度与 2021 年度基本持平，略有减弱；直播间购物、打赏、直播带货等行为的热度下降较为明显，这反映了声音内容用户对网络平台的关注、互动的意愿较为强烈，对于网络平台的直播带货、打赏等则相对较为理性（见图 14）。

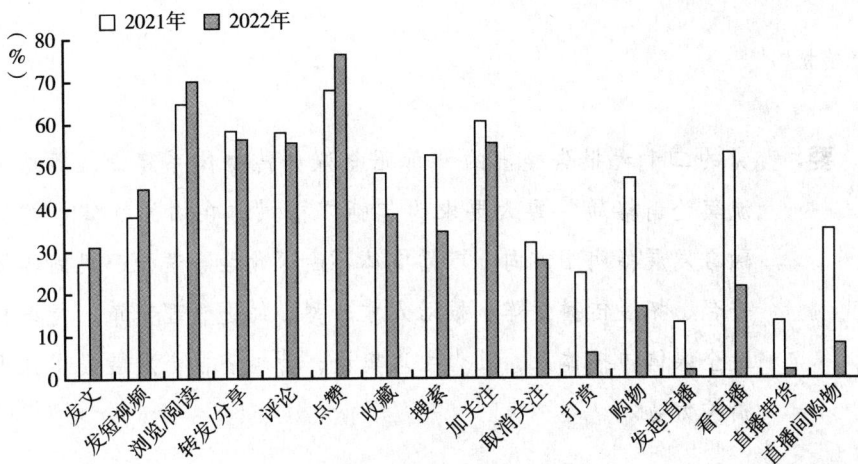

图 14 全国声音内容用户对媒体账号的使用行为

数据来源：《中国音频传媒发展研究报告（2023）》暨南大学课题组。

中国声音内容产业涵盖了围绕声音进行内容信息消费而引发的一切经济现象和行为，而中国声音内容市场的用户则由广播电台听众和音频用户共同构成。第五代移动通信技术以及数字多媒体技术的广泛应用，有效地促进了广播电台与声音内容的深度传播，强烈地刺激了消费者对声音市场的需求，使声音内容成为文化传播的重要载体之一。因此，音频传媒产业实现了向声音内容产业的转型和升级。我国声音内容产业市场规模持续扩大，声音内容类产品应用已经成为消费者日常生活的重要组成部分，声音内容市场不断创新、应用场景日渐多元、新商业模式日趋成熟。

B.5
2022年中国广播全媒体传播体系
建设分析

涂有权*

摘　要： 党的二十大报告提出的"加强全媒体传播体系建设，塑造主流舆论新格局"重大要求为包括广播媒体在内的媒体机构的融合发展指明了方向。广播媒体不断深化融合理念、巩固传播平台、拓展传播矩阵、推动人才转型、促进管理变革，持续打造全媒体传播体系，壮大主流舆论，为经济社会发展提供强大精神力量。

关键词： 媒体融合　全媒体传播　移动平台

2022年，党的二十大胜利召开，这是在我国迈上全面建设社会主义现代化国家新征程、向第二个百年奋斗目标进军的关键时刻召开的一次十分重要的大会，从战略全局深刻阐述了新时代坚持和发展中国特色社会主义的一系列重大理论和实践问题，科学谋划了未来一个时期党和国家事业发展的目标任务和大政方针，在党和国家历史上具有重大而深远的意义。

"加强全媒体传播体系建设，塑造主流舆论新格局"是党的二十大报告提出的对于新闻舆论工作的重大要求，为全媒体时代做好新闻舆论工作指明了前进方向，为繁荣和发展广播事业提供了根本遵循。广播媒体不断深化融

---

* 涂有权，江苏省广播电视总台办公室副主任。

合理念、巩固传播平台、拓展传播矩阵、推动人才转型、促进管理变革，持续打造全媒体传播体系，壮大主流舆论。

一　理念的深化

"全媒体不断发展，出现了全程媒体、全息媒体、全员媒体、全效媒体，信息无处不在、无所不及、无人不用，导致舆论生态、媒体格局、传播方式发生深刻变化，新闻舆论工作面临新的挑战。"① 为构建全媒体传播体系，广播媒体要实现全环境生产、全场景覆盖、全过程抵达，要持续升级认知、更新理念。

（一）对内容与形式关系的反思

一直以来，广播媒体重视内容打造，重视品牌栏目建设，强化精品输出。在新媒体形式层出不穷的情况下，广播内容不断被赋予新的形式、输出新的渠道、连接新的人群，内容的影响力得到提升。

内容与形式是相对的两个方面，内容是根本，形式是包装，形式为增强内容的表现力服务，但随着新技术的持续渗透并参与内容创作，内容与形式的边界不断模糊。传统意义上的内容与现代意义上的形式合二为一，成为共生体，甚至形式本身也在成为内容，用户在消费媒体产品时，对形式有了全新的认识，难以简单地以外在呈现来定义所见所闻是属于内容还是形式。

丰富的形式是为内容锦上添花。如果纯粹依靠外在表现来吸引眼球，形式的价值就会受到质疑，比如一些所谓短视频作品，只是为了满足视频化的需要，强行将音频和图片、文字打包封装，影响了音频内容的表达。有的H5产品也有这样的拼凑嫌疑。日益丰富的内容表现容易为形式所累，传播的效果会大打折扣。"以前都是主持人的魅力吸引人。现在呢，都是加形式，没有内在的东西。"听众类似的指责与批评有一定的代表性。

---

① 习近平：《习近平谈治国理政（第三卷）》，外文出版社，2020，第317页。

（二）对音频与视频的思考

早期广播直播间的音视频同步直播，吸引了第一批广播视频用户，他们借此一睹声音背后主持人的风采，了解广播节目制作播出的过程，获得揭秘的满足感。但在扩大传播面的同时，广播的可听性减弱。广播直播语言量大，在常态化直播时，主持人往往在与受众互动中推进节目进程，注意力高度集中，要随机应变，还要主导话题走向。观众所看到的更多的是主持人聚精会神在听受众的声音，或者在低头查看电脑。对于观众而言，如果视觉上缺少变化，缺乏观赏性，可看性就低；对于听众而言，主持人如果照顾镜头效果专注视觉呈现，语言的完整性就会降低，听感很差。接收终端的不同造成了传播价值的分裂。因此，广播的视频直播并没有得到大范围展开。

视频直播的再度兴起主要是受网红经济影响，与营销行为相关，或者说是服务于营销工作的。快手与抖音拥有巨大的流量池，都是很好的营销平台。网络平台上随机产生的网络红人，给主持人和媒体管理者以心态上的落差，从而产生"他们都能红/这样都能红，我们怎么就不行"的感慨与错觉。在营销需求面前，主持人纷纷沉入网络试水，广播直播带货由此展开，广播主持人转变为促销员，广播从品牌宣传阶段迈入了产品售卖阶段。前者只是单纯地播放广告宣传带，主持人甚至无须知晓广告的内容，只需要了解广告的时长，以便计算剩余节目时间；而直播带货时，主持人参与广告宣传、对宣传内容负责并对最终产品和服务负责，不但要知晓广告的内容，还要深入了解产品与服务的卖点，通过音视频充分展示卖点，努力促成订单，广播这一次介入视频传播便有了新的意义。如四川交通广播策划的"热辣2022火锅电台跨年直播"，将直播间搬到了闹市中的火锅店，搭建起"火锅电台"，5小时不间断直播，在线观看量超过30万，全网曝光量超过1000万，营收80万元。[①] 广播音视频直播带货行为在大多数情况下是配合营销

[①] 《第六届广播超级碗案例展 | 〈热辣2022火锅电台跨年直播〉》，"电台工厂"微信公众号，2023年5月31日，https：//mp.weixin.qq.com/s/slg89GlhoJ08rJA9a4629w。

的非常态行为，是特殊时间节点和特定客户营销需求所致。江苏广播在大型商战时联合广告客户一起开展音视频直播带货，如 2022 年举行的"6·16 轻奢之夜爆品触底秒杀"活动、"6·18 宠粉江苏广播直播嗨购节"、"江苏广播双 11 直播嗨购节"等，明星主持人走到线下，把视频直播带到活动现场，受到商家与用户的欢迎。常态化的直播带货能够增强用户黏性，内江交通广播《直播带岗》栏目每月开展一次，为就业供需双方搭建了线上对接平台，形成了直播期待。

二　平台建设

传统媒体与新兴媒体融合发展，要坚持移动优先策略，建设好自己的移动传播平台，要借助移动传播，牢牢占据舆论引导、思想引领、文化传承、为人民服务的传播制高点。

客户端是重要的移动传播平台。广播客户端和广播媒体有着相似之处，除了中央台"云听"及上海台"阿基米德"等少数客户端以外，绝大部分呈现明显的区域性特征。从这个角度看，客户端这种互联网产品成了局域网应用。"云听"借助总台优质音频资源，推出各类音频精品系列节目，打造全场景化的智能新广播，不断提高在各大终端和渠道的覆盖率。2022 年线上广播音频累计点击量达 127.14 亿，同比增长 16.8%。① 省台运营一个平台，如江苏台"大蓝鲸"、山东台"51 听"、广东台"粤听"、吉林台"沐耳"FM。市台运营一个平台，如广州台"花城"FM、深圳台"深爱听"、佛山台"花生"FM。随着县级融媒体中心建成运营，县一级融媒体客户端也集成了当地广播直播流。一些广播频率也自建客户端，如浙江交通之声的"北高峰"、青岛交通广播的"海米"FM。这些客户端作为一种工具化软件，在服务广播母体基础上，依托广播内容与广播人才队伍，逐步形成自身

---

① 《2022 年中国广播市场分析：打造适应全媒体传播新广播》，央广网，2023 年 5 月 31 日，http://ad.cnr.cn/hyzx/20230420/t20230420_ 526224794.shtml。

生长的机能。比如，"听听"FM联合主持人共同打造"广播电台""精品专辑""互动直播""用户社区"四大板块。"大蓝鲸"是同类客户端中极具特色和影响力的新媒体平台之一，以视听、交互、服务为核心，融合江苏广播优质资源并深度赋能，打造在线收听、海量音频、视频直播、主播朋友圈、实时路况、特色活动、电商购物等内容和功能，进军车载音频应用领域。2022年，上线"大蓝鲸·阅分享"，与企事业单位合作，以好书加好声音为特色，打造全民阅读原创品牌，助力音频内容的精品化发展。2022年，在国家广播电视总局"新时代·新品牌·新影响"广电媒体融合新品牌征集推选中，"大蓝鲸"获评"平台品牌"。

广播客户端的区域性特征也体现在用户的地域性上，这些用户与传统广播听众有很高的重合度。广播主持人将广播节目或者定制的音频产品平移到客户端，也把听众带到客户端，培养听众在客户端为内容付费的习惯。客户端作为一个移动平台，对广播听众之外的用户的吸引力，关系到其发展壮大的可能性。互联网平台的生命力在于持续不断进行内容供给，吸引规模庞大的用户并使之保持高活跃度。而在广播客户端，用户主要还是被动的内容接收者，其参与客户端的互动行为也类似于传统广播的互动行为，在具有主导性的话题下参与应答式内容的生产。广播客户端的包容度还不够，很少开放用户创作平台，用户自身难以有设置话题、主导话题的机会与空间，没有借助平台力量进行自由创作和发布作品的机会，在平台上的存在感很低。这显然与"用户至上"的互联网运营逻辑不匹配，因此，广播客户端总体规模不大，用户千万级的客户端寥寥可数。虽然吸引用户入驻并发布内容会增加平台审核成本，但对传播平台而言，越来越丰富的内容始终是平台做大做强的重要基础，也是网络"去中心化"或"再中心化"的一种方式。

一个值得注意的事实是，新能源汽车时代快速来临，车载无线电广播接收终端不再是新能源车的标配，这给广播发展带来极大挑战。车轮子曾经拯救了广播，这次却是车轮子在远离广播。公安部的统计数据显示，截至2022年底，全国新能源汽车保有量达1310万辆，占汽车总量的4.10%，

2022 年全国新注册登记新能源汽车 535 万辆，占新注册登记汽车总量的 23.05%，新能源汽车数量呈高速增长态势。[①] 曾经是传统汽车标配的无线电广播接收终端，在新能源汽车上折载，取而代之的是智能化移动互联网终端。为了应对这种新变化，广播客户端也在积极抢占车载终端，"云听""大蓝鲸"等纷纷与汽车厂商合作。全国"两会"上，人大代表张晓北"新能源汽车强制安装无线电广播接收终端"的提案受到关注，提案认为，部分新能源量产汽车取消车载无线电广播接收终端，车辆在没有互联网络信号的地区，或是在用户没有流量可供继续使用的情况下，无法确保车辆能够及时接收应急广播消息，对人民群众生命财产安全具有较大隐患。[②] 该提案直击当前传统广播发展的现实痛点，有助于行政管理部门从事关行业发展的角度审视这个问题。

三　矩阵建设

"车轮子和干电池拯救了广播"，互联网又为广播续了命。从直播流上网，到引入网络互动，在第三方平台开设账号，面向不同平台的用户推送有针对性的内容，进行差异化传播，形成传播矩阵，广播在互联网平台成为具有全网影响力的媒体。如湖北之声广播专栏《焦点时刻》已形成融微博、微信、长江云、学习强国、今日头条、抖音平台以及 25 个节目和行业垂直服务号、多个主持人特色号为一体的融媒体矩阵，移动用户人数突破 1000 万。[③] 合肥交通广播聚合新媒体账号粉丝 2000 多万人，在各类传播力排行

---

① 《我国新能源汽车保有量达 1310 万辆　呈高速增长态势》，中华人民共和国中央人民政府官网，2023 年 5 月 31 日，https：//www. gov. cn/xinwen/2023-01/11/content_ 5736281. htm。

② 《两会独家 | 全国人大代表张晓北：做好"老百姓的代言人"》，"广电独家"微信公众号，2023 年 3 月 10 日，https：//mp. weixin. qq. com/s/cF5_ 7SwXMkeDI2n1x3nsTA。

③ 《五年六获中国新闻奖，老牌广播新闻节目突围转型的启示》，新闻前哨，2023 年 5 月 31 日，https：//www. sarft. net/a/214324. aspx。

榜上该频率账号都位于榜单前列。[1] 广播母体的存在为账号矩阵的成长提供了很好的基础内容以及公信力背书，使得网络账号成为广播在互联网世界生存发展的触角，广播得以在用户规模更大的网络空间做强品牌，延伸并提高影响力。微博、微信依然在广播媒体传播矩阵中占据重要位置，音视频领域的不断扩展赋予了广播新能量。

（一）合理布局短视频赛道

广播媒体在融合探索中认识到，短视频平台更适合具有独特人设的个人账号。于是，越来越多主持人、记者开设个人短视频账号，打造垂直内容，以个人 IP 建立与短视频用户的连接。浙江城市之声短视频账号"新闻姐"抖音账号粉丝数已超过 2400 万[2]，成为广播在新媒体领域的超级个人 IP 号。"新闻姐"IP 人物邹雯，是一名有着十几年新闻从业经验和专业素养的编辑，依托传统广播优势与标签，在新兴的网络平台进行新闻短视频的创作与分享，得到用户青睐。"新闻姐"这样的短视频账号有很多，其核心内容并不是固定镜头拍摄的人物头像画面，也不是剪辑的新闻现场视频，而是发布者的观点、语言和对用户需求的把握。广播媒体原创的新闻事件现场短视频不多，更多的是对网络优质内容的二次加工分发，这就有个筛选过程，是对现有高流量视频的一次分流，而自身原创新闻内容并不十分受欢迎。江苏交通广播网在抖音布局了近 40 位主持人、编辑，形成了抖音矩阵。这些账号发布生活化、接地气、正能量的内容，打造特色鲜明的人设，以平民化、生活化、个性化的传播方式拉近与受众的距离，加上权威媒体背书，吸引了越来越多用户的持续关注。

2022 年，广播媒体在短视频平台上表现突出。省级广播在抖音、快手、头条号等视频平台的累计发布量同比增长 20%，其中在抖音平台的视频发

---

[1] 《刚刚！新鲜出炉》，"合肥交通广播"微信公众号，2023 年 5 月 31 日，https：//mp. weixin. qq. com/s/JUwPO_ gibAZQXnv9TaQaWQ。

[2] 2023 年 5 月 31 日，"新闻姐"抖音账号粉丝数为 2434. 2 万。

布量上升了 59.7%。① 主流媒体成为短视频健康生态建设中的主流力量。比如对于感动全国的重庆山火救援事件，"新闻姐"的《重庆的英雄气是不求回报更是涌泉相报》等 4 条视频均成爆款，总播放量接近 1.4 亿，带动增粉超 15 万②，可见正能量内容具有正向影响力。

（二）坚持深耕音频赛道

在国家广播电视总局 2022 年度全国广播电视媒体融合案例评选活动中，江苏台"《松鼠悦读》全媒体有声阅读平台"入选成长项目提名。《松鼠悦读》是结合广播媒体音频制作资源和大量车载亲子家庭用户资源，为有 3~12 岁孩子的亲子家庭打造的一款以亲子成长为主题的全媒体有声阅读平台，是全国广电系统第一个也是目前规模最大的亲子有声阅读平台。平台以微信公众号、小程序、H5 网页、喜马拉雅 App 为载体，以广播节目《松鼠悦读》为支撑，形成覆盖多种媒体渠道的线上线下传播矩阵。项目打造了"电台知名主播+名校名师+行业专家+图书版权合作"的独特模式，开发原创精品亲子通识类知识付费音视频产品，内容覆盖文学、历史、科普、地理、天文、英语、语言表达、亲子教育等多个领域，平台重点打造以声音为标识的明星 IP。例如围绕明星主持人王丹、娜娜、程鸣、阿束等，上线了"王丹的趣味世界地理课""娜一堂课——娜娜的 EQ 亲子情商课""动物星球——程鸣的趣味动物课""束立榜样——阿束给孩子的偶像故事"等多门原创付费课程，受到广大亲子家庭欢迎。2022年，《松鼠悦读》全媒体有声阅读平台与江苏交通广播网同步上线《国宝日历》音频产品，每天讲述一个国宝故事，并制作手绘版国宝日历发售，可看可听可收藏。广播专业的音频内容还有许多变现的可能，在垂直细分领域，面向特定人群制作音频产品有很大的市场。国家广播电视总局

---

① 梁毓琳、刘婉婷：《深耕存量市场　深挖智能转型——2022 年中国广播市场分析》，《现代视听》2023 年第 1 期，第 38~42 页。

② 《"新闻姐"是怎么成为新媒体 No.1 的》，"浙江城市之声"微信公众号，2023 年 5 月 31日，https://mp.weixin.qq.com/s/mQu_ ZJQWK41vNbdy1grEXg。

《2022年全国广播电视行业统计公报》显示，2022年，互联网音频年度付费用户达到了1.5亿户。[①]

（三）充分使用有线大喇叭

一度沉寂的有线大喇叭（有线广播）在抗击疫情过程中大显身手，有线大喇叭的贴近性、定时性以及区域无缝隙覆盖性、强制收听性等特性使其在基层宣传"最后一公里"上发挥着重要的作用，成为基层政府进行社会治理的重要抓手。

2022年，党的二十大胜利召开，有线大喇叭在党的二十大精神的宣传上再次发挥重要作用。云南统筹安排的《二十大精神专家大联播》等优秀节目在各地应急广播平台播出，一些地方还在应急广播平台开设党的二十大专栏，取得很好的宣传效果。红河州利用覆盖3324个村寨的"村村响"大喇叭，权威解读党的二十大精神，让基层群众听得懂、记得住、传得开，受到基层干部和群众普遍欢迎。[②]湖南台广播栏目《村村响大喇叭》会在每个工作日通过潇湘之声及覆盖全省101个县的41.27万只大喇叭播出两次，把党的声音送到田间地头。[③]该节目在2022年获得了第32届中国新闻奖一等奖。

四 内容建设

2022年，北京冬奥会、全国"两会"、党的二十大、大国航天、香港回归25周年、俄乌冲突等一系列高流量话题，成为广播机构内容建设的重要契机。广播媒体扛起职责使命，坚守内容本位，策划制作推出精品内容，充分发挥内容的影响力，更好地满足受众精神文化生活需求。

[①] 《2022年全国广播电视行业统计公报》，国家广播电视总局官网，2023年5月31日，http：//www.nrta.gov.cn/art/2023/4/27/art_113_64140.html。

[②] 《红河州充分运用应急广播平台宣传宣讲党的二十大精神》，红河州广播电视局官网，2023年5月31日，http：//www.hh.gov.cn/szhh/bmdt/202212/t20221208_618436.html。

[③] 崔忠芳：《〈村村响大喇叭〉：将触角延伸到广大农村，把党的声音传递到田间地头》，《中国广播影视》2022年第16期，第45~48页。

（一）对党的二十大精神的创新宣传

广播媒体对党的二十大精神的宣传异彩纷呈。在常态性会议程序报道基础上，广播媒体特别是新闻广播媒体进行策划创新，会前、会中、会后相继推出一系列宣传产品，将党的二十大精神传得更开更广更深入。江苏新闻广播的《夺冠》融媒体产品，以江苏专精特新"小巨人"企业以及制造业单项冠军为报道对象，讲述优秀中小企业的成功经验。项目产品以图文、音视频等融媒体形式在广播、电视、新媒体平台同步推出。上海人民广播电台"二十大精神二十人讲"全媒体党课，由20位教授专家担任主讲人，选取党的二十大报告中20个关键词进行解读。安徽新闻综合广播"二十岁告白二十大"报道，以20岁青春之名告白党和祖国，表现青年一代坚定不移听党话、跟党走，为党和国家事业发展贡献青春力量的决心与抱负。这些报道主题鲜明，策划有新意，切入点独特，传播立体，取得了很好的宣传效果。

（二）对中央决策部署的创新宣传

广播媒体加强对国家重大政策的解读和对中央决策部署的宣传。在对新发展理念的宣传中，江苏交通广播网抓住"绿色发展"这一关键词，瞄准白鹤滩—江苏±800千伏特高压直流工程竣工投产、启动送电的契机，在2022年7月1日开展了音视频新闻直播《绿电，来了!》，记者前往青海、甘肃、四川、江苏、福建、浙江、河北全国7个省份，全景扫描全国范围内风、光、水、潮汐、核等有代表性的绿色电力能源。本次直播以工程的竣工投产、启动送电为切入口，记者现场体验并介绍白江工程这条"西电东送"大动脉的运行情况。作为中国广播史上第一场碳中和现场直播，江苏交通广播网购买林木碳汇抵消本次直播及采访产生的碳排放总量，委托温室气体审定和核查机构对本次活动的碳中和行为进行审核，出具碳中和证书，以实际行动宣传并践行绿色发展理念，让受众眼前一亮。本次新闻直播传播效果好，获评国家广电总局2022年第三季度优秀新闻作品。

（三）对重大事件的创新宣传

重大事件是广播创作精品内容的又一个契机，广播的传播提高了事件影响，同时分享了重大事件的流量红利。以 2022 年冬奥会为例，作为举办地北京的属地广播媒体，北京台以声动人，挖掘赛场内外故事，全景展现冰雪荣耀。广播剧《归雁》和《我们的冬奥》以丰富的有声语言立体传播冰雪故事和奥运文化，为冬奥会主题有声文艺作品矩阵增添精品力作；新闻广播开设"马上说冬奥"专题，推出开幕式特别报道；交通广播《欢乐正前方》特别节目《潮向冬奥》系统梳理每日冬奥赛事战况，挖掘赛场内外的生动故事，打造了强娱乐、强互动、强主题的广播综艺新样态；交通广播《徐徐道来话北京》特别策划《冬奥北京》节目，以诙谐有趣的方式传播 2022 年北京冬奥会相关的热知识，解读北京冬奥会的文化价值与历史渊源，讲述北京与冰雪文化的不解之缘；音乐广播推出专题音乐节目《冰雪荣耀——大声唱冬奥　一起向未来》；故事广播推出有声作品《中国冬奥》；等等。系列广播节目的创作播出，诠释卓越、友谊、尊重的奥林匹克价值观，为受众奉上了一场精彩纷呈的冬奥盛宴。

（四）精品广播内容创新呈现

广播节目是线性播出的，很多品牌节目一直锁定特定时间段来巩固老听众的忠诚度，年度性的节目改版一般只是对个别子栏目进行适时调整，打开营销新窗口，提高收听新鲜度。在此基础上，广播于特定时期面向特定人群采制专题节目，为广播内容创新创优开创了机会。

江苏新闻广播在 2022 年医师节之际推出声音纪录片《听见急诊室》，采用"纯现场声音"剪辑，将现场急救的纪实声音与医生的专业表达有机联系起来，讲述医院急诊室里发生的一个个真实故事。从监护仪器的蜂鸣声、不间断的脚步声到医生的劝慰声，既真切传递了急诊室的紧张氛围，又透射出医护工作者救死扶伤的专业精神和人道主义情怀。该节目被评为国家广电总局 2022 年度广播电视创新创优节目。

善借外部资源，助力广播节目创新，丰富节目呈现，这是广播媒体在自媒体内容铺天盖地的形势面前的升维举措，提高内容权威性和节目公信力，与自媒体内容严格区隔、划清界限。北京台《运河之上》系列广播节目围绕大运河的历史、文化、考古、水务、园林五个方面，邀请政府官员、企业家、学者等参与节目录制，展现运河风韵、京华风采。山东乡村广播新改版开播的《现代乡村》栏目，由山东省农业农村厅、自然资源厅、生态环境厅、畜牧兽医局、海洋局等涉农单位联合开办，展现新时代新"三农"风采，成为宣传乡村振兴的新平台。湖北之声《焦点时刻》2022年策划推出《热点里的价值观》栏目，由湖北之声与湖北省社会科学院联合出品，其中的"专家评论"就由省社科院的专家来完成，既充实了节目内容，又提高了宣传效果。

2022年，音频内容收听时长稳步提升。CSM数据显示，2022年广播和音频在所有平台的平均收听时长已达114分钟，相较2021年的103分钟提升10.7%；其中，收听电台直播的平均时长近55分钟，收听非电台直播的有声内容平均时长约60分钟，有明显增长。①

五　人才队伍建设

国家广电总局召开的2022年全国广播电视和网络视听工作年中推进会强调，要锻造听党话跟党走的队伍，锻造专业化复合型的队伍，锻造有担当肯实干的队伍。

在业务转型方面，广播人才队伍建设还不太适应全媒体内容生产与传播的需要，广播的人才队伍建设呈现需求与供给的矛盾。在需求方面，传统的广播内容生产是"单枪匹马"型的，广播主持人被听众戏称为"八爪鱼"，在直播台前娴熟地操作各种机器设备，独立完成直播节目的制作播出，广播

① 《2022收听市场扫描：广播+音频平均收听时长114分钟，新闻频率四连增》，央广网，2023年5月31日，http://ad.cnr.cn/hyzx/20230222/t20230222_526161535.shtml。

直播节目在制作的同时就播出了。但全媒体传播尤其是视频内容生产让这种情况发生了变化，新型制播系统具备音视频直播、互动等功能，面向各种互联网终端推送富媒体内容，将音频内容以及图文视频内容以线性或非线性的方式投送给受众。主持人在策划、采制、编辑、推广等各个环节都需要具备专业的技能，独立的个体难以胜任过多的角色，需要补充人力，并加强人员之间的协作。在供给方面，传统广播的人才队伍少而精，人力成本低，这也是广播投入产出比高的一个很重要的原因。虽然近年来，为了适应全媒体传播需求，广播加大了人才引进力度，尤其是加大了对年轻视频制作人才、新媒体推广人才等的引进力度，并尝试在现有组织架构中嵌入新的业务单元，但引入的新型人才只是救急的角色，一个人要服务多人，与传统广播人才队伍还有磨合的过程。新人的加入并没有明显改变广播融合发展的现状，主力队伍还是集中在广播端，新人很难独当一面，很难在广播的生态中独立成长，也就很难为广播带来新的增长点。换言之，这些新人的价值还局限于为广播服务，是广播传播的配角。简单分析，在新兴媒体平台都还在烧钱亏损的情况下，广播新媒体运营依靠母体投入难以存活，投入太多的人力物力财力，风险系数都太高。相比较而言，稳住广播基本盘，再辅以新媒体传播带来的适当经济增量，成为当下大多数广播人的首选。

在转型方面，广播媒体与从业者个体形成命运共同体，必须同向发力、共同转型。浙江台要求主持人队伍主动转型升级，重塑路径赛道，主动适应变革，勇于自我突破，努力转型成复合型、全媒体化的人才。新冠疫情影响使得这种转型变得尤其迫切。在受新冠疫情影响的 2020 年，广播收听市场受到冲击，广播收听端的市场总量收缩，广播接触率持续下降，这给广播从业者发出了警示，如果不能拓宽传播渠道、掌握新的知识与技能，广播将面临严重危机。随着媒体融合的推进，广播在移动互联网上的传播效果显现出来，逐步形成了更加完整的立体传播生态圈。"阿基米德"试图从文化（思想认同）、专业技能、新媒体素养等多个方面，结合主流媒体和互联网岗位特征，培养一个具备主流媒体素养的新型主流媒体互联网团队，这为当前人才转型做了很好的注脚。上海台民生节目《直通 990》《民生一网通》的主持人高嵩向全媒体化发展，在 2022 年"大上海保卫战"期间，连续驻台 64 天，有力保障了节目的正常播出；全程参与"防疫服务热线"编播工作，参与策划公益项目"蛤蜊电台"；打造的视频账号"小通在申边"，制作了 50 多条短视频，成为疫情期间解读新政、答疑释惑，以及沟通民情民意的桥梁纽带，系列短视频爆款频出，全网播放量超 2000 万。[①] 年轻从业者天生具备互联网的基因，应该成为媒体转型的先锋。

六 管理的适应性变革

柔性化管理成为广播媒体转型时期相对合理的管理方式。一则全媒体传播格局下媒体运营模式还未定型，各种影响因素都在试探性地发挥作用，制约与成长、控制与促进都还在碰撞角力。二则人的因素具有更强的不确定性，从管理者到普通员工，都受到环境的影响，有的果断转型，有的瞻前顾后，也有的原地躺平，从而使得整体运作处于谨慎的自发生长模式。为适应这种模式，管理呈现了柔性特征，既有"可"的肯定因子，又有"不可"的禁止性要求，还有"未尝不可"的模糊决策，而对"可"与"不可"的界定相对主观。

组织的变革。单一广播频率的组织体系基本围绕职能进行构建，很难得到颠覆性的改变。传播能力及传播体系变革，对广播组织架构有一定的影响，广播组织架构在一定范围内会做出一些适应性变革。比如进行项目化运作，将相同相似类型或属性的业务资源进行整合，以工作室或项目组的形式进行集约化管理；将创新单元从结构化的组织体系中提取出来，给予一定的政策倾斜或专门的资源配置，把它作为非职能型组织进行扁平化管理，以更好地考核与评价创新效果。

激励机制的改变。在全媒体传播过程中，资源的重要性更加凸显。这里

---

① 《声来有 YOUNG | 种下小小的种子，开出大大的花朵——SMG 表彰大会，广播青年获殊荣》，"上海人民广播电台"微信公众号，2023 年 5 月 31 日，https：//mp. weixin. qq. com/s/NsUVr8MzEjwBUGTuGcyLLQ。

的资源包括了人力资源、宣传资源、组织资源、空间资源等。广播体系内人力本就有限，而在特定阶段，要推进全媒体传播，需要专业的人力支持，这就要对有限资源进行导向性配置，好钢用到刀刃上。宣传资源对应的是流量，在进行资源配置时难免顾此失彼，需要对头部力量、创新探索进行重点扶持。组织资源就是要在现有组织框架内给予创新者发展空间，提供干事创业的舞台。空间资源就是要对创新者创新及试错提供容错、纠错的空间，给创新者卸下包袱，使其轻装上阵。

文化的改变。因为创新的多元多向，广播媒体的业务呈现百花齐放、百家争鸣的新形态，彼此之间相对独立，而又在现有管理框架内得到一定程度的协同。不同的业务类型对应着不同的文化向度，在这种多元的文化氛围中，媒体将有更多的发展可能。江苏交通广播网形象地将其抖音矩阵描述为三种可能的发展类型，即实现创收的类型、帮人挣钱的类型和自我安慰的类型。针对不同的类型需要采取不同的管理方式方法，对应不同的管理制度、流程体系，以促进新业态新业务的拓展。

全媒体传播体系建设是全方位的变革。广播媒体需要结合传统优势，深挖自身特点，在把握新传播格局的基础上快速深入推进，在全环境、全场景、全过程上不断推出新举措、实现新发展，为经济社会发展做出积极贡献。

2022年中国广播平台化转型的实践探索

于 丹*

摘　要： 经过多年发展，移动音频行业虽然发展到一个相对稳定的时期，但竞争依然激烈。传统广播如何在这样的市场格局中开拓新媒体渠道，实现数字化转型呢？中央广播电视总台音频客户端"云听"在短短几年间，充分利用总台版权资源优势，汇聚全国广播直播流，集纳总台精品内容，通过差异化定位，打造耳边的资讯头条、垂类知识库和中华文化有声库，同时探索AI主播、菁彩声等新技术的研发应用，致力于为多终端用户提供车机、智能穿戴等场景下的声音产品和服务。

关键词： 传播主流声音　台网融合　技术赋能

随着移动音频行业快速发展和壮大，传统广播也快速进行战略转型，构建了"台网共生"大音频格局。中央广播电视总台（以下简称"总台"）顺应音频市场发展趋势于2020年3月4日推出音频客户端"云听"。三年来，"云听"肩负着总台广播转型的时代使命，积极践行台网融合战略，奋力建设国家5G声音新媒体平台，以期让主流声音覆盖主流阵地，让主流文化回归主流市场。

截至目前，"云听"汇聚全国广播电台直播流超过1900路，成为全国电台集成第一平台。"云听"用户规模已经超过2亿，其中车载端用户超

---

* 于丹，中央广播电视总台文艺节目中心阅读之声节目制作人，主任编辑。

6300万，"云听"成为国内规模增速最快的移动音频客户端和车载音频第一媒体平台，并且获得国家广播电视总局颁发的"广电媒体融合新品牌——平台品牌""全国广播电视媒体融合先导单位"称号。

一 聚合资源，充分利用总台版权资源优势

2022年6月，总台正式向央广传媒集团有限公司颁发媒体权利许可证明，明确总台拥有、管理的电台频率及其所含享有著作权或获得相关授权的音频节目由"云听"独家经营。这一布局不仅能够保护国家级广播电视节目不受第三方商业平台的侵权，还能巩固"云听"的资源优势。因此，对于拥有了国家级内容资源优势的"云听"来说，开发、利用好总台的资源，结合版权保护与运营工作延展总台音频内容价值，提升其影响力、传播力和市场竞争力，成为首要任务。目前，"云听"已经聚合音频内容总时长达386万个小时，单曲数量超过500万条，实现手机端、车机端和智能穿戴终端全场景覆盖。

（一）汇聚广播直播流，实现台网联动

"云听"享有总台央广、国广共22条广播频率的直播流，并且为用户提供直播、点听和回听服务。同时，"云听"针对总台各广播频率不同的内容风格及定位，融合社会热点、用户需求、收听场景等因素，对内容进行定时、定点、定向推广及精细化运营。"云听"还为中国之声、经济之声、音乐之声、环球资讯广播、经典音乐广播这5个广播频率开设了"广播互动直播间"，以"互动+社交"的方式推动媒体融合发展，通过文字互动强化主持人的特质与风格，通过抽奖等活动提升节目内容的趣味性，进而将听众深度锁定在节目场内，从而实现了移动新媒体端与传统广播频率的即时性互动、全天候直播，实现了真正的台网联动。

"云听"还为中国之声等广播名牌栏目建立了音频专辑，实现用户的连续收听。目前，中国之声的名牌栏目，如《新闻和报纸摘要》、《新闻纵横》

和《小喇叭》等的收听量均已突破千万。这进一步提升了国家声音媒体的传播力和影响力，实现了广播节目"一次制作，多次分发"。

此外，"云听"还汇聚全国广播电台直播流超过1900路，"云听"同时将自身有价值的内容向地方电台分发和输送。目前，"云听"还在进一步推进与全国各地电台频率的签约合作。

（二）电视节目音频化，听电视成为"云听"特色

总台拥有海量的节目内容素材，总台电视节目转化成音频内容，全部授权"云听"使用，这使得作为总台音频平台的"云听"具备巨大的版权优势与内容优势。将电视节目从视频到音频进行再媒介化改写，提升了优质内容资源的利用率，同时在渠道、呈现方式、传播效果和影响力方面进行了拓展和延伸。

以名牌节目《典籍里的中国》为例。从视频转换成音频，节目进行了调整，以便适应新媒体传播方式：既保留完整版节目，又将含有知识点、易引发兴趣点的内容拆分出来，独立形成小单元节目。比如，该节目第一集《永乐大典》，音频节目既有77分钟时长的完整节目，又被拆分出8个独立小单元节目，分别是《西游记中哪则故事被收录于永乐大典?》《代代读书人不懈努力，〈永乐大典〉历劫重光》等。这种碎片化节目相对独立完整，时长较短，为用户提供多种选择，易于进出，同时节目的交互性得到了增强。截至目前，该系列节目已有几百万的收听量。

另外，总台其他名牌电视节目，如新闻节目《新闻联播》《新闻1+1》，文化节目《国家宝藏》《开讲啦》《百家讲坛》《经典永流传》，纪录片《中国通史》等都设有音频专辑。而更有特色的"听剧"频道，将众多目前热播的电视剧转化成音频，为用户提供伴随性更强、选择性更广的高品质声音产品。由马伯庸同名小说改编的电视剧《风起陇西》，古装悬疑推理剧《神探狄仁杰》，还有年度爆剧《觉醒年代》《人世间》等都有着不俗的收听成绩。

二 传递主流声音，打造具有独特性、差异性的精品内容

当前，不少商业音频平台为获得经济效益，往往为用户提供具有消遣性、功利性的内容，出现了泛娱乐化倾向。艾媒咨询发布的《2020~2021年中国在线音频行业研究报告》显示，在线音频内容创作门槛较低，平台鼓励用户进行内容生产，而用户生产的内容质量参差不齐。[①]

而"云听"基于国家媒体平台的属性，依托总台"金话筒"主持人、专业记者编辑、声音产品制作人及相关专业制作机构组成国家级声音制作团队，在提供内容产品时会更注重思想内核和价值内核的构建。"云听"以资讯、知识、文化为内容战略方向，为用户提供具有更高品质的声音，传播具有主流价值的声音，而这又恰恰与商业移动音频平台形成内容差异化竞争。

（一）聚合海量有声资讯，打造"耳边的资讯头条"

"云听"一方面集纳总台广播电视直播流，设立广播电视新闻栏目专辑，提供权威新闻实时播报。另一方面"云听"收录由专业编辑团队基于规范稿源自制的精品资讯，通过 AI 主播赋能，自制优质的轻量化短音频资讯。目前，"云听"自制有声快讯已达到"日产千条"，为用户提供全天候、全场景的音频资讯服务。

而在重大活动如"两会"、冬奥会等中，"云听"更是利用新技术手段和出色的新闻采编能力，为听众提供及时、准确、全面的内容报道，彰显了传统媒体数字化转型成果。比如"云听"设置了"全国两会报道专区"，其中《两会现场声》围绕"两会"热点，聚焦代表和委员们的精彩发言，以几分钟的短音频原声呈现，带听众感受现场氛围，使听众听懂"两会"要点。

---

① 《艾媒咨询｜2020~2021年中国在线音频行业研究报告》，百度百家号，2021年4月2日，https://baijiahao.baidu.com/s? id=1695917816776381187&wfr=spider&for=pc。

（二）打造垂类知识库，拓展知识服务体系

"云听"的知识库覆盖了亲子成长、家庭教育和康养医疗等领域，满足处于不同人生阶段、不同收听场景下用户的知识需求。

"云听""教育"频道集纳总台教育栏目资源，融汇各领域教育专家力量，推出"听读课文"、"诗词小课"、"人文社科"、"自然科学"及"父母课堂"等板块，同时推出拳头产品"在线朗读评测"系统。

"在线朗读评测"系统把涵盖了由康辉、海霞、尼格买提、朱广权、任鲁豫等总台百位主持人诵读的一年级到九年级课文的音频的中小学语文示范诵读库和由"云听"自主研发的智能诵读评测技术结合起来，通过同步跟读、智能测评、趣味交互等功能，让孩子体验总台"名嘴"的"一对一"领读指导，在玩中提升学习兴趣和诵读能力。

而已经推出两届的"云听""小小朗读者"活动，更是将拳头产品与市场活动联动起来。"小小朗读者"活动面向全国 3~12 岁的少年儿童开展。孩子们可以通过"在线朗读评测"系统，反复进行朗读训练，提升朗读技巧，上传自己录制的满意作品。在经过多轮风采展示、网络公示及线上评选等环节后，优胜者签约成为"云听小主播"。在第二届的"小小朗读者"活动中，共 5.6 万名少年儿童报名参加，超过 9000 个家庭参与"声音打卡陪伴计划"，全网曝光量超 3.5 亿次，活动规模和影响力都再创新高。

"云听""健康"频道致力于打造国家级健康信息服务平台，它紧扣健康方向，以"专业化内容+个性化服务"为定位，以小切口剖析"大健康"，为用户提供权威便捷、通俗易懂的健康知识科普、健康咨询服务。其中，"云听云医"板块依托 300 多名三甲名医资源，覆盖 40 余个科室 1200 余种常见病科普内容，设有健康专辑 61 个，如《心脏守护联盟》《脱"敏"通关手册》《痛风防御指南》《谷嘉诚：一"谷"作气做运动》《巍子医生：急救知识 33 讲》等。

（三）打造国家主流文化工程项目，提升主流文化传播能力

"云听"以中华文化传承为脉，发起"中华文化有声库"大型国家文化

工程,这是首个由国家级声音新媒体平台推出的,为全年龄段用户打造的,集有声经典诵读、听学互动于一体的文化传承项目,旨在打造国内市场上收录最全面、制作最精良的"中华文化有声库"。"云听"聚合大奖大剧系列、名家名作系列、畅销经典系列,围绕文化、历史等题材,制作有声书、多人有声剧、文化节目等有声精品。

《2022年"耳朵经济"商业价值及其用户洞察》研究报告显示,60%以上的音频用户喜欢收听有声书,且在不同时段、收听设备和收听场景中有声书都位居音频内容偏好首位。因此,有声书一直是声音平台的最重要业务之一。"云听"在有声书方面更是不断为用户提供高质量有声佳作。①

"云听"既携手总台阅读之声联合推出有声书,旗下有声品牌"云听声工厂"也自制有声书。"听书"频道推出了"经典文学""名家系列""获奖作品"等内容板块,涵盖了以奖项为维度的茅盾文学奖、老舍文学奖、五个"一"工程奖等,以作家为维度的"老舍经典作品""冰心经典作品""叶圣陶经典作品"等。这些有声作品由李野墨、王明军、杨晨等国内优秀的演播人演绎,再加上后期的精心制作,"思想+艺术+技术"让优秀、经典的文学作品在新媒体时代发出更大的光芒。

《人世间》是作家梁晓声获得茅盾文学奖的作品。2019年由央广阅读之声制作并上线"云听"后,有声书《人世间》广受好评。2022年电视剧《人世间》在央视八套热播,"云听"迅速对有声书《人世间》开展一系列宣传推广活动,如开屏广告、首页推荐、限时免费收听等,有声书《人世间》热度越来越高,最终成为2022年一款爆款产品,为"云听"起到巨大的引流作用。"云听"还在喜马拉雅、懒人听书等其他平台上进行分发。截至目前,有声书《人世间》的收听量已经超过2亿。"云听"同时将电视剧版的《人世间》进行音频化上线,为用户提供多元选择。另外,"云听"自制的有声书《三体》《红楼梦》《笑傲江湖》等也都在引领有声书制作的

---

① 《2022年我国"耳朵经济"用户行为与需求洞察》,百度百家号,2023年2月13日,https://baijiahao.baidu.com/s? id=1757677936604140531&wfr=spider&for=pc。

标准。

在由中国广播电视社会组织联合会、中广联合会有声阅读委员会、北京师范大学国家新闻出版署"出版业用户行为大数据分析与应用重点实验室"发布的《2022年度中国有声阅读影响力研究报告》中，"云听"入选"2022年度中国有声阅读最具影响力广播电视台新媒体"。

"云听"在文化历史内容方面也不断拓展其广度和深度，并不断创新，多样化的内容能够覆盖更多圈层用户的音频收听需求。

由"云听"与央广经济之声联合推出的脱口秀式说书节目《高莉说书》，由经济之声主持人高莉担任主讲。主讲人通过风格化的解读和演绎，对书籍内容进行重塑建构。截至目前，《高莉说书》在"云听"上已达到近两千万次的收听量。《高莉说书》更是台网深度融合道路上的新探索，它先网后台，实现了新媒体平台与广播端双向联动、相互导流。

而"云听"自制的文化节目板块""云听"开讲"承《百家讲坛》底蕴，以高校教授、知名学者为讲师，紧抓大众兴趣点，涉及历史、文学、艺术和哲学等众多领域，打造大众能听懂的，兼具深度与趣味的节目。其中，《开讲通史》系列节目涵盖整个中华历史，从先秦两汉到宋元明清都有专业解读；与武汉大学联合打造的国学素养系列节目《经典里读中国》，由8位名师主讲，选取8个主题，探索经典里的中国智慧；其他节目包括《考古知中国》《文学里的中国》《江湖夜雨读金庸》等都获得市场与口碑的双赢。

三 全面提升车联网业务，打造全渠道、全场景音频生态

"云听"从上线之日起，便致力于布局手机、车机、平板电脑、智能穿戴、智能音箱等多领域终端，不断推动国家主流声音的全渠道、全场景触达。

除了手机端外，车机端也是"云听"最为重视的领域，因为汽车一直是非常重要的音频内容消费终端，而这也是所有音频平台都在积极布局的赛

道。"云听"车机版承接手机端的众多功能,从"云听"海量内容库中精选适合车载场景的内容,为车主提供高品质的车载声音服务。

2020年11月,"云听快应用"登陆比亚迪应用市场、华为车机产品线,覆盖奔驰、奥迪、沃尔沃等数十家汽车品牌。2021年1月,"云听"车机版预装到搭载华为HiCar车载系统的"华为智选车载智慧屏"。2022年2月,"云听"收购车载音频品牌"听伴",实现了弯道超车,在激烈的车载市场竞争中迅速破局。2022年末,"云听"与上海金桥集团达成战略合作,共同打造"央广云听智联汽车数字媒体产业基地",继续拓宽汽车数字媒体赛道。

截至目前,"云听"已入驻超6100万台车机,上线47家主流汽车,与68家后装方案商开展深度合作,成为规模增长最快的移动音频客户端和车载音频第一媒体平台。未来,"云听"将进一步升级车机端功能和智慧电台服务,以主流姿态引领行业健康发展。

而在智能穿戴设备方面,"云听"已经推出覆盖多品牌、全年龄段的智能穿戴设备,为儿童手表定制了"云听""听课文"两款产品,主推获得国际大奖的小说、睡前故事、经典绘本、天文科普知识及中小学语文示范诵读库内容等。"云听"还与华为、小米等品牌合作推出多款"轻应用";与中国联通推出适老化终端"联通小助手"等。

四 加强技术赋能,占领声音"新高地"

"云听"作为诞生于5G时代的音频新媒体产品,借助总台"5G+4K/8K+AI"技术,规避了传统媒体的技术短板,但要想拥有持续的市场竞争力,就必须不断寻求技术革新与突破。

AI技术已经运用到"云听"的内容生产中。"云听"基于总台主持人IP,通过对主持人的声音进行模型训练和深度学习,实现领先的声色模拟和情感展现,打造出适用于各类资讯板块的AI主播。在2022年"两会"报道中,"云听"推出AI主播团体IP"云小天团",深度融合《中国之声》

上会记者团队，打造定位于政策要闻的 AI 主播"云小琦"、定位于社会热点的"云小宇"，以及定位于行业报道的"云小江"，多角度覆盖"两会"议题，全面布局"两会"报道。平均单条音频资讯生产时长仅需 1 分钟左右，大幅度提升制播效率。而目前，"云听资讯"板块的资讯播报已经全部交由 AI 主播来完成。

由总台超高清视音频制播呈现国家重点实验室牵头，我国自主研发完成了三维菁彩声。三维菁彩声不仅是中国自主研发的三维声技术，也是全球首个基于 AI 技术的音频编解码标准。

三维菁彩声支持主流三维声编码兼容单声道、立体声、环绕声和三维声，可以让声音在三维空间的任何位置被精准放置和移动，并准确描述每一个声音的位置、大小、轨迹、时间和长度，这是用户收听体验的一次重大飞跃和变革。

"云听"作为总台声音新媒体平台，是首个应用三维菁彩声的音频平台。2022 年中央广播电视总台中秋晚会是菁彩声在"云听"的首秀。对于此后的卡塔尔世界杯等一些大型活动和晚会，用户都可以在"云听"听到菁彩声的现场音，菁彩声将会继续扩大应用范围，用户戴上耳机仅靠听觉，便能够享受到现场式的、沉浸式的比赛氛围。

同时，菁彩声技术也应用于"云听"的音频节目生产制作，有声书《神雕侠侣》，资讯节目《"云听"声音日历》，儿童节目《怪怪奇小怪》都已采用菁彩声。未来，"云听"将会通过三维菁彩声打造更多的作品，为用户提供高品质声音体验。

作为总台的声音新媒体平台，"云听"立足新传播生态，坚持守正创新，充分发挥总台中华优秀文化传播主力军、主阵地、主渠道作用，推动声音媒体主业链条上各业务之间优势集聚、深度融合，深度发掘和释放声音媒体的品牌价值，不断探索新的表达内容和方式，营造传承发展中华优秀文化的浓厚氛围，提升中华文化引领力、传播力、影响力。

广播电台篇
Radio Station

B.7
2022年中国广播市场竞争格局分析

陈叶红*

摘　要： 2022年，在国内外政治、经济与媒体大环境影响下，广播媒体影响力与用户规模进一步回落，车载与居家收听场景被车载智能设备与娱乐/购物应用消解。听众虽然仍然优质，但收听黏性降低。在三级电台中，中央级电台凭借优质的内容资源，收听竞争力持续提高，分流了省市级电台的听众资源。在各类型频率中，交通类频率的竞争力依然稳固，位居榜首，新闻类频率竞争力持续提高，超过音乐类频率，位居次席，音乐类频率竞争力持续降低。在音频生态整体增长乏力的情况下，广播媒体未来在巩固听众规模、提升听众黏性与忠诚度的同时，需要大力加强网络平台非音频类内容布局。对于大部分地方广播电台来说，继续搭建自有客户端既不现实，也不可行，需要入驻平台，运营账号，作为优质内容的供给机构来提高影响力。

---

　* 陈叶红，原尼尔森网联媒介数据服务有限公司研究总监，统计师。

关键词： 车载收听　听众品质　三级电台　类型频率

2022年，在国际政治、经济环境出现较大变化的情况下，国内外资本市场逐步收紧，移动互联网生态整体发展面临较大的冲击与考验。与音频生态有关的移动互联网平台在融资、上市等方面面临越来越大的困难，流量之争与内容之争转向生存挑战，活下去才是王道。在这种情形下，免费的优质内容越来越少，付费收听越来越常见，这在一定程度上影响了大家收听的积极性，部分音频门类增速下滑，甚至出现不增反降的苗头。

在广播收听领域，广播直播流节目听众规模持续下降，以中央广播电视总台为代表的国家队加大对移动端与车联网的布局力度，中央级电台竞争力进一步提高，以原创新闻资讯见长的新闻类频率，与以脱口秀式陪伴见长的交通类频率竞争力继续攀升，这将带来广播市场竞争格局的深刻变化，省市级电台在影响力与生存方面将承受更大的压力。

一　音频生态面临挑战，车载场景被稀释蚕食

（一）音频生态承压明显，广播影响力持续回落

2022年，"耳朵消费"综合影响力虽然继续提高，但是增速明显下滑，从用户规模增长方面来看，音频生态出现了明显的发展压力。《中国音频传媒发展研究报告（2023）》暨南大学课题组调查数据显示，2022年，全国音频传媒市场用户规模达到7.78亿，较2021年增加了1900万，增速仅为2.5%，而从2016年至2021年，全国音频传媒市场用户规模从5.93亿增长至7.59亿，年均增速达到5.6%。与之相比，2022年，全国音频传媒市场用户规模增速仅为2016~2021年平均增速的45%。增速急剧下滑显示音频生态正承受发展压力，增速未来能否复苏尚须持续观察。

在主要的音频门类中，《中国音频传媒发展研究报告（2023）》暨南大

学课题组调查数据显示，2022年，以移动互联网收听为代表的有声书、移动电台、语音直播用户规模继续小幅扩大，但增幅明显收窄，平均增幅仅为5.3%，较2021年16.1%的平均增幅下降了三分之二。如图1所示，作为网络收听主力的网络音乐用户规模从2021年同比增长10%转为同比下滑4.4%，从7.29亿人降至6.97亿人，跌破7亿人大关。在网络音乐App中，一方面免费的优质音乐歌曲资源正在大幅减少，付费音乐增多，音乐的免费完整收听体验转向十几秒的试听体验，极大地影响了用户的使用积极性；另一方面网络音乐App增加了听书等其他非音乐类内容，依靠其他聚合音频内容吸引用户使用，这在一定程度上显示了网络音乐整体的低迷发展趋势。音频平台的"拉新"（扩大用户规模）变得越来越困难，在生存的压力下，收费模式越来越多样，广告越来越多，进一步影响了用户留存与活跃度。

作为音频生态的重要门类，广播电台的用户规模持续缩减。《中国音频传媒发展研究报告（2023）》暨南大学课题组调查数据显示，2022年，全国广播电台用户规模为5.07亿人，同比缩减了4.3%，较2021年1.7%的降幅而言，2022年降幅进一步扩大（见图1）。在移动互联网以及音频生态整体承压的情况下，广播电台面临更大的发展压力。在融媒体转型的过程中，广播电台需要拓展更多的内容门类，也需要开拓更多的产业门类，以多元化经营反哺媒体内容生产与运营，促进融媒体转型的平稳过渡，从而实现可持续发展。

在平台建设方面，目前省级及以上广播电台，以及二、三线城市的众多城市广播电台均搭建了自有客户端App，但是内容资源极为有限，预算投入与经营管理模式均无法满足客户端App的建设与发展需求，并持续占据台内大量的人力、物力与财力资源，使得地方广播电台融媒体转型举步维艰。在这种情况下，地方广播电台不应执着于自建客户端、搭建自有平台，而应结合自身情况，理性看待自建平台的问题。虽然自建平台可以有更多的独立性与自主性，但是"遍地开花"与移动互联网生态发展规律不符，目前全国绝大部分广播客户端面临"既不叫好，也不叫座"的尴尬局面。而入驻商业平台或其他媒体平台后，运营媒体的官方账号取得了较大的成就。在主要的社交

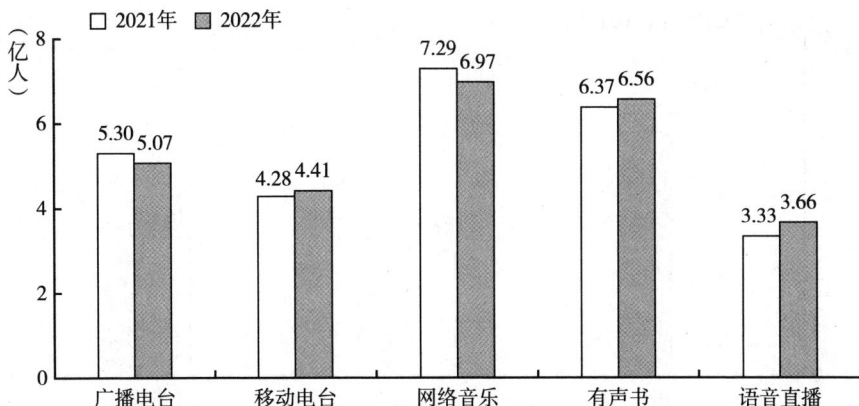

图1 全国主要音频门类用户规模

数据来源：《中国音频传媒发展研究报告（2023）》暨南大学课题组。

与短视频平台上，粉丝规模达到十万、百万量级的广播媒体账号比比皆是，全国性广播媒体账号粉丝规模更是达到了数千万量级。两相比较，作为媒体机构，核心任务是输出大量符合社会主义核心价值观的、优质的、被用户喜爱的内容作品，自建平台的成功率微乎其微，众多地方广播电台不宜再在自建平台方面投入更多的资源，需要跳出平台窠臼，提高内容生产能力。而作为国家级电台，中央广播电视总台需要自建平台，这也是国家级媒体的政治使命与责任担当，应该用自建平台与运营官方账号"两条腿"走路。

《中国音频传媒发展研究报告（2023）》暨南大学课题组调查数据显示，2022年，全国广播市场日均触达率为28.7%，同比下降2.2个百分点，听众活跃度进一步降低。在细分终端与场景市场，2022年，全国车载收听日均触达率为13.5%，同比下降1.3个百分点，全国居家收听日均触达率为14.9%，同比下降1.5个百分点，继续呈下滑趋势，且较2021年降幅扩大（见图2）。整体而言，广播电台无论是在用户规模，还是用户活跃度方面均面临较大的发展困境，需要进一步研究自身在用户日常生活与触媒过程中存在的意义与价值，并不断提升对用户的价值，才能更好地维系用户，从而扭转下滑趋势。

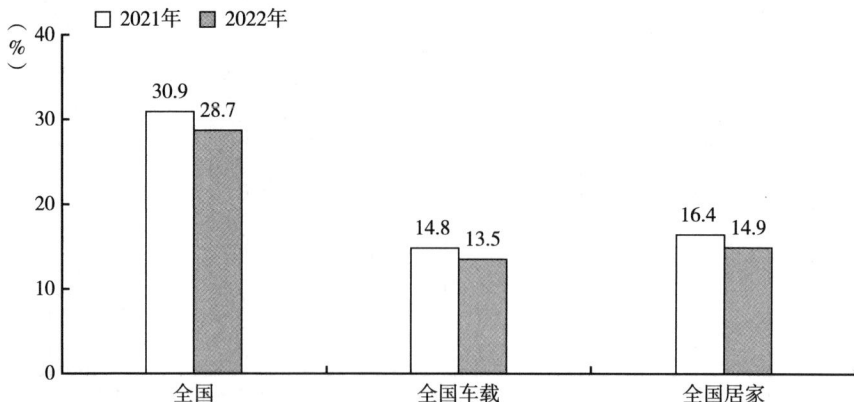

图2 全国广播市场日均触达率

数据来源：《中国音频传媒发展研究报告（2023）》暨南大学课题组。

广播直播流节目收听影响力的持续降低，不仅是其他门类的网络音频节目分流所致，在一定程度上也是因为广播直播流节目的收听场景被分流，其收听吸引力减弱。一方面在传统的车载场景中，有更多的其他音频节目可以满足大家对新闻资讯与娱乐内容的收听需求，广播直播流节目的定时定点性导致大家如果错过了常听节目，就难以进行收听，除非使用智能手机下载相关App听重播。使用智能手机收听则意味着广播节目被其他音频节目分流的可能性大幅增加；另一方面无论是车载还是居家场景的娱乐需求，都极容易被娱乐性更强的短视频等分流，在音频生态整体影响力增速放缓的情况下，广播直播流节目会因其内容含量少、收听便利性不足等原因受到更大的影响。

（二）车载听众被车联网与智能手机加剧分流

在移动智能化时代，传统汽车也在逐步向智能化升级，打造车载智能大屏，并接入车联网音频内容来提升对用户的吸引力，传统的车载收音与调台设备逐步被车载智能设备取代。在新能源汽车与传统汽车智能化升级的双向驱动下，广播在车载空间与场景中面临的冲击不仅存在优先性的问题，还存在能不能被发现、被找到的可见性问题。特别是在移动互联网时代成长起来的年轻用户普遍没有被广播熏陶与教育，更依赖网络社交与短视频平台，对广播较为陌生，如果广播在车载智能终端不容易被找到，就会被私家车主逐步忽视，有可能直接导致广播在车载空间的萎缩消亡。广播媒体需要深入思考，在车联网时代以什么样的方式再次进入私家车主的娱乐消费序列，进行心智占位。

《中国音频传媒发展研究报告（2023）》暨南大学课题组调查数据显示，2022年，私家车主在车载空间对车载广播的消费需求继续下滑，从67.2%降至64.3%，而与2020年84.4%的私家车主在开车时有收听车载广播的行为习惯比较，下降了超过20个百分点，下滑幅度达到23.8%，接近四分之一的私家车主从车载广播流失，车载广播对私家车主的吸引力萎缩较为明显。与之相对应的是，私家车主收听其他音频节目、刷抖音、看新闻的占比分别达到41.4%、34.9%和24.98%，同比提升幅度分别达到11.9%、22.5%和8.1%。与2020年相比，收听其他音频节目、刷抖音、看新闻提升幅度分别达到10.8倍、1.3倍和1倍，充分显示私家车主在车载空间与场景的娱乐消费需求由听广播转向听其他音频节目，以及被其他类型的网络内容应用所取代。音乐在车载空间的影响力也有一定程度的下降，听下载的音乐与听网络音乐占比同比分别下降了8.2个百分点与5.4个百分点（图3）。

2022年，中央广播电视总台的"云听"App进一步与国内外车企合作，加强在车联网与车载智能终端的前置式布局，2022年7月，云听上线一汽-大众ID.4 CROZZ系列车型和小鹏车机应用商店，为广大听众带来更丰富、更个性化的智慧出行体验。2022年8月，云听作为特斯拉在线广播（Online Radio）的独家合作伙伴，开启了面向广大特斯拉车主的广播电台车载播放服务。云听在车载领域开创的"场景化+智能电台流"应用，可以根据用户收听行为和喜好，针对不同的出行场景，通过AI电台、场景电台和有声书等产品形态按需推送新闻、文化节目、旅游节目和有声书等，围绕丰富的音频内容打造全时段、全内容的车载生态系统，为车主提供更优质和更便捷的

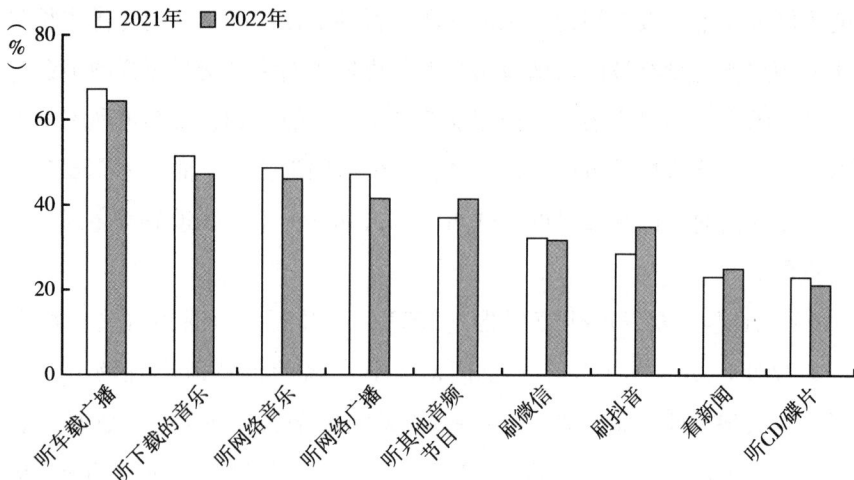

图3　私家车主在车上的娱乐休闲行为

数据来源：《中国音频传媒发展研究报告（2023）》暨南大学课题组。

车载娱乐体验。①

　　这些服务完全跳出了传统广播直播流节目的范畴，真正实现了将智能化推送与海量、碎片化的音频节目结合在一起，实现了广播融合发展的新跨越。在广播直播流节目，以及围绕广播直播流节目进行剪辑加工与分类整理的节目之外，"云听"App还聚合了总时长达386万个小时、单曲数量超过500万首的海量碎片化音频节目，拥有用户耳熟能详、喜闻乐听的大量经典IP内容，如《国家宝藏》《三体》等，依靠丰富的音频内容持续深耕私家车主这一高价值与高端人群。截至2022年底，云听车载端覆盖量已超过6000万，云听成为规模增速最高的移动音频客户端和车载音频第一媒体平台。②

---

① 《2022~2023收听数据发布：车机软件已成驾乘场景的主流收听方式》，央广传媒，2023年7月1日，http://www.cnrmg.cn/xwzx1/hyzx/20230202/t20230202_526142517.html。
② 《云听车机新版本上线一汽-大众多款车型》，搜狐网，2023年3月23日，https://www.sohu.com/a/658258995_362042。

二 听众品质仍然较好，车载听众黏性待加强

（一）主力听众以中青年、中高学历者、中高收入者为主

《中国音频传媒发展研究报告（2023）》暨南大学课题组调查数据显示，2022年，在全国广播听众中，男性中青年是主力收听人群，男性听众占比为54.3%，同比下降2.6个百分点，占比虽然仍高于女性，但在车载听众整体下降的情况下，男性听众下降相对较为明显。在年龄构成方面，25~54岁听众占比达到73.1%，同比继续稳中略增，听众继续向中青年聚拢，主要是45~54岁的听众增加所致，占比同比上升3.1个百分点，达到23.6%，35~44岁听众占比略有增长。24岁及以下的青少年听众占比的下滑，显示了广播媒体对于年轻用户的吸引力下降（见图4）。青少年听众大多是在移动互联网环境下成长，对广播媒体的认知与接触度不足，但其对广播的未来发展发挥着至关重要的作用，如何吸引其收听广播节目、养成广播收听习惯，需要全国广播人共同探讨。

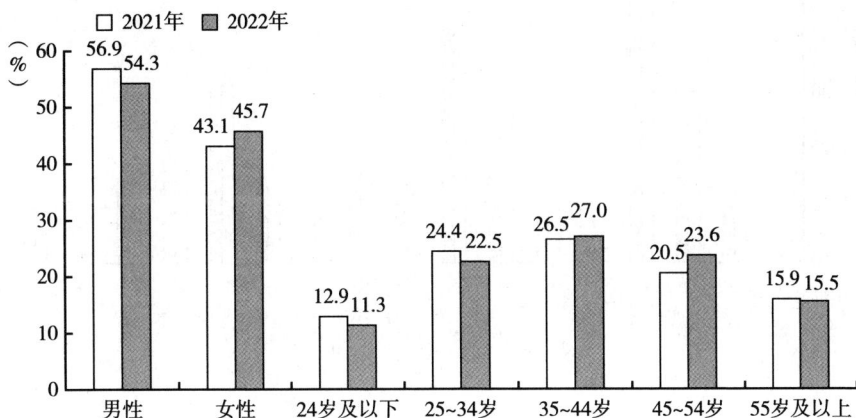

图 4　全国广播市场听众轮廓结构：性别、年龄

数据来源：《中国音频传媒发展研究报告（2023）》暨南大学课题组。

广播听众在学历、收入与职业方面以中高学历、中高收入与工薪白领阶层为主。《中国音频传媒发展研究报告（2023）》暨南大学课题组调查数据显示，2022年，在全国广播听众中，受过高等教育的听众占比为57.2%，同比上升6.2个百分点，显示在广播听众日益分化与分流的当下，高学历人群仍然是广播媒体最忠实的听众。声音媒体相对于视频媒体而言，更受高学历人群喜爱。在收入构成方面，听众平均月收入为5112元，同比继续增长；高学历人群占比的增加驱动了听众收入的增长；在广播听众分化的过程中，核心听众进一步凝聚与沉淀。如图5所示，月收入4000元及以上听众占比为71.2%，同比增长接近9个百分点，月收入4000~5999元、6000~7999元与8000元及以上听众占比同比均有不同程度增加，听众品质依旧十分突出，并且随着核心听众的进一步沉淀，听众品质进一步提升。在职业构成方面，以事业单位/政府机关人员和企业管理人员为代表的高端群体占比为22.7%，同比增长3个百分点，企业非管理人员和自由职业者/个体工商户仍然是收听

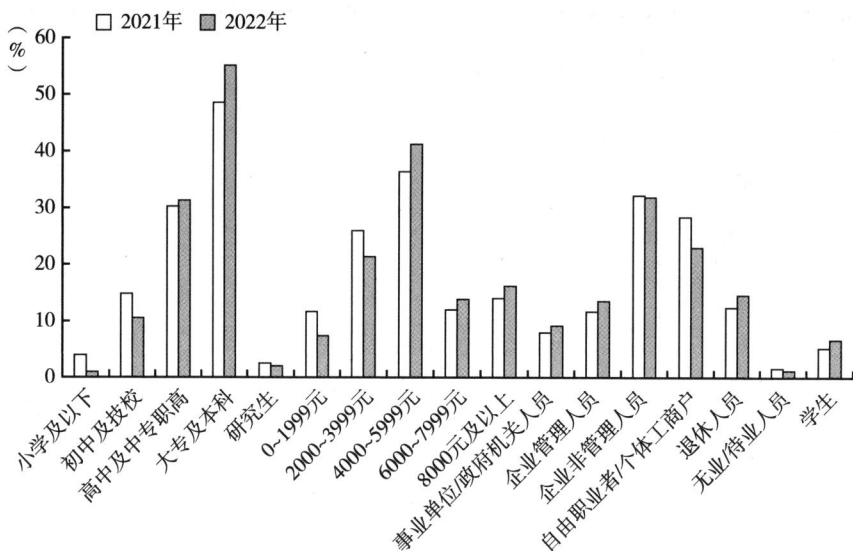

图5 全国广播市场听众轮廓结构：学历、收入、职业

数据来源：《中国音频传媒发展研究报告（2023）》暨南大学课题组。

的主力，占比为 54.8%，退休人员占比为 14.6%，同比增长 2.2 个百分点。

（二）车载听众收听黏性持续下降，需要引起关注

车载收听市场是广播媒体的核心传播价值所在，但随着新能源汽车与传统汽车的智能化升级，广播在车载市场的竞争优势正在被蚕食，私家车主收听规模与活跃度下降。与此同时，车载听众对广播的收听黏性持续下滑，在车载空间有更多的其他内容可以满足私家车主的娱乐与资讯消费需求，广播的重要性在下降。

《中国音频传媒发展研究报告（2023）》暨南大学课题组调查数据显示，在全国车载广播市场中，2022 年，大专及本科、事业单位/政府机关与企业管理人员的收听指数同比均有不同程度的下降，其中事业单位/政府机关与企业管理人员的收听指数降幅较 2021 年有所收窄，大专及本科学历听众的收听指数在 2021 年下降 1.2% 的基础上继续下降 1.7%，虽然仍远超平均水平，但是高价值车载人群对广播媒体收听黏性的持续下滑，对于广播媒体而言属于"雪上加霜"（具体见表 1）。广播媒体在车载空间的影响力被分化与蚕食，将进一步加剧广播媒体的生存危机。广播媒体的属地优势大幅减弱，如何与全国性商业平台竞争车载空间的影响力，需要广播人谨慎思考与抉择。

表 1 全国车载广播市场听众收听指数

全国-车载	收听指数		
	2021 年	2022 年	升降幅度（%）
大专及本科	121.4	119.3	-1.7
事业单位/政府机关	100.4	100.2	-0.2
企业管理	175.9	173.1	-1.6

数据来源：《中国音频传媒发展研究报告（2023）》暨南大学课题组。

三　中央级电台竞争力持续提高，内容
资源优势凸显

（一）中央台竞争力持续提高，蚕食地方电台份额

《中国音频传媒发展研究报告（2023）》暨南大学课题组调查数据显示，2022 年，在三级电台中，中央级电台收听份额达到 19.7%，同比上升 1.1 个百分点，近三年收听竞争力持续提高。依托国家级电台的平台优势与优质内容资源，中央级电台在逐步加强落地覆盖工作与提高信号强度，提升信号清晰度与抗干扰能力之后，市场影响力逐步提高，在频率资源与节目数量明显不占优势的情况下，依靠全国覆盖的中国之声、经济之声、音乐之声与中国国际环球资讯广播等有限的几套广播频率，以及部分区域性覆盖的频率脱颖而出。其中，中国之声在竞争激烈的一、二线城市，以及部分频率资源有限的下沉市场中跻身本地强势频率行列，成为各地广播听众，特别是私家车主收听新闻类节目的重要选择。移动互联网与智能收听的快速发展，是中央级电台进一步摆脱地域性覆盖局限性的重大契机，在可预见的未来，其市场竞争力将进一步提高。

与 2021 年相比，省级电台竞争力继续下降，在 2021 年同比下降 0.6 个百分点后，2022 年同比继续下滑 0.5 个百分点，竞争力呈渐进式下滑态势。省级电台在内容资源的广度、高度与深度方面不如中央级电台，在内容贴近性方面也不如市级电台，未来发展存在一定的隐忧；市级电台在中央级电台强势崛起的背景下，收听竞争力转升为降，2022 年收听份额为 29.5%，同比下降 0.8 个百分点（见图 6）。近年来，以广播为代表的传统媒体经营性收入下滑明显，发展前景不甚明朗，导致部分优秀的主播与节目制作团队流失至网络平台，进一步导致了广播媒体影响力下滑，特别是地方性广播媒体竞争力下降。

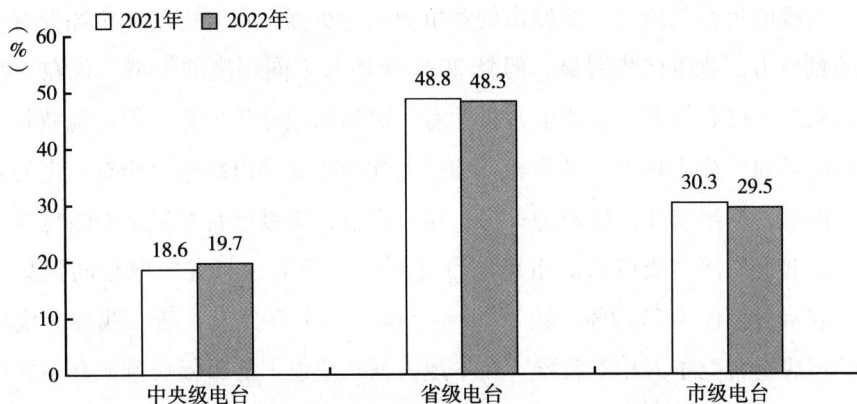

图6　全国广播市场三级电台竞争力：收听份额

数据来源：《中国音频传媒发展研究报告（2023）》暨南大学课题组。

（二）中央级电台一线城市竞争力最强，下线市场增速明显

《中国音频传媒发展研究报告（2023）》暨南大学课题组调查数据显示，中央级电台在一线城市竞争力最强，收听份额达到24.1%，其次是三线城市，在二线城市竞争力略弱。与2021年相比，中央级电台在不同城市线的收听竞争力均有不同程度的上升，其中在二线与三线城市竞争力增长相对更快，较2021年分别增长1.5个与1.9个百分点（见表2）。中央级电台随着在下线城市信号落地覆盖工作的逐步加强，凭借其国家级平台优势与优质的内容资源，受到了越来越多的下线市场听众的青睐，分流了各地省级电台与市级电台的听众资源，使各地广播市场收听竞争越发激烈。

表2　全国不同城市线广播市场三级电台竞争力：收听份额

单位：%

	一线城市		新一线城市		二线城市		三线城市	
	2021年	2022年	2021年	2022年	2021年	2022年	2021年	2022年
中央级电台	23.9	24.1	19.3	19.5	12.1	13.6	19.4	21.3
省级电台	49.9	50.2	45.6	45.1	52.7	52.2	54.6	53.6
市级电台	23.8	22.7	32.7	32.9	32.7	31.5	24.9	22.5

数据来源：《中国音频传媒发展研究报告（2023）》暨南大学课题组。

省级电台在二线与三线城市的竞争力相对更强，在省内广播市场拥有较强的竞争力，竞争优势明显，但较2021年均有不同程度的下滑，仅在一线城市竞争力略有提升。省级电台虽然有一定的属地竞争优势，但在地域收听明显的各地广播市场中，其亲和力和贴近性与各地的市级电台仍有一定的差距，能够占据半壁江山已极为不易。相对而言，市级电台发展水平略显参差不齐，北上广深一线城市的市级电台受到中央级电台与省级电台的强势挤压，收听份额仅为22.7%，较2021年下降1.1个百分点，新一线与二线城市的市级电台竞争力相对较强，在本地占据三成以上的市场份额，其中新一线城市的市级电台竞争力同比小幅提升。三线城市的市级电台受城市社会与经济发展水平的局限较大，节目制作能力相对略弱，频率资源也相对有限，在与中央级电台和省级电台的竞争中处于相对弱势的地位，收听份额仅为22.5%，较2021年下降2.4个百分点，发展前景不太明朗。近三年以来，不少市级电台存在工资与绩效缓发、下降的情况，这在一定程度上也说明了在媒介大环境不利的情况下，面对竞争更为激烈的广播市场，市级电台的生存压力急剧增加。

四 "三驾马车"交通居首，新闻频率竞争力持续提升

（一）交通、新闻、音乐类频率继续占据主导位置

《中国音频传媒发展研究报告（2023）》暨南大学课题组调查数据显示，在全国广播市场主要类型频率中，2022年，交通、新闻、音乐类频率竞争力继续位居前三名，收听份额合计达到70.4%，同比基本保持稳定（见图7）。

在其他类型频率中，经济、生活、文艺、私家车、综合、娱乐、旅游类频率跻身前10行列，与2021年基本一致。这些进行类型化定位的特色频率凭借其专业化、细分化、针对性强的节目在特定领域进行深耕，获得了一部

分听众资源。它们的存在使得广播市场节目类型进一步增多，让听众在主流的交通、新闻与音乐类频率之外有了更多的选择，促进了广播收听市场的良性发展。但是在广播收听竞争环境进一步恶化的情况下，这些小众频率往往面临更为明显的资源投入下降、人员流失、自主权减少、广告经营收入下滑的问题，部分广播电台面临整合，甚至关停的尴尬局面。

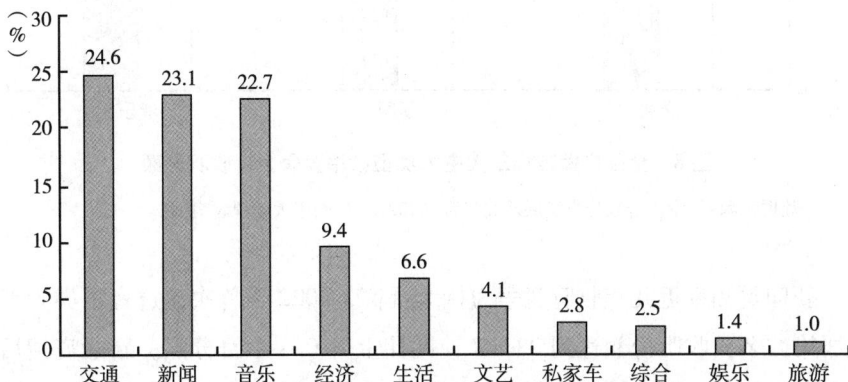

图7　全国广播市场主要类型频率竞争力：TOP10类型频率收听份额

数据来源：《中国音频传媒发展研究报告（2023）》暨南大学课题组。

（二）交通类频率竞争力稳固，新闻类频率竞争力稳步增长

在三大主力类型频率中，《中国音频传媒发展研究报告（2023）》暨南大学课题组调查数据显示，与2021年相比，交通类频率竞争力较为稳固，虽然因为车载市场的波动、导航软件的影响，2018年以前其竞争力下降，但是2018年以来其竞争力持续回升，2022年收听份额达到24.6%，继续稳居类型频率榜首，听众忠诚度优势明显（见图8）。集全台资源倾力打造的交通类频率不仅是广告经营的核心支柱，也是收听市场的主力频率，其"新闻+脱口秀+交通服务+音乐类"节目，与优秀的编导、主持人结合，对私家车主的吸引力明显大于其他类型频率，交通频率成为广播媒体的核心骨干，交通频率稳定则广播业务稳定。

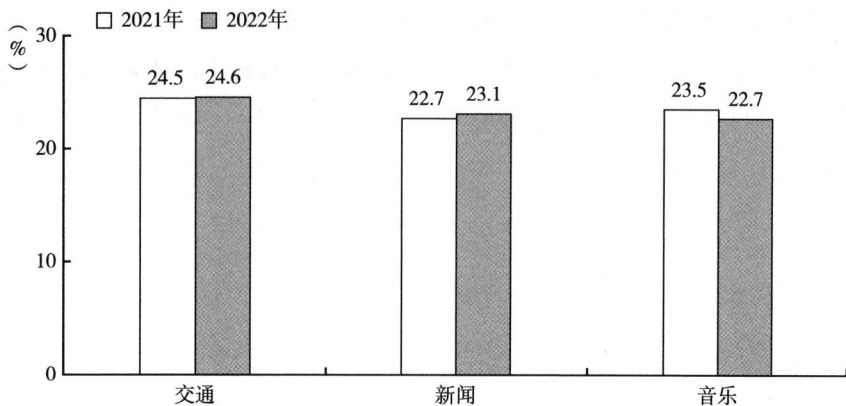

图8 全国广播市场三大主力类型频率竞争力：收听份额

数据来源：《中国音频传媒发展研究报告（2023）》暨南大学课题组。

新闻类频率近几年收听竞争力持续提高，2022年首次超过音乐类频率，位居第二名，收听份额达到23.1%，同比上升0.4个百分点。新冠疫情后，国内外新闻热点很多，大家对新闻资讯的关注度大幅提升，新闻类频率的类型化与专业化发展也进一步提升了新闻节目品质，新闻内容有热点、有观点、有温度、有深度，提高了大家对新闻类频率的收听热情，驱动了新闻类频率的竞争力节节攀升。

音乐类频率近三年竞争力持续小幅下降，2022年收听份额为22.7%，同比下降0.8个百分点，下滑幅度有所扩大，这与网络音乐发展趋势类似。音乐类频率作为广播收听的主力频率，用户对于音乐类频率广告的耐受度明显不如交通类频率，这成为音乐类频率发展的难题。在音乐版权保护日益完善的当下，广播电台中的音乐类频率大多仍在免费使用、播放版权歌曲。如果广播电台对于音乐的使用也需要如网络音乐平台那样支付版权费用，音乐类频率的发展就会雪上加霜，未来须持续关注行业政策的变化对于频率发展的影响。

（三）小众需求增多，中游特色频率竞争力大多增强

《中国音频传媒发展研究报告（2023）》暨南大学课题组调查数据显

示，在各小众频率中，2022年，内容定位相对明确、节目特色较为突出的经济、生活、文艺、私家车频率竞争力同比均有小幅提升，获得了更多目标听众的青睐。但是，定位相对模糊、节目类型相对杂乱的综合类频率与娱乐类频率竞争力同比均有不同程度的下滑（见图9）。在内容资源日益丰富的今天，专业化、针对性强的频率的辨识度相对较高，用户的忠诚度也保持在较高的水平，但是用户对于大杂烩式、风格特点不是特别突出的综合性频率等收听需求下滑明显，特别是在新闻类频率已经较好地满足了收听需求后，用户就较少再选择综合类频率，综合类频率的收听竞争力与市场影响力大幅下滑。娱乐类频率也存在类似问题，未来须紧密围绕目标听众的收听需求与内容偏好，重新厘定频率定位与节目配置，真正发挥出特色频率的个性化优势。

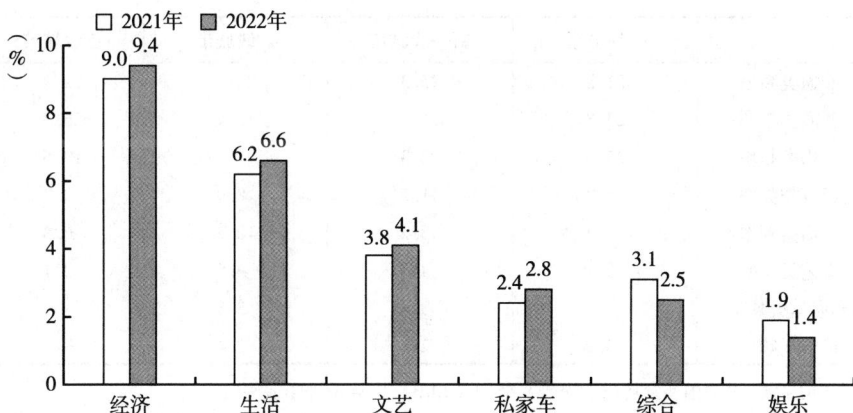

图9 全国广播市场经济、生活、文艺类频率竞争力：收听份额

数据来源：《中国音频传媒发展研究报告（2023）》暨南大学课题组。

（四）不同城市线频率竞争格局各具特点

《中国音频传媒发展研究报告（2023）》暨南大学课题组调查数据显示，2022年，在全国各城市线级广播市场交通、新闻、音乐类主力频率中，交通类频率在三线城市竞争力最强，收听份额达到32.2%，竞争优势明显，在新一线与二线城市也稳居竞争力榜首，但在一线城市中其收听份额仅为21.2%，竞争力落后于音乐类频率与新闻类频率。新闻类频率在一线与三线城市竞争力相对较强，其中三线城市收听份额达到26.3%，在二线城市竞争力相对略弱，收听份额仅为18.4%，上线市场与下沉市场（亦称"下线市场"）听众对新闻资讯类节目的收听倾向性更高。音乐类频率在一线城市竞争力最强，收听份额达到27.9%，稳居竞争力榜首，较排名其后的新闻类频率收听份额领先4.1个百分点，竞争优势明显，显示一线城市听众对音乐的偏爱。在其他城市线中，随城市线下行，音乐类频率竞争力逐步降低，各城市线其竞争力差异明显（见表3）。

表3 全国不同城市线级广播市场主要类型频率竞争力：收听份额

单位：%

	一线城市	新一线城市	二线城市	三线城市
交通类频率	21.2	25.3	25	32.2
新闻类频率	23.8	21.9	18.4	26.3
音乐类频率	27.9	22.3	21.2	18.5
经济类频率	5.9	11.2	8.4	9.7
生活类频率	7.4	3.2	10.7	6.8
文艺类频率	3.1	4.3	4.5	2.1
私家车类频率	—	3.8	3.5	—
综合类频率	3.9	2.8	2.4	—

数据来源：《中国音频传媒发展研究报告（2023）》暨南大学课题组。

在其他类型频率中，经济类频率在新一线城市竞争力最强，收听份额达到11.2%，生活类频率在二线城市竞争力最强，收听份额为10.7%，这与各城市线频率资源分布有一定的关联。大部分地方城市的经济类频率并非以经济类节目为主，除了1~2档财经类节目外，大部分节目用新闻、音乐、生活类节目填充，具有明显的综合性频率特点。文艺类频率受限于节目内容资源，在广播市场的竞争力相对不足。私家车类频率的目标受众是私家车主人群，但大多是在原有中小型频率的基础上通过变更频率名称、调整频率定位打造出来的，节目资源与制作能力相对不足，难以在交通类频率的强势竞争中崭露头角，未来私家车类频率的定位，特别是与交通类频率的差异化竞争策略仍须持续关注。综合类频率在不同类型化频率成长起来后，因特色不鲜明、节目资源的"大杂烩"等特点，竞争力明显不足。

整体而言，三线城市广播收听集中度相对较高，交通、新闻与音乐类频率收听份额合计达到77%，其次是一线城市，收听份额合计达到72.9%，二线城市听众收听相对较为分散，广播收听集中度相对略低，交通、新闻与音乐类频率收听份额合计仅为64.6%，体现了二线城市广播听众的收听多元化特点，生活类频率与文艺类频率在二线城市均有较佳表现，这对于广播生态的整体发展较为有利。

2022年，音频媒体生态整体发展承受了较大的压力，用户规模虽然进一步扩大，但增速下滑明显，从5.6%降至2.5%。在主要的音频门类中，网络音乐、广播电台用户规模同比均有不同程度的下降。传统广播的收听场景受到了较大的冲击，车载场景受车载智能终端与车联网的分流，居家场景被社交、短视频与电商平台分流，从而导致广播媒体整体影响力继续下降。在广播内部，中央级电台加大布局车载智能场景力度，在优质内容资源的支撑下，其竞争力持续提高，分流了省市级电台的听众资源。在各类型频率中，作为各台经营支柱的交通类频率竞争力依然较强，高居各城市广播收听市场榜首，新闻类频率竞争力持续提高，超过音乐类频率，位居次席，新闻类频率对于广告资源的吸附能力明显高于音乐类频率。整体而言，优质内容仍然是吸引用户的首要因素，不过在传统收听设备与场景受到冲击的情况下，在自建新媒体平台影响力仍然偏弱的情况下，各地广播媒体需要加强内容合作与资源交流，对于广大地市级广播电台而言，运营账号是比自建客户端更合理、更有效、更经济的发展策略。

B.8
2022年中国广播媒体经营的
多元营销探索

钟启华*

摘　要： 在广告市场规模整体下降及广告市场投放渠道进一步向移动互联网新媒体倾斜的双重压力下，发挥广播媒体优势，在固有经营模式中拓展新赛道，成为广播从业者亟待破局的难题。随着媒体融合的深度推进，站在风口寻找多元营销的新赛道，成为中国广播媒体经营的新选择。鉴于此，本报告对2022年中国广播媒体经营的多元营销探索进行整理和分析，对广播媒体转型所面临的挑战进行研究，从平台、数据、内容、品牌、技术、产业等多维度进行评估，揭示广播媒体经营在创新模式下的多种可能，以期为广播从业者提供借鉴。

关键词： 广播媒体　多元营销　广播新赛道

一　营销层面：中国广播媒体的经营现状

（一）广播媒体转型迫在眉睫

央视市场研究（以下简称"CTR"）媒介智讯的数据显示，2022年广告市场规模整体下降11.8%，这是近年来最负面的降幅。不同的媒介都在

---

* 钟启华，主任编辑，湖南广播传媒有限公司（湖南广播电视台广播传媒中心）党委委员、副总经理（副主任），三次获得中国新闻奖一等奖。

承受不同程度的压力。

事实上，2022年初，包括广播在内的广电行业第一次被列为需要扶持的"特困行业"。国家广播电视总局发布的《2022年全国广播电视行业统计公报》（以下简称《公报》）显示，2022年全国广播电视行业总收入为12419.34亿元，同比增长8.10%。而2022年传统广播电视广告收入下降，其中，广播广告收入为73.72亿元，同比下降28.09%。[①]

从2011年新兴媒体的市场份额超过传统媒体开始，固守传统渠道的广播媒体营销面临巨大挑战。2018年，在5G技术和互联网技术的推动下，视听格局再次发生了深刻变化，单一媒体的影响力在持续下降。中国互联网络信息中心发布的第51次《中国互联网络发展状况统计报告》显示，截至2022年12月，我国网民规模达10.67亿，较2021年12月增长3549万，互联网普及率达75.6%。这也意味着，广告市场投放渠道进一步向移动互联网新媒体倾斜。[②]

（二）广播媒体营销升级探索，有挑战也有机遇

虽然移动互联网在传播途径中有着继续占据主导地位的趋势，但是随着媒体融合的深度推进，危机中逐渐发展出的变局也成为广播媒介营销"破圈"新赛道的机遇。

国家广电总局在2019年印发的《关于推动广播电视和网络视听产业高质量发展的意见》中提出，要加速广电网络提质升级，加快实现全国"一张网"，与广电5G网络建设一体化推进。要打造集融合媒体传播、智慧广电承载、智能万物互联、移动通信运营、国家公共服务、绿色安全监管于一体的新型国家信息化基础网络。[③] 网络视听的崛起，带来全新的营销切

---

① 《2022年全国广播电视行业统计公报》，国家广播电视总局官网，2023年4月27日，http：//www. nrta. gov. cn/art/2023/4/27/art_ 113_ 64140. html。

② 第51次《中国互联网络发展状况统计报告》，中国互联网络信息中心官网，2023年3月2日，https：//www. cnnic. cn/n4/2023/0303/c88-10757. html。

③ 《总局印发〈关于推动广播电视和网络视听产业高质量发展的意见〉的通知》，国家广播电视总局官网，2019年8月19日，http：//www. nrta. gov. cn/art/2019/8/19/art_ 113_ 47132. html。

入口。

清华大学新闻与传播学院教授、博士生导师，清华大学文化创意发展研究院副院长，"传媒蓝皮书"主编崔保国提及：随着媒体融合的深度推进，传统媒体与互联网的界限越来越模糊，在县级媒体融合完成之后，整个传媒产业将呈现以互联网平台为基础架构的泛数字化媒体格局。

在错综复杂的背景中，中国广播媒体经营迎来新的机遇，站在风口寻找多元营销的新赛道，是挖掘广播媒体经营新模式的关键所在。

二　平台层面：媒体融合已普及，跨平台升级是趋势

（一）媒体融合促进广播媒体跨平台整合营销渠道和资源

2022年广电在第三方平台的表现非常活跃，根据 CTR 短视频商业决策系统和 CTR 融媒体数据业务平台的统计数据：主流媒体活跃于新媒体领域，在微博、微信、短视频平台、自有 App 和其他第三方平台五大渠道内实现全面覆盖、深入触达的矩阵布局，账号规模近万。其中，短视频平台账号在规模上比较领先，总数量接近 4000 个，主流媒体在短视频平台上有效保持了传播力和影响力，也扩大了经营空间。

在融媒体时代，单项输出已经无法满足营销需求，全平台运营早已成为趋势，2022年中国广播媒体以各种模式进军新媒体平台，打造属于自己的网络阵地，也以自身内容为基础，拓宽传播渠道，为传统媒体的营销开疆拓土。

此前，广播媒体与其他数字平台早已深入整合，如社交媒体、流媒体和在线平台的账号运营，通过跨平台整合，广播媒体可以扩大受众范围，提高曝光度，并在不同渠道上传递一致的品牌形象和信息。

2022年，多地传统媒体创建了融媒体中心，例如内蒙古、江西、贵州、甘肃、新疆、湖北、云南等省（自治区）都有地市级融媒体中心。这些融媒体中心也致力于整合资源，开创自己的新媒体渠道，探索平台整合的更多

可能。

此外，湖南电台等广播媒体在微信视频号、微信公众号、抖音号等平台持续提升传播力、影响力、引导力、公信力，打造官网大V，由内容打造"流量池"，开拓属于自己的新媒体阵地，为广播媒体的营销开拓更多渠道。例如，大型活动的直播报道、定制客户的投放露出、多平台的合作联动等，都为经营方式打开了新思路，为营销形式创造了新价值。

（二）直播电商是广播媒体可以灵活切入的内容形式

广播媒体的常态化内容形式对于直播场景的内容传播有着天然的优势，在直播电商中，广播媒体的社群营销同样打开了新市场。如果说2020年是人人可直播的直播元年，2022年则是直播带货"井喷"的带货元年。各个平台都在为直播变现进行各种尝试探索，广播媒体也不例外。各团队开启直播带货模式，在广播节目中，广播媒体也可以借力视频端口进行带货尝试，这其中广播媒体的优势是社群属性强，节目的粉丝具有画像清晰、本地人群等优势，"快、准、稳"是广播社群经营的直接特色。

当然，声音媒体和视频媒体结合的难度较大也是媒体运营的难点，磨合不清会反噬线上成果，广播媒体试水电商也有一定风险。对于这些，很多广播媒体采用的办法是内容捆绑、融合发展、借力打力、扩大影响力。

例如，在珠江经济广播电台助力乐昌奈李的系列活动中，除了线上活动外，乐昌渔鼓、花鼓戏、九峰山歌、青蛙狮等领域的民间艺人的情景演绎，带动当地文化输出，知名厨师烹制经典粤味菜品加大看点，该电台将本地文化与黄金奈李内容相结合，再借势推出"网络节+云展会"活动。现场多平台数据显示，超百万人观看直播，二度创作的短视频分发到抖音、快手等平台后总浏览量超400万，融媒体矩阵再度发酵后，触达人群达到千万。

该活动在多媒体上同步直播，触电新闻上的观看量超35万、新华网上的观看量超108万、南方+上的观看量超23万，共发布稿件16篇，阅读总量超46万，共制作发布28条原创短视频，分发到视频号、抖音、快手等平台，总浏览量超400万。《大湾区财富通》电视专题报道在多平台播放，在广东新闻频道、珠江频道（香港版）、澳门资讯频道、澳门有线新闻台、珠江经济台以及触电、粤听、学习强国、央视号、视频号、腾讯视频、快手、B站等上的观看量超320万。此外，还通过创意海报、互动话题等形式持续提升活动的影响力。珠江经济台还继续深耕产业链，以广东广电"呼啦"商城为平台，打造"电商+广电主持人"直播带货模式，创造营销佳话。[1]

这是一起较为典型的广播造势、活动助力、电商延展全媒体案例，将直播带货和公益活动结合起来，开展类似"助农帮扶""文化振兴""关注特殊人群"等的主题直播，打造"好物节""电商大促""乡村甄选"等各类品牌IP，下沉市场也是广播媒体拓展营收途径的方式。

三 数据层面：整合数据分发，深耕垂类领域

（一）广播媒体利用数据分析和市场调研来指导营销决策

大数据时代是一个数据驱动营销的大环境，需要通过收集和分析听众数据，了解听众的行为、偏好和需求，制定有针对性的营销策略，提供更具吸引力和有效果的广告和内容。其中，垂类市场细分出了营销着力方向，数据整合则为垂类节目运营提供多种创收拓展的可能。

例如，邯郸新闻传媒中心（集团）打造的《永不消逝的电波》"红旗汽车"创意营销案例，就充分利用了大数据整合的资源。案例团队在运作这一项目时，重视"用户画像"，整合广播、社群、微信、App以及线下活动等各种营销资源和渠道，对接精准人群，从而提升广告投放效率，助力品牌扩大影响力，也使营销推广得到直接效果。

---

[1] 《凭一颗奈李做出爆款：珠江经济广播的乡村振兴"一桌菜"》，"媒意见"微信公众号，2022年8月16日，https://mp.weixin.qq.com/s?__biz=MzAwNjI2MjE0Mw==&mid=2658740522&idx=1&sn=8464ccbf04359d9c1c60d914fe43279f&chksm=809d953ab7ea1c2c53f76133156a5cf05d77a600d2eb31a76c8940103c710afa266f806c1c01&scene=27。

（二）数据价值在媒体传播中越来越受到重视

以浙江电台城市之声旗下《城市私家车》节目为例，节目对自身直播视频进行二次创作，将之放到各短视频平台再度分发，成功带火几个视频平台，主持人成功"出圈"，吸粉800多万人，有了流量和知名度，节目营销就有了更多市场可能。

反向管理、在流量中寻找新的营销渠道是诸多房产类节目转型升级的新模式。房产类节目变现已经不再只是追求客户的广告投放，而是利用流量需求，找到精准客户，提供定向深入服务，在服务中找到更多变现可能。

（三）传统媒体利用自身优势资源拓宽"流量池"

广电媒体把握人设优势，整合行业资源，通过跨平台的新媒体直播实现了渠道扩展。例如浙江广电与思美传媒共同成立布噜文化MCN，吸引了浙江广电旗下多名主持人入驻，垂直领域包括娱乐、综艺、创意、时尚、母婴等。其中，浙江民生广播996节目主持人在房产垂直领域中，打造《康康说房》节目，吸粉150多万人，拓宽了"流量池"。

四 内容层面：音频内容在车厢场景彰显价值

在移动流量板块，除了短视频平台等新媒体渠道外，广播媒体利用车载渠道优势采用内容圈层的运营模式。

知名移动大数据服务商极光大数据发布的《2022年汽车资讯行业洞察报告》（以下简称《报告》）显示，当前汽车资讯行业在内容层面表现出加速原创汽车节目建设、重点发力新能源内容建设等趋势。主流汽车资讯平台纷纷在内容领域投入主要精力和资金，构建自己的平台调性和影响力。①

---

① 《2022年汽车资讯行业洞察报告》，"JIGUANG"微信公众号，2023年3月23日，https：//mp.weixin.qq.com/s/fzcDl-dh0kzJI4gRODA4vA。

由此可见，内容成为汽车互联网领域争夺的重点，而创造车载内容正是广播媒体优势，家庭出行群体是车载广播节目的重要受众，广播亲子类节目从内容到活动，都具备强大的市场竞争力。

以苏州儿童广播为例，它所推出的IP人物"蓝小锐"，成功实现IP内容运营。例如9集儿童广播剧《蓝小锐幻游记》，走入了苏州30所学校班会课，直接受众为近10万名苏州小学生。而以"蓝小锐"为核心打造的系列活动，涵盖舞台剧展演、游学营项目，又拓展多种营销裂变，在实现赢利的同时，也展现了"广播+"的多种可能。

在各个广播媒体中，从广播节目扩展到线下的亲子活动都是常见的营销模式，在2022年的营销市场中，我们依然可以看见"国学课堂""画画的少年""小小故事家""户外音乐会"等熟悉的亲子项目，这也再一次证明了广播亲子节目的价值，广播亲子节目是垂类节目中值得深耕培育的重点板块。

摆脱固有思维，运用好数据资源，细化功能，实现多渠道创建社群，为个人提供个性化服务，是垂类节目在运营中值得重视的方向。

五 品牌层面：跨界联动合作，打破圈层壁垒

广播媒体的品牌跨界联动能在营销中带来"出圈"的可能。2022年的破次元联名在众多品牌的合作中，持续具有热度和流量。

知萌咨询机构在《2022中国消费趋势报告》中指出，品牌只有以持续的品牌建设才能赢得消费者的长久信任，而在品牌建设中，消费者"认同资产"的积累是非常重要的。数据显示，43.1%的消费者认为品牌形象的宣传会增加人们对品牌的信心和了解；40.1%的消费者更愿意尝试获得广泛认可的品牌；32.4%的消费者认为品牌的形象一定要持久地去维护。①

---

① 《知萌2022趋势报告：破解增长焦虑，"心域流量"是关键》，中国日报中文网，2022年3月16日，http://caijing.chinadaily.com.cn/a/202203/16/WS62316054a3101c3ee7acbd6f.html。

强化品牌形象并持续积累与创造附加价值，是诸多客户在品牌推广中的痛点。营销热点话题，推出创意产品，则是广播媒体尝试跨界运营来强化品牌影响力的方式之一。

例如，山东青岛市崂山区融媒体中心崂山921电台打造了轻量级活动"出发，就奔驰！移动咖啡犒劳奋斗打工人"。作为一家才成立两年的新电台，921电台正好遇上奔驰的新能源车辆推广需求。为了持续提升品牌影响力，该电台于是策划了一场跨界合作，与奔驰4S店合力创建了一家"移动咖啡店"，成功借力跨界品牌"破圈"不同领域，同时以低成本模式，获得3天创收10万元的广告效益。

类似的成功案例还有上海广播的线下系列活动"电波巴士"、天津广播电台的城市煎饼馃子计划、四川电台联名火锅活动等，都是通过展开各类潮文化联名活动，来借力跨界品牌提高影响力，同时完成创收任务。

在联名跨界合作中，"以节目带动活动，以活动带动流量，以流量反哺整个节目社群"的循环模式，正在为品牌营销创造更多切入点和可能性。

六 技术层面：利用技术革新，创新行业形态

第51次《中国互联网络发展状况统计报告》显示，截至2022年12月，我国网民规模达10.67亿，较2021年12月增长3549万，互联网普及率达75.6%，较2021年12月提升2.6个百分点；我国手机网民规模达10.65亿，较2021年12月增长3636万，网民使用手机上网的比例为99.8%。[①]

网络的普及应用，改变了广播节目受众的收听习惯。数据显示，2022年车载市场发生巨大变革，大量音频节目通过车厢革新技术直接进入车载新

---

① 第51次《中国互联网络发展状况统计报告》，中国互联网络信息中心官网，2023年3月2日，https：//www.cnnic.cn/n4/2023/0303/c88-10757.html。

場景。到 2025 年，车联网用户规模有望超过 3.5 亿。[①]

创新技术在现代媒体环境中的应用是行业的关注焦点，它影响着未来媒体发展的趋势，也左右着节目样态变化的方向。对于传统广播行业来说，创新技术带来危机，也带来了机遇。通过新技术的普及，广播媒体也能调转船头，打造更多新的节目形式，例如上海广播电视台推出的"阿基米德"、央广推出的"云听"等 App 都在重点打造长音频市场。

七 产业层面：开拓创收途径，发掘需求蓝海

将创收途径拓展到新领域，是广播媒体一直在寻求的营销方向。在此过程中，一些广播媒体利用自身在内容创作方面的优势，因事而化，因时而进，因势而新，研发创造了一批强 IP 项目，在产业新赛道孕育更多机遇和可能。

（一）打造重点 IP，寻找创收新路径

CTR 的分析显示，随着媒体融合继续演进，市场、用户对媒体内容的认知边界也在变化。广播媒体应摆脱传统媒体的内容运营思路，通过协调、整合平台内外部资源，发挥平台媒体优势，培育平台 IP 并据此构建 IP 内容矩阵，达到聚合粉丝群体、发挥品牌影响力的效果。

对于广播媒体来说，以内容发声，以 IP 创研是其优势板块。而媒体职业与生俱来的洞察力和敏锐度，也始终为优质内容提供最强大的支撑。借助内容 IP 来开拓创收途径、挖掘新赛道，是经营团队在关键节点迸发创新能力的体现。其中，有不少 IP 被创制，成功拓展出了全新领域的营销空间，在市场中发掘出一片新蓝海。

例如湖南电台的"音乐思政课"系列党建项目，抓住 2022 年是"党的

[①] 《2022～2023 年中国车载音频行业发展年度研究报告》，艾媒网，2023 年 1 月 13 日，https://www.iimedia.cn/c400/91492.html。

110

二十大胜利召开之年，也是实施'十四五'规划、全面发力建设社会主义现代化国家新征程的关键之年"这一重要节点，创研 IP 产品《音乐党史课》《音乐思政课》《电影党史课》，在传统媒体陷入缺乏创收途径的困境、为市场发展前景不明而焦虑时，"思政课"系列产品已在全国各地落地见效、引爆营销热潮。

这一党建教育沉浸式体验的创新 IP——《音乐思政课》，正是抓住了广播媒体对视听产品的创研优势，深耕内容创作，融合音、视、画等多种形式，最终打造出艺术多元化呈现的生动课程。该节目结合了歌唱、朗诵、情景化表演等多种艺术品类，音乐朗朗上口、故事直击人心、场景沉浸体验，让观众既感受到审美价值，又体验到情绪表达的感染，更受到思想的洗礼。其 IP 包括《童心向党·音乐思政课》《青春心向党·音乐思政课》《建功新时代·音乐思政课》等，全面覆盖大中小学、机关企事业单位、社区等，找到了一条融政治性、思想性、艺术性为一体的新路径。

（二）版权化经营，发挥知识产权优势

集版权交易、活动定制、内容输出等多种方式于一身，《音乐思政课》将知识产权赋能于营销，不仅获得了显著的社会效益，也实现了有效的经济效益，得到了"两个效益"双丰收的效果。目前，《音乐思政课》仍在大力推动"进机关、进企业、进校园、进农村、进社区"等各项工作，其影响力已经辐射全国 200 多个城市，成为当之无愧的爆款产品。

制造好东西是底层逻辑，精品内容也永远为市场所需。通过前期不断的探索实践，湖南电台的《音乐思政课》团队已经挖掘到了"思政课"的市场需求，精准定位目标群体，发现了营销新蓝海。

广播媒体在营销方面的多元化探索已经升级到了新阶段，无论是《音乐思政课》这样从无到有的创研拓展新模式，还是深耕垂类、开拓新渠道的各种跨平台整合，又或者是提供个性化内容和互动体验，进行品牌合作，创新广告形式等的创新探索，都在传统媒体遭遇各种冲击的情况下，挖掘自

身优势，创造出更多机会和潜力，为广播媒体的未来谋出全新的世界。新时代的中国广播媒体还处在挑战与机遇并存、危机和发展同在的关键阶段，进一步挖掘和探索多元化营销、促进媒体融合、开拓传媒新蓝海，这条发展路径依旧任重道远，但是在坚守中寻求突破，在奋进中找到希望，依然让我们可以窥见春天的风景。

B.9
2022年中国广播听众收听行为分析报告

孙美玲*

摘　要： 随着媒体融合的推进，广播融媒体的建设进入提质增效的稳定发展阶段，需要继续深化改革的步伐。2022年，不同终端的收听逐步回归常态化，广播听众以70后、80后为主；学历结构和月收入结构呈橄榄球状；在不同终端的收听中，车载端收听位居首位。2022年全国广播听众的收听占比虽然大幅提升，收听目的性降低，但是"日活"有所下降，听众更喜欢高质量的中短节目内容；听众决定是否继续收听一档节目的时间缩短。只有以听众为中心，满足听众对于内容个性化、场景化以及垂直化的需求，打造更多精品节目，才能进一步提升广播内容的生产力和竞争力。

关键词： 广播听众　听众画像　收听习惯　内容偏好

近年来，随着传统媒体的转型和媒体融合的深化，广播媒体的生态环境逐渐发生变化，其融合转型也进入提质增效的深耕阶段。广播融媒体建设虽取得一定成效，但未来的发展仍面临更大的挑战。这就要求广播媒体在5G、大数据、元宇宙、人工智能等技术的驱动下，进一步突破传统思维的局限，继续加强传播渠道的建设，深化在内容生产、组织结构、经营机制、媒介体制等方面的改革。

＊ 孙美玲，中央财经大学文化与传媒学院副教授、硕士生导师，研究方向为传媒与社会、品牌传播、媒介经营。

　　而改革的核心在于以听众为中心，在精细刻画听众画像的基础上，进一步了解听众的收听习惯、收听偏好以及对于收听内容个性化、垂直化和场景化的需求，从而做到从听众的实际需求出发，满足听众多元化、场景化的媒介接触需求，以及碎片化、个性化的内容喜好，不断提升广播媒体的传播力、引导力、影响力和公信力。

一　全国广播听众画像

（一）广播听众整体画像

1. 男性听众略高于女性，80后、70后是收听主力

　　《中国音频传媒发展研究报告（2023）》暨南大学课题组调查数据显示，2022年，全国广播听众依然以男性为主，占比为54.7%。与2021年相比，男性听众占比小幅下降，而女性听众占比小幅上升，达45.3%，两性广播听众的占比差距持续缩小（见图1）。

　　从听众年龄分布来看，2022年广播听众年龄段集中在25～54岁，合计占比为73.2%。其中，35～44岁为核心听众，占比最高，达到27.0%；45～54岁占比排名第二，达到23.6%，略高于25～34岁的听众。与2021年相比，除45岁及以上年龄段听众占比有所上升，其中55岁及以上听众占比增长最为明显之外，其他不同年龄段的听众占比均有不同程度的下降，且25～34岁听众占比下降最为明显。广播听众整体年龄分布更加趋向成熟化，甚至表现一定程度的老龄化趋势（见图1）。

　　由此可见，广播用户主要为70后、80后与90后，呈现明显的成熟化的特点，值得注意的是，在这三个群体中，80后占比最高，70后紧随其后，90后次之。但是和2021年相比，80后和90后的占比都出现了不同程度的下降。

　　在持续推进传统媒体与新兴媒体融合发展中，广播媒体需要充分利用大数据、云计算、人工智能等技术描绘不同年龄阶段用户的精准画像，了

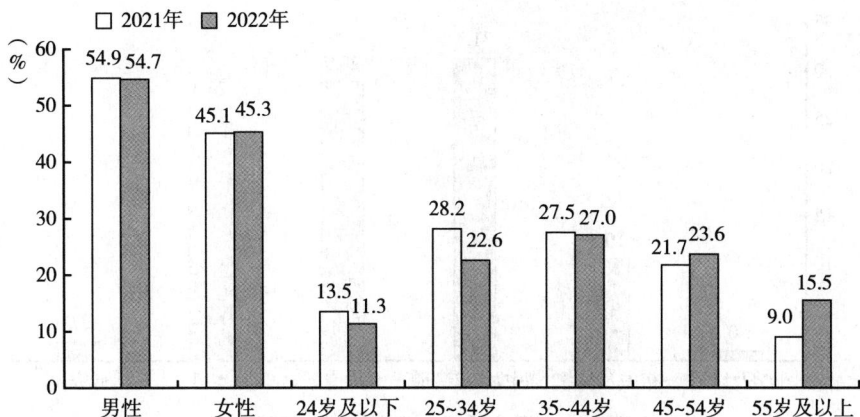

图1 全国广播听众收听轮廓：性别、年龄

数据来源：《中国音频传媒发展研究报告（2023）》暨南大学课题组。

解用户的细分需求，以用户为中心，借助技术驱动广播经营模式、业务模式以及内容生产的变革，深化体制改革，实现与不同年龄阶段用户的连接。特别是根据年轻听众的媒介接触习惯和媒介内容喜好，基于新媒体平台生产年轻人喜欢的节目内容，确保在留住现有年轻听众的同时吸引新的年轻听众。

2. 以中高学历、中高收入者为主，基层与中级管理层居多

《中国音频传媒发展研究报告（2023）》暨南大学课题组调查数据显示，2022年，全国广播听众的学历主要集中在高中至本科，占比达到了86.5%，其中高中及中专职高占比最高，达到31.3%，其次是大专和本科，分别占比为28.9%和26.3%。广播听众的学历结构呈现较为明显的两头小中间大的橄榄球状，以中高学历为主，小学及以下、研究生占比非常低，分别是1.0%和2.0%（见图2）。

2022年，全国广播听众个人月收入主要为4000～9999元，合计占比达到71.3%，其中个人月收入为6000～7999元的占比最高，达到21.9%；其次是5000～5999元，占比为17.3%；排在第三位的是8000～9999元，占比为16.2%。此外，个人月收入在10000元及以上的占比较低，仅为10%，而

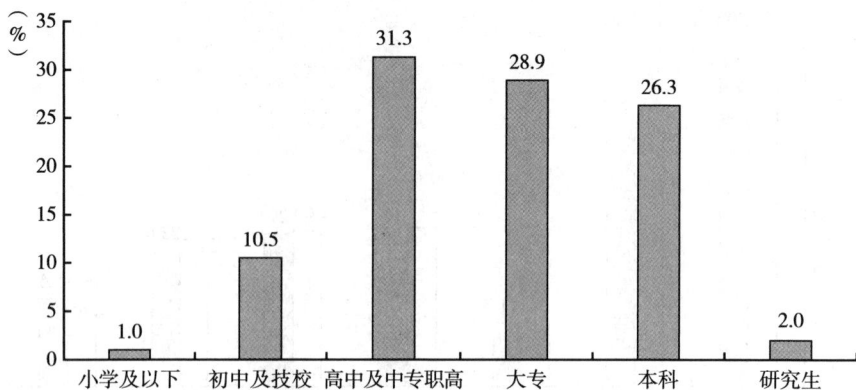

图2　全国广播听众收听轮廓：学历

数据来源：《中国音频传媒发展研究报告（2023）》暨南大学课题组。

月收入在4000元以下的占比也相对较低，合计达到18.7%（见图3）。由此可见，广播听众的个人月收入分布和学历分布较为一致，也是两头小中间大的橄榄球状，用户总体以中高收入者为主，具备较好的消费能力。

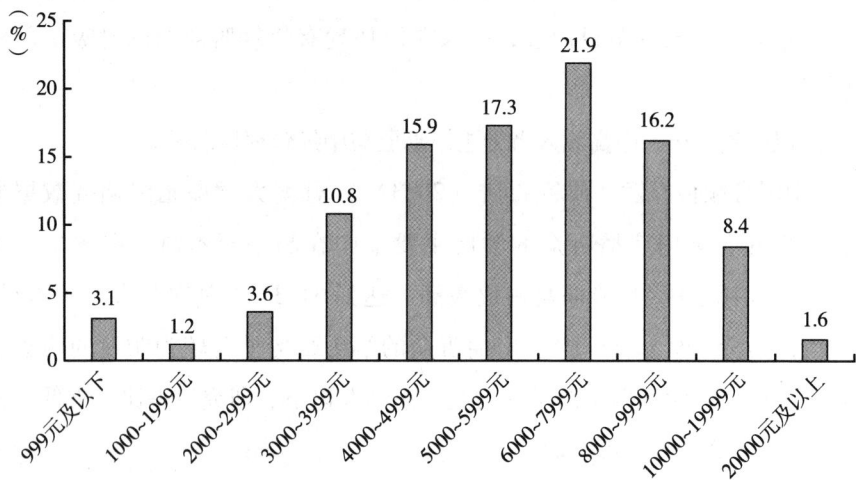

图3　全国广播听众收听轮廓：个人月收入

数据来源：《中国音频传媒发展研究报告（2023）》暨南大学课题组。

《中国音频传媒发展研究报告（2023）》暨南大学课题组调查数据显示，2022 年，在全国广播听众的工作层级/级别方面，基层员工占比为45.2%，排名第一；其次是中级管理者，占比为 27.1%。此外高级管理者占比最低，仅有 3.3%；早期创业者相对较少，占比为 5.2%；自由职业者和其他合计占 19.2%。总体来看，广播媒体的目标收听人群主要为基层员工和中级管理者，他们多是工薪阶层或者白领阶层，符合社会中大多数人的人口画像，具备一定的消费能力，也构成了主要的消费力量，这对于了解并进一步提升广播的经济价值具有一定的参考意义。

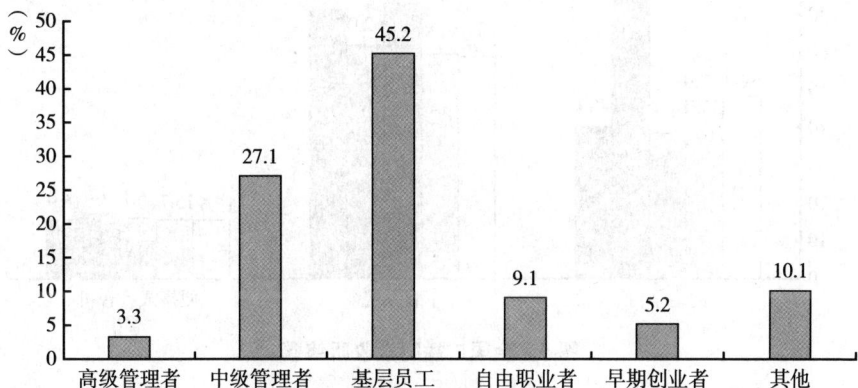

图 4　全国广播听众收听轮廓：工作层级/级别

数据来源：《中国音频传媒发展研究报告（2023）》暨南大学课题组。

目前，全国广播媒体的听众以中高学历者、中高收入者为主，他们大多是基层员工和中级管理者，学历、收入和工作层级呈现较为一致的分布结构，均呈两头小中间大的橄榄球状。在推进广播融媒体深化发展的阶段，在存量听众的基础上，不断吸引高学历、高收入、高级别的听众，提升听众的整体品质，深挖听众的传播价值和消费价值，是全国广播媒体融合发展的重要任务。

（二）不同终端用户特征

1.疫情之后不同终端的收听回归常态化，车载端收听位居首位

《中国音频传媒发展研究报告（2023）》暨南大学课题组调查数据显

示，2022 年，全国广播听众收听终端占比最高的是车载系统，达到 71.3%，排名第二的收听终端为网络平台，占比为 40.4%，再次是便携式收音机，占比为 15.9%，与 2021 年相比，使用便携式收音机收听广播节目的占比虽有小幅下降，但基本上和前几年持平，并无太大差距。值得注意的是，与 2021 年相比，在网络平台收听广播的占比有了大幅下降，降幅达到 39.3 个百分点，同时与 2018~2020 年的占比相差不大（见图 5）。

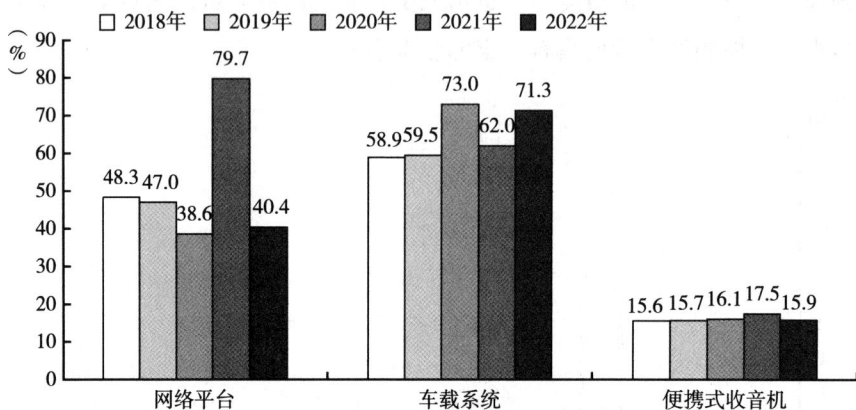

图 5 全国广播听众收听终端

数据来源：《中国音频传媒发展研究报告（2023）》暨南大学课题组。

在网络平台收听广播的占比出现大幅下降，主要有以下几个原因。一是相较于 2021 年疫情反反复复，人们经常被封控在家，2022 年大家的生活节奏逐步恢复正常，复工复产成为常态，广播的收听习惯也恢复常态，出行依然是收听最主要的场景。特别是近年来私家汽车的保有量持续增长，加上智能车载收听系统的升级以及车联网的发展，广播作为开车出行时伴随式的音频，相对于其他媒介，其所具有的优势和功能得到充分发挥。二是随着媒体融合的纵深发展，传统广播与新媒体的融合也进入了平稳发展期，无论是网络平台的终端建设，还是为满足各种新媒体需求所进行的内容革新、流程再造以及资源重组都取得了一定的成效。与此同时，在网络平台收听广播音频内容的用户也趋于稳定。而这也为广播继续深化媒体融合提出了新挑战，在当下找到媒体融合的新突破口，构建新"声"态，不断吸引更多新生代用户收听"新广播"，依旧任重道远。

此外，使用便携式收音机收听广播节目的用户相对稳定。他们以老年群体为主，由于他们固有的媒介使用习惯加上媒介使用的明显数字鸿沟，他们依然乐于选择便携式收音机作为收听广播节目的主要终端。

2. 各终端男性听众均多于女性，便携式收音机端听众老龄化特点突出

《中国音频传媒发展研究报告（2023）》暨南大学课题组调查数据显示，2022 年，在广播的不同接收终端中，网络平台、车载系统、便携式收音机的男性听众均高于女性，其中在车载系统终端收听广播的男性听众明显高于女性，两者的占比差距为 18 个百分点。使用网络平台和便携式收音机收听广播的男女比例差距较小，性别分布较为均衡（见图 6）。

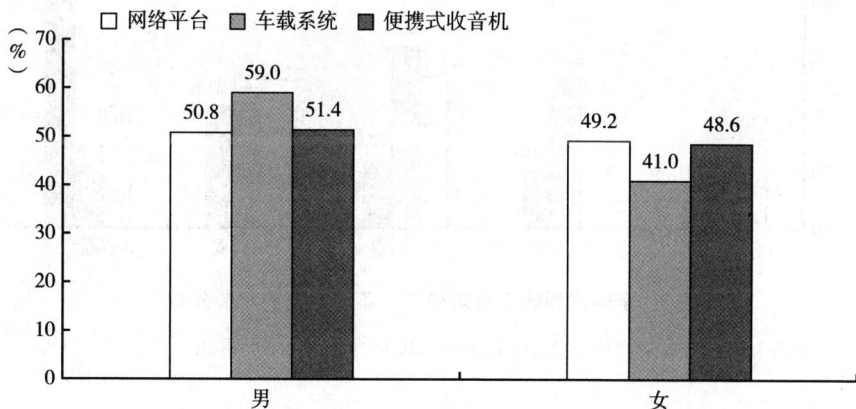

图 6　全国广播听众收听轮廓：不同终端的性别分布

数据来源：《中国音频传媒发展研究报告（2023）》暨南大学课题组。

《中国音频传媒发展研究报告（2023）》暨南大学课题组调查数据显示，2022 年，在不同终端听众年龄结构方面，网络平台听众主要由 25～54 岁的中青年构成，共计占比达 68.1%，其中 35～44 岁占比最高，达 24.2%，其次是 45～54 岁，占比达 22.6%，再次是 25～34 岁，占比达 21.3%，三个年龄段的占比差距不大；此外，24 岁及以下和 55 岁及以上两个年龄段的网络平台听众

占比在 16.0% 左右，几近相同。随着移动互联网的普及，在网络平台收听广播的听众年龄结构分布总体较为均衡。车载系统听众主要由 25~54 岁的中青年构成，共计占比达 80.9%，其中 35~44 岁占比最高，达 32.0%，其次是 25~34 岁，占比为 26.8%，再次是 45~54 岁，占比为 22.1%。相较于网络平台，使用车载系统接收广播的听众年龄结构分布更为集中。便携式收音机听众主要由 55 岁及以上的老年构成，占比达到 49.3%，其次是 45~54 岁，占比为 21.6%，其他年龄段用户使用便携式收音机的占比较低，这与老年群体退休后热爱户外活动以及固有的媒介使用习惯密切相关（见图 7）。

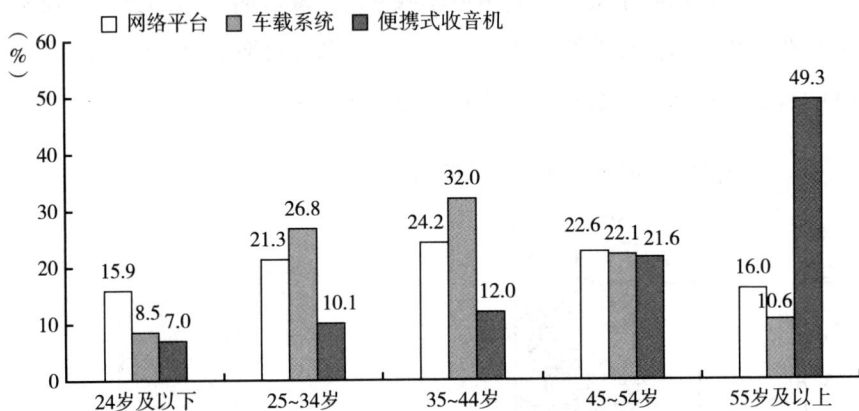

图 7　全国广播听众收听轮廓：不同终端的年龄分布

数据来源：《中国音频传媒发展研究报告（2023）》暨南大学课题组。

3. 网络端/车载端听众学历分布更集中，层次更高；便携式收音机听众月收入相对较低

《中国音频传媒发展研究报告（2023）》暨南大学课题组调查数据显示，2022 年，各终端听众的中高学历分布和总体听众的学历分布趋同；同时，不同终端听众的学历分布略有差异。如图 8 所示，使用网络平台收听广播的听众的学历主要集中在高中到本科这个阶段，共计占比达 82%，其中高中及中专职高占比最高，达到 29.5%；其次是大专，占比为 29.1%；再次是本科，占比为 23.4%。使用车载系统收听广播的听众学历主要集中在

高中到本科，共计占比达 91.4%，其中占比最高的是大专，达到 34.5%；其次是本科，占比为 29.6%；再次是高中及中专职高，占比为 27.3%。相较于网络平台，车载系统的听众学历分布更为集中，学历层次相对更高。使用便携式收音机的听众学历主要集中在初中到大专这个阶段，共计占比为 81%，其中占比最高的是高中及中专职高，达到 33.8%；其次是大专，占比为 24.3%；再次是初中及技校，占比为 22.9%。相较于网络平台和车载系统，使用便携式收音机的听众学历层次略低，但是由于收听人群主要是 55 岁及以上的老年人，结合他们的出生年代和受教育背景，他们也是老年群体里的高学历听众。此外，各终端听众中，拥有研究生学历的占比都非常低，其中网络平台和车载系统占比相同，仅为 1.4%，便携式收音机的占比更低，只有 0.2%。总体来看，广播各接收终端听众的学历层次较高，属于高价值优质用户。在未来发展中，广播媒体需要坚持以用户为中心，在维持现有高价值用户的基础上吸引更多高学历用户，进一步提高用户流量。

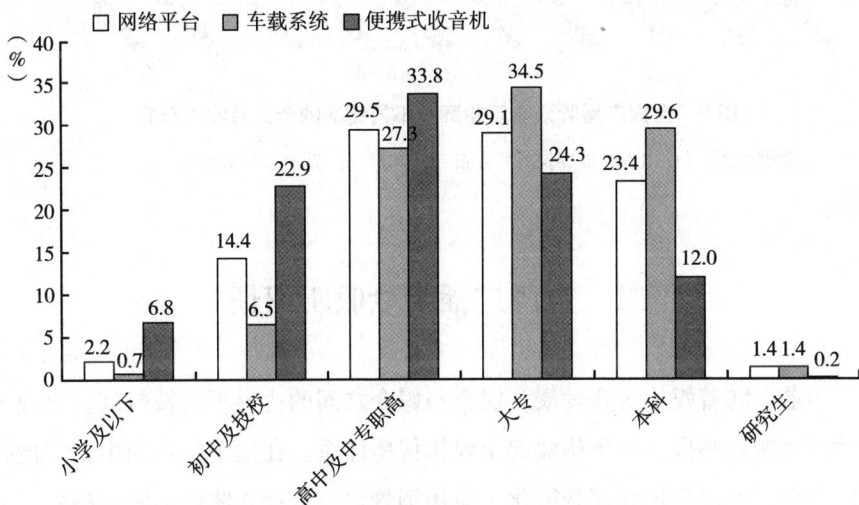

图 8　全国广播听众收听轮廓：不同终端的学历分布

数据来源：《中国音频传媒发展研究报告（2023）》暨南大学课题组。

从个人月收入水平来看，网络平台和车载系统的听众月收入主要分布在 4000~9999 元，两者的不同之处在于，在月收入 3000 元以下的区间，网络平台的听众占比明显高于车载系统，而在月收入 5000 元及以上的区间，车载系统的听众占比则明显高于网络平台。可见，车载系统的听众经济实力更加雄厚。此外，便携式收音机听众的月收入主要分布在 2000~5999 元，相较于网络平台和车载系统的听众收入要低一些。

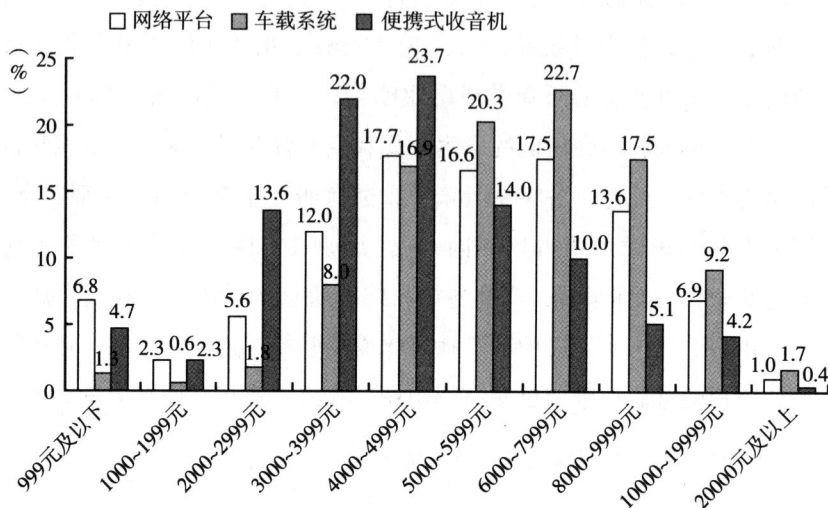

图 9　全国广播听众收听轮廓：不同终端的个人月收入分布

数据来源：《中国音频传媒发展研究报告（2023）》暨南大学课题组。

二　全国广播听众收听习惯

当前，随着媒体融合发展，媒介与媒介之间的边界不断被打破，出现了各种新兴融合媒体，逐步构建起全媒体传播体系。在这个体系当中，广播媒体的融合发展也呈现终端智能化、应用场景化、传播立体化的发展趋势，听众的收听习惯也随之发生了很大的改变。

1. 听众"日活"有所下降，工作日高峰时段收听聚集度高，高峰时段前移

《中国音频传媒发展研究报告（2023）》暨南大学课题组调查数据显示，2022 年，全国广播听众日均收听活跃度为 62.3%，较 2021 年下降了

13.9 个百分点。[1] 其中，每天收听 2~3 次的占比最高，为 34.8%，同比下降 5.8 个百分点;[2] 其次是每天收听 1 次及每周收听 4~6 次的听众，占比均为 20.2%（见图 10）。与 2021 年相比，2022 年，听众收听频次与活跃度有所下降。随着各种新兴媒体的快速崛起，以及像喜马拉雅、蜻蜓 FM 等基于互联网诞生的以商业化为目标的网络音频平台的出现，广播媒体的原有听众不断被分流，发展空间受到进一步挤压。虽然近年来，传统广播在技术转型、机制创新方面取得了一定的成效，但是依然面临诸多难题。

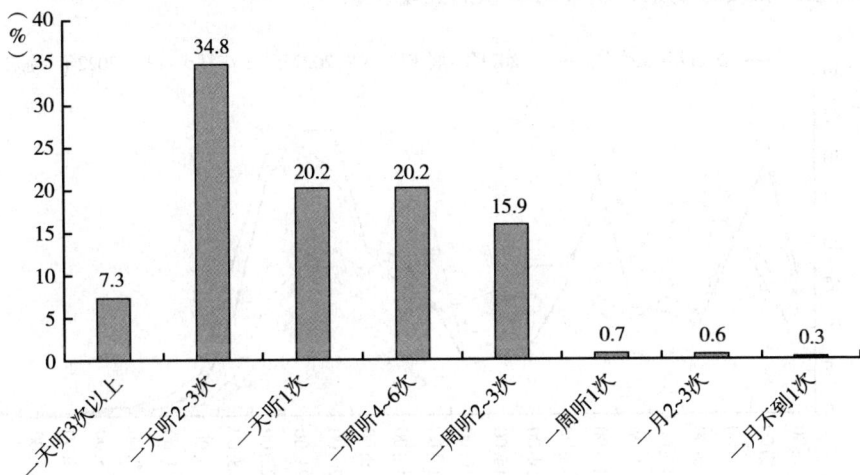

图 10　全国广播听众收听习惯：收听频率/频次

注：调查问卷中缺少 1 个月 1 次选项。

数据来源：《中国音频传媒发展研究报告（2023）》暨南大学课题组。

广播听众收听节目具有较为明显的时段集中特征。2022 年，全国广播听众的工作日和周末的集中收听时段表现出一定的差异。在工作日，听众的收听时段主要集中在早晚高峰，其中早高峰出现在 7：00~9：00，晚高峰出现在 17：00~19：00。听众在周末虽然依然表现出早晚时段的集中收听，但

---

① 孙美玲、赵海静：《2021 年中国广播听众收听报告》，载申启武、牛存有《中国音频传媒发展研究报告（2022）》，社会科学文献出版社，2022，第 172 页。

② 同上。

是相较于工作日该集中度有所下降，其中早高峰依然出现在7：00~9：00，晚间的高峰收听时段则集中在18：00~22：00，相较于工作日晚高峰收听时段有所延长。与2021年相比，听众收听的集中度有所降低，且早晚间的收听高峰时段明显前移。这要求广播媒体根据听众的收听时段特点，利用大数据等技术手段精准掌握其工作、生活习惯以及不同的场景，同时区分工作日与非工作日的差异、高峰收听时段与非高峰收听时段的差异，全面梳理节目资源，采用动态节目编排机制，匹配听众不同时段的需求，开拓听众与广播的接触点和接触场景，增多与听众的互动反馈。

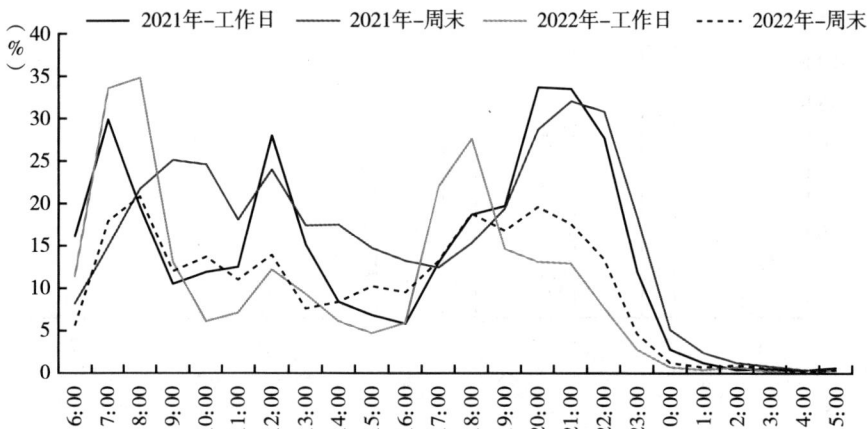

图11 全国广播听众收听习惯：收听时段

数据来源：《中国音频传媒发展研究报告（2023）》暨南大学课题组。

2. 听众20~30分钟的单次收听时长占比最高，高质量中短节目更受欢迎

《中国音频传媒发展研究报告（2023）》暨南大学课题组调查数据显示，2022年，全国广播听众单次收听时长在20~30分钟的占比最高，达35.9%；其次为30~40分钟，占比为19.0%；排在第三位的是10~20分钟，占比为12.2%。收听时长在10分钟以下的占比为5.7%，而40分钟以上的占比为27.2%（见图12）。由此可见，广播听众的收听黏性主要集中在40分钟以内。当前，新媒体的发展改变了传统的传播规律，尤其是短视频、短音频等越来越占用大家日常生活中的零碎时间，碎片化传播成为趋势，广播

听众对于长节目的接受度越来越低，这对广播的节目生产提出了更高的要求，广播媒体需要改变过去只是满足于把时间填满的长节目制作模式，在节目选题、策划、制作、呈现方式以及话语风格上做出改变，生产出真正符合用户需求，并且接地气、有网感、高质量的爆款中短节目。

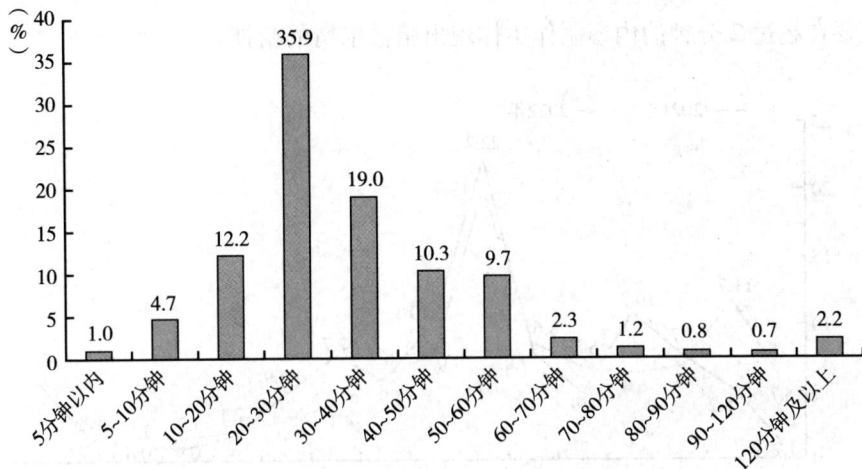

图12　全国广播听众收听习惯：单次收听时长

数据来源：《中国音频传媒发展研究报告（2023）》暨南大学课题组。

3. 听众决定继续收听的时间进一步缩短，2分钟成为节目关键时间节点

《中国音频传媒发展研究报告（2023）》暨南大学课题组调查数据显示，大多数广播听众会在2分钟以内决定是否继续听下去，占比达到66%，相较于2021年，该占比提升了6.1个百分点。2022年，广播听众尝试在更短时间内决定是否继续收听一档节目，其中选择1~2分钟的占比最高，为19.9%（见图13）。

2分钟成为听众决定是否继续收听的关键时间节点，相较于2021年的3分钟，时间进一步缩短。在2分钟以内抓住听众的注意力，吸引听众继续收听下去，这对节目内容的策划制作提出了更高的要求。这就要求广播节目的内容生产在宏观上要打破传统思维方式，立足融媒体和"大"广播创新内容生产方式，驱动单一的音频内容形态朝立体化、视频化、智能化的方向发

展，比如音频内容采用"音频+视频"、"音频+直播"、音频 IP 化等多元化呈现方式，从而满足不同听众个性化、垂直化要求。在具体节目编排中要特别注意在 2 分钟的关键时间节点上增加与听众的互动反馈，提升内容的趣味性和亲民性，精心把控内容输出的节奏，以匠人精神认真打磨节目内容。从而一方面争取在 2 分钟之内抓住听众的注意力，吸引其继续听下去；另一方面要在超过 2 分钟的内容制作中体现出精益求精的精神。

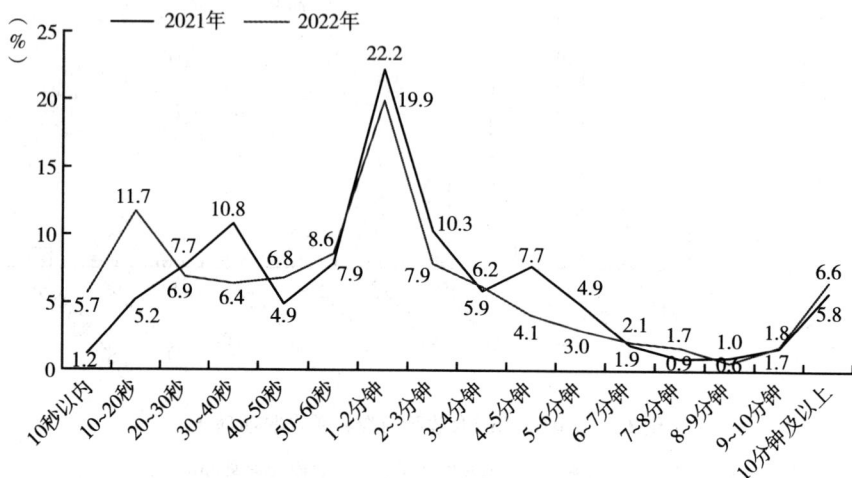

图 13　全国广播听众收听习惯：尝试收听的时长

数据来源：《中国音频传媒发展研究报告（2023）》暨南大学课题组。

4. 收听广播的占比大幅提升，听众收听目的性降低，其他音频类内容收听大幅下降

《中国音频传媒发展研究报告（2023）》暨南大学课题组调查数据显示，与 2021 年相比，2022 年广播听众收听广播频率的占比大幅提升，达到 58.4%。除此之外，随意搜索喜欢的内容收听、听语音直播（广播除外）、听特定主播、听 App 榜单内容、听 App 精选内容、听 App 推荐内容、听特定的类别/内容、听特定的节目这几项占比均出现大幅下降。其中，随意搜索喜欢的内容收听降幅最大，同比下降了 29.3 个百分点；第二为听特定的类别/内容，同比下降了 25.4 个百分点；第三为听 App 榜单内容，同比下降了21个百分点；排在第四的是听App精选内容，同比下降了20.9个百分点；第五是听特定主播，同比下降了20.1个百分点。相较而言，听语音直播（广播除外）、听特定的节目、听App推荐内容降幅要小一些，分别为8.3个百分点、11.8个百分点和13.2个百分点（见图14）。

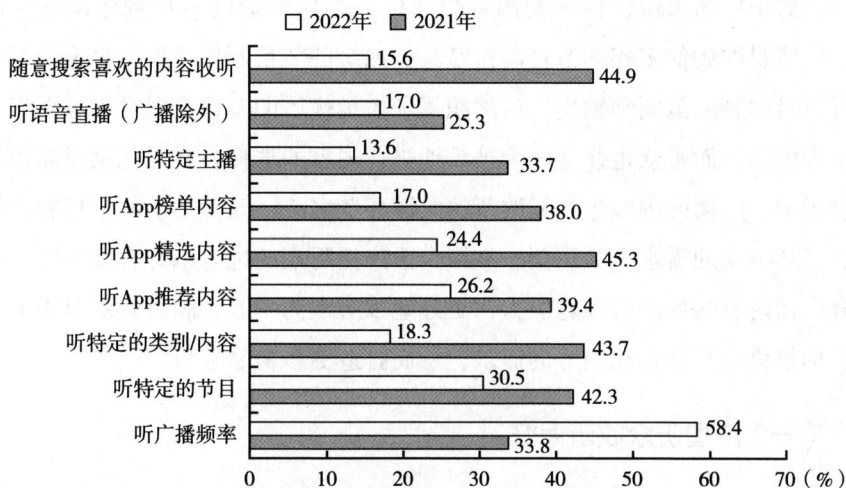

图14 全国广播听众收听习惯：收听方式

数据来源：《中国音频传媒发展研究报告（2023）》暨南大学课题组。

听众收听广播频率的占比之所以大幅提升，主要有以下几个原因。第一，随着媒体融合的不断推进，目前广播媒体在融媒体矩阵建设方面已经取得了一定的成效，无论是"两微一端"，还是"一抖一快"以及广播媒体与其他平台的广泛合作，无疑都进一步提高了听众收听广播的便利性和可能性。第二，疫情常态化后，听众的收听习惯逐步回归常态化。在封闭居家状态下，听众的时间相对可控，也更能按照自己的意愿主动搜索自己喜欢的内容，及听喜欢的主播、特定的榜单、精选的内容或者推荐的内容等。恢复常态后，一方面大家的生活节奏和工作节奏都进一步加快，另一方面更多地受到社会时间的限制与规训，在这种情况下，广播频率先天的伴随性和无干扰性更容易受到听众的欢迎。与此同时，听众其他的收听方式不免出现了较大幅度的下降。

三 全国广播听众的内容偏好

在当下媒体竞争如此激烈的时代，"内容为王"依旧是赢得用户的原则之一。对于广播来说，传统的内容生产依旧是以专业的节目制作团队为中心，广播媒体凭借多年的节目制作经验、熟练的节目制作技能，自上而下地进行节目内容的策划和输出，虽然积累了大量优质的节目，但是很难真正以听众为中心，而听众也往往较为被动地进行内容的选择。在深化融媒体建设的过程中，广播的内容生产是改革的关键环节之一，改变传统的节目制作思维、了解听众的需求至关重要。掌握全国广播听众的内容偏好有助于进一步提升广播内容的生产力和竞争力，更好地以听众为中心，满足听众对于个性化、场景化以及垂直化内容的需求，从而打造更多精品节目。

（一）广播听众收听偏好

1. 本地电台更受青睐、本地竞争优势突出，国家级电台仍有较高被收听需求

《中国音频传媒发展研究报告（2023）》暨南大学课题组调查数据显示，2022年，全国广播听众主要收听本地城市电台，选择比例达到86.1%，排名第一，比2021年（77%）同比提升了9.1个百分点；排名第二的是本地省级电台，选择比例为52.9%；排名第三的是国家级电台，选择比例为39.5%。其他排名依次是周边城市电台、周边省级电台、其他城市电台和其他省级电台，广播的本地竞争优势突出（见图15）。除了国家级广播电台外，传统的广播本身就是服务本地的地域性媒体，随着媒体融合的深化，打破地域性的局限、发展成全域性媒体成为很多广播转型发展的选择。但一味地追求全域化并不适合所有广播媒体。本地城市电台、本地省级电台更应该贯彻"大融合"的理念，不仅应打造融媒体平台，更应该充分利用这种地域优势，更好地贴近本地听众的生活，拓展服务内容，深化服务功能，搭建服务本地的综合性生活服务平台。

此外，值得注意的是，国家级电台作为主流媒体因其权威的声音、全域的覆盖面依旧是全国广播听众的主要收听频率之一，但在本地化服务上相较于本地城市电台和本地省级电台并不占优势。所以对于国家级电台而言，更重要的是如何在服务国家发展、传递国家声音、服务全国听众的基础上深化改革，整合国家级电台的优势资源，持续推出精品内容、系列内容，承担起主流权威媒体的政治责任和社会责任。

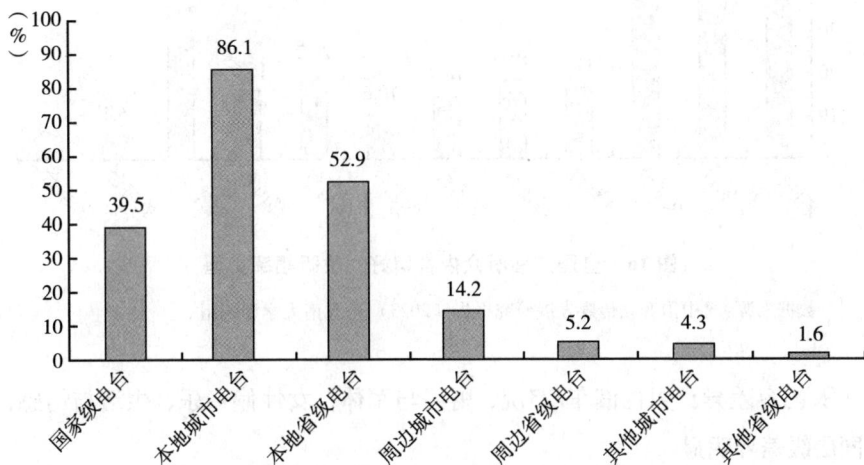

图 15　全国广播听众内容偏好：收听频率级别

数据来源：《中国音频传媒发展研究报告（2023）》暨南大学课题组。

2. 交通、新闻、音乐三大类型继续是拉动收听的"三驾马车"

《中国音频传媒发展研究报告（2023）》暨南大学课题组调查数据显示，2022 年，全国广播频率的竞争格局仍然是交通、新闻、音乐三大主力类型频率占据主导地位。其中，全国广播听众对交通类频率的收听占比最高，达到 68.9%；排名第二的是新闻类频率，收听占比为 68.0%；排名第三的是音乐类频率，收听占比达 60.6%。交通、新闻、音乐依然是拉动广播收听的"三驾马车"。综合类、生活类频率分别排名第四、第五，但是与交通、新闻、音乐这三大频率相比，差距比较大，占比仅为 29.2% 和 20.2%。经济、体育、都市、文艺、曲艺类频率收听占比差距不大，占比在

10%到20%之间。相较之下，外语类频率收听占比最低，仅为2.9%；排在倒数第二位的是旅游类频率，占比为6.4%（见图16）。

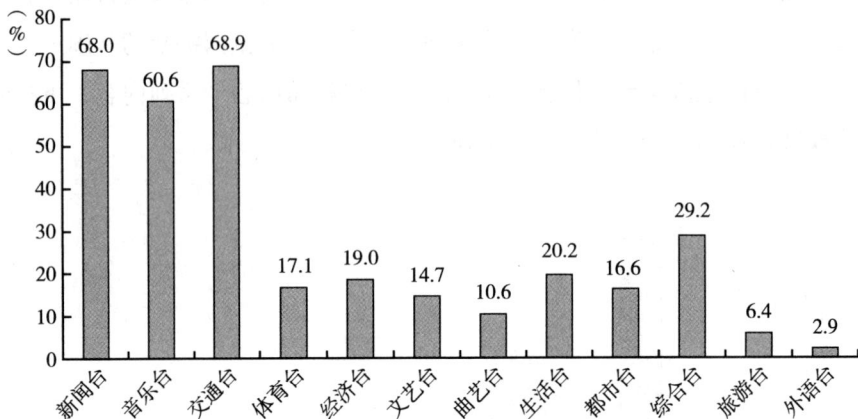

图16　全国广播听众内容偏好：收听频率类型

数据来源：《中国音频传媒发展研究报告（2023）》暨南大学课题组。

3. 内容差异：男性偏车/路况、财经与军体，女性偏音乐、生活与情感，不同层级差异明显

《中国音频传媒发展研究报告（2023）》暨南大学课题组调查数据显示，全国广播听众在收听内容偏好上，最喜欢的是新闻资讯，占比达66.1%；排名第二的是流行音乐，占比为59.2%；排名第三的是天气预报，占比为47.4%；此外路况信息、经典音乐、吃喝玩乐等内容也很受欢迎（见图17）。性别不同对广播内容的偏好也呈现一定的异同点。相同之处在于男性听众和女性听众对新闻资讯、流行音乐、天气预报、路况信息、经典音乐、吃喝玩乐、热点解读、幽默笑话/娱乐、脱口秀等内容均表现出较高的喜爱度。不同之处在于，一方面不同性别对于相同内容喜爱的程度有所不同，相较于女性，男性听众更偏爱新闻资讯、天气预报、路况信息、交通投诉/违章、汽车保养/维修、汽车买卖/介绍、法制反腐等内容；而女性听众更喜欢流行音乐、经典音乐、最新音乐榜单、健康养生、情感/心理、历史人文等内容。另一方面不同性别有独特的内容偏好，比如男性听众对商业财经、军事、体育等内容青睐有加（见图18）。

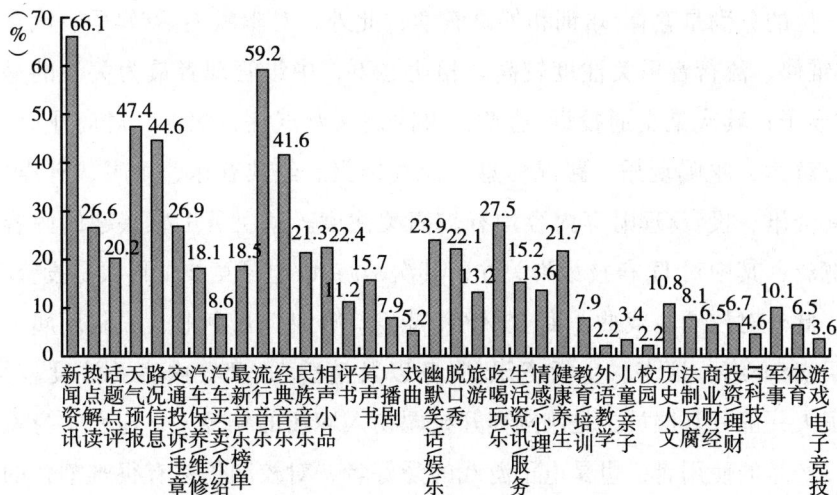

图17　全国广播听众内容偏好：类型内容

数据来源：《中国音频传媒发展研究报告（2023）》暨南大学课题组。

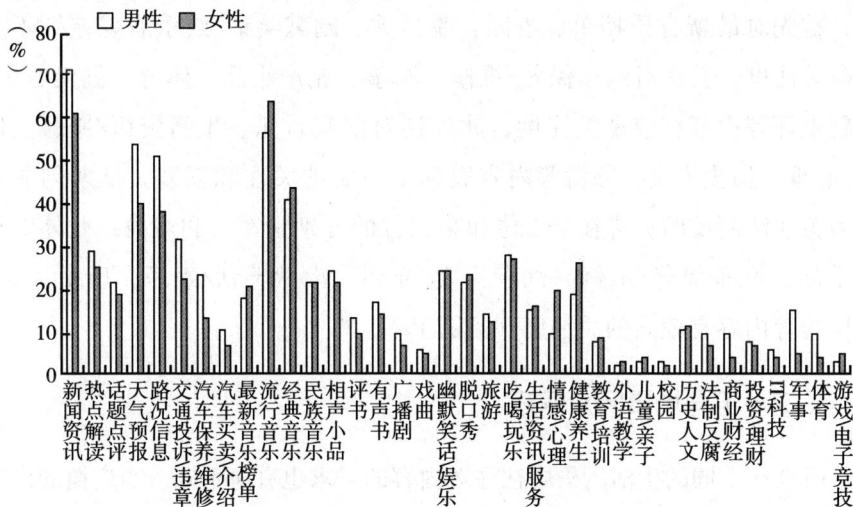

图18　全国广播听众内容偏好：不同性别关注的类型内容

数据来源：《中国音频传媒发展研究报告（2023）》暨南大学课题组。

不同职业层级听众在收听内容偏好方面也表现较为明显的差异。高级管理者的内容偏好集中度较高，其中对路况信息最为关注；排在第二位和第三位的分别是教育/培训和外语教学；此外，对幽默笑话/娱乐、汽车保养/维修、流行音乐关注度较高。相比之下，中级管理者最为关注的是儿童/亲子；其次是交通投诉/违章；再次是话题点评；此外，对商业财经、热点解读、吃喝玩乐、路况信息、天气预报、经典音乐、评书、有声书、新闻资讯、投资/理财等内容均有较高关注度。基层员工感兴趣的内容较为宽泛，其中对IT科技最为关注；其次是游戏/电子竞技；再次是投资/理财；此外对校园、戏曲、商业财经、教育/培训、有声书、法制反腐、汽车买卖/介绍、评书、生活资讯/服务以及情感/心理等内容关注度较高。有很大一部分基层员工是刚刚离开校园初入职场的年轻人，他们本身就是科技产品的使用者，也是电子游戏的爱好者，对校园仍然有很难割舍的情感；同时，在职场中他们有较强的向上发展的需求、在生活上和情感上也需要稳定下来，所以对培训类、财经类、娱乐类和情感类内容均表现出较高的关注度。自由职业者的内容偏好如同其职业性质，涵盖内容最为分散，首先对最新音乐榜单、校园、脱口秀、幽默笑话/娱乐表现差别不大的高关注度；其次对汽车保养/维修、军事、相声小品、体育、健康养生、话题点评等内容有较高关注度；此外还对吃喝玩乐、生活资讯/服务、情感/心理、历史人文、旅游等内容表现出一定的关注和喜爱。早期创业者最为关注法制反腐；排在第二位和第三位的分别是军事和戏曲；此外对相声小品、汽车保养/维修、汽车买卖/介绍、幽默笑话/娱乐、历史人文、脱口秀等内容有较高的关注度（见图19）。

（二）不同场景听众偏好

听众在不同的生活场景中往往对内容的需求也有所不同。当广播的内容生产越来越重视听众的体验，重视个性化、定制化、垂直化以及场景化时，根据听众需求和不同场景匹配相应的内容就显得尤为重要。根据调查，2022年全国广播听众在不同场景中对收听内容的偏好有所不同。在上下班-开/坐车时，听众关注较多的内容是话题点评、脱口秀、最新音乐榜单、汽车保养/维修和健康养生等，对幽默笑话/娱乐、热点解读等内容的关注度也相对较

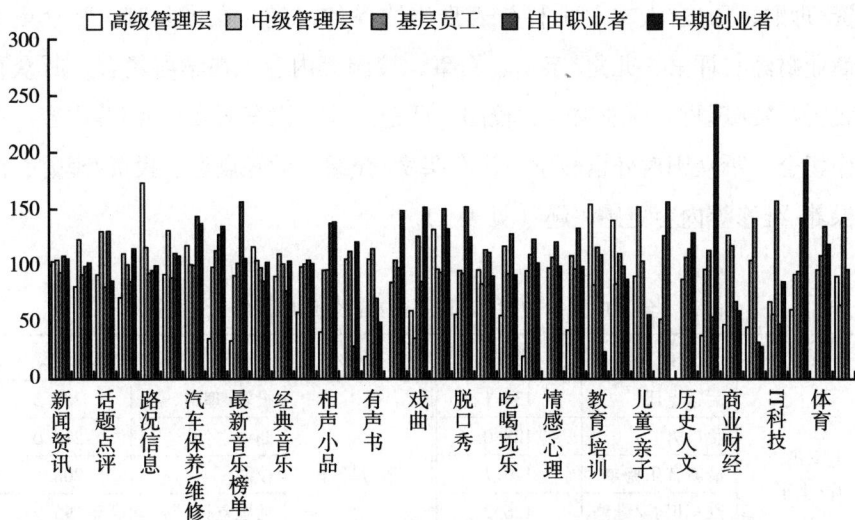

图19 全国广播听众内容偏好：类型内容收听指数*

* 类型内容收听指数：反映目标收听人群对于不同类型内容的收听倾向性与喜爱度。
计算方法为特定类型目标人群的收听占比/参照人群的收听占比*100。
数据来源：《中国音频传媒发展研究报告（2023）》暨南大学课题组。

高。在上下班乘坐公共交通时，听众对校园、健康养生、话题点评、脱口秀、游戏/电子竞技等内容关注度较高。在长途外出路上，听众关注的内容与上下班乘坐公共交通时有一定的相似度，同样对健康养生、游戏/电子竞技、话题点评等表现出高关注度，此外对最新音乐榜单、幽默笑话/娱乐等内容有较高关注度。在居家休闲时，听众关注度较高的是法制反腐、交通投诉/违章、历史人文、经典音乐、军事等内容。在做家务时，听众更倾向于收听军事、商业财经、IT科技以及评书和有声书等内容。听众在睡前对话题点评、评书、热点解读、体育、IT科技等节目的收听指数较高。在起床时对话题点评、汽车买卖/介绍、相声小品、民族音乐、天气预报等内容表现出高关注度。在午休时，则更喜欢商业财经、游戏/电子竞技、戏曲、军事、话题点评类内容。在散步时，听众更乐于收听戏曲、商业财经、军事等内容。在运动健身时，听众更喜欢关注校园、投资/理财、商业财经、体育、IT科技等信息。在逛街时，听众则对校园、商业财经、投资/理财、历史/人文、IT科技表现出浓厚的兴趣。在排队时,听众更关注商业财经、评书、儿童/亲子、军事、校园等内容。在学习场合,听众喜欢收听投资/理财、商业财经、校园、话题点评、汽车买卖/介绍等内容。在工作场合,听众则对外语教学、汽车买卖/介绍、话题点评、投资/理财、汽车保养/维修等内容更感兴趣(见表1)。

表1　全国广播用户对不同类型内容的收听指数:分场景

场景	内容	指数	场景	内容	指数
上下班-开/坐车	话题点评	134.1	学习场合	投资/理财	254.5
	脱口秀	128.0		商业财经	215.0
	最新音乐榜单	126.7		校园	208.5
	汽车保养/维修	126.2		话题点评	195.9
	健康养生	124.4		汽车买卖/介绍	179.9
做家务	军事	155.6	排队时	商业财经	250.0
	商业财经	155.3		评书	242.7
	IT科技	153.4		儿童/亲子	235.2
	评书	144.7		军事	214.9
	有声书	142.1		校园	207.7
上下班-公共交通	校园	188.3	居家休闲	法制反腐	145.9
	健康养生	178.9		交通投诉/违章	128.4
	话题点评	177.5		历史人文	125.5
	脱口秀	165.7		经典音乐	123.9
	游戏/电子竞技	161.1		军事	123.3
散步	戏曲	209.6	睡前	话题点评	151.1
	商业财经	177.1		评书	147.1
	军事	172.7		热点解读	144.8
	法制反腐	170.1		体育	139.2
	评书	165.9		IT科技	130.8
起床	话题点评	172.3	长途外出路上	健康养生	190.2
	汽车买卖/介绍	169.9		游戏/电子竞技	180.5
	相声小品	157.3		话题点评	165.7
	民族音乐	156.4		最新音乐榜单	163.0
	天气预报	142.1		幽默笑话/娱乐	161.6

续表

场景	内　容	指数	场景	内　容	指数
运动健身	校园	282.4	工作场合	外语教学	219.3
	投资/理财	282.4		汽车买卖/介绍	181.7
	商业财经	258.9		话题点评	180.7
	体育	256.1		投资/理财	160.8
	IT科技	240.1		汽车保养/维修	160.7
午休	商业财经	206.4	逛街	校园	282.4
	游戏/电子竞技	175.6		商业财经	242.7
	戏曲	165.7		投资/理财	211.8
	军事	165.0		历史/人文	206.6
	话题点评	158.5		IT科技	202.6

数据来源：《中国音频传媒发展研究报告（2023）》暨南大学课题组。

音乐类移动音频篇
Music Mobile Audio

B.10
2022年中国移动音乐产业发展报告

刘原芃*

摘 要： 2022年全球音乐产业正受到智能科技、视频流媒体的剧烈冲击，中国移动音乐产业身处其中也面临产业升级发展、产业模式重塑的重大挑战。在国家政策、经济转型、数字科技的共同推动下，中国移动音乐产业发展呈现市场规模扩大化、基础设施完善化、版权管理规范化、资源结构平台化、商业动力多元化的五大基本形态。在保持蓬勃生长之外，中国移动音乐产业还需要直面短视频音乐、人工智能辅助生成音乐带来的行业新挑战。未来，中国移动音乐产业需要继续在平台侧、用户侧、技术侧、内容侧同步发力，增强移动音乐产业发展内生动力，将移动音乐与城市文化建设相结合，打造数字时代中国文化消费新场景。

关键词： 移动音乐 在线音乐 音乐产业 移动媒介 数字文化

---

* 刘原芃，暨南大学新闻与传播学院2022级博士研究生，研究方向为视听传播、媒介技术史。

音乐是人类文明演进历程中最古老的艺术形式之一。从黑胶唱片时代、便携磁带时代到 CD 时代，再到数字时代，随着技术的发展，音乐的物质载体和内容都发生了不同程度的变化，但不变的是，音乐在人类社会生活里始终扮演重要角色，书写着世界各国各族人民的情感记忆。如今，移动音乐焕发强大的生命力，记录下移动数字时代人们的听觉叙事。

一 2022年中国移动音乐产业整体发展特征

各大机构制作的报告显示，2022 年中国移动音乐产业发展进入平台期。无论是内容生产规模还是用户活跃度、会员转化率都呈现较为稳定状态，其增长或回落幅度较小。这种变化一方面与移动娱乐应用种类增多有关，短视频、移动游戏、社交平台等加速分流用户注意力；另一方面与移动音乐本身发展局限性有关，音乐原创动力不足导致音乐质量陷入瓶颈，移动平台更新速度慢，从而使用户体验下降。可以说，中国移动音乐产业的竞争格局迎来机遇与变动并存的下半场，未来发展道路有待进一步廓清。

（一）市场规模增速放缓，移动音乐用户数量波动较小

可喜的是，2022 年全球各地区的录制音乐收入均有所增长，中国大陆作为亚洲第二大市场增长 28.4%，首次成为全球第五大音乐市场。[①]《中国音频传媒发展研究报告（2023）》暨南大学课题组的音频专项调查数据显示，2022 年我国音频用户收听移动音乐的占比高达 66.4%，居中国声音内容产业诸细分市场（广播电台、移动电台、移动音乐、移动听书、移动播客和音频直播等）之首；除了 35～44 岁年龄段的音频用户之外，在其他年龄段音频用户最常收听的声音内容产业类型中，移动音乐始终占据第一的位置；从性别分析，女性用户对于移动音乐的需求达到 68.3%，男性用户达

---

① 《IFPI 全球音乐报告：2022 年全球录制音乐收入增长 9.0%，中国大陆首登全球第五大音乐市场》，中国音像著作权集体管理协会官网，2023 年 4 月 16 日，https：//www.cavca.org/newsDetail/1881。

到64.8%。在音频内容细分平台的整体表现中，移动音乐在用户渗透率方面表现不凡，月活跃用户规模超过6亿且稳步增长。① 不过从整体上来看，2022年网络音乐的用户规模呈现下滑趋势。截至2022年12月，我国网络音乐用户规模约6.84亿，较2021年12月减少4526万，占网民整体的64.1%（见图1）。网络音乐用户使用率增长情况为-6.2%。② 显示我国网络音乐用户已经进入存量时代。

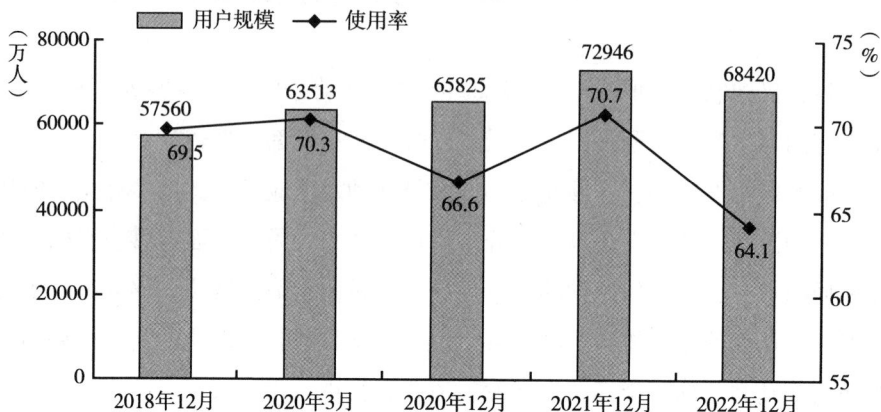

图1　2018.12~2022.12 网络音乐用户规模及使用率

数据来源：CNNIC《2023中国网络视听发展研究报告》。

在线音乐的活跃用户规模在过去一年趋于稳定，超过在线阅读和网络音频，成为仅次于在线视频的数字内容行业。以2022年9月为例，移动音乐行业头部App酷狗音乐、酷我音乐和QQ音乐的付费用户月人均使用时长分别达到5.5个小时、5.0个小时和4.9个小时，且付费用户月人均使用时长是整体用户的两倍。③ 可见，付费用户比一般用户具有更好的移动音乐使用

① 《2022年声音经济洞察报告》，Mob研究院，2023年4月2日，https://www.mob.com/mobdata/report/158。
② 第51次《中国互联网络发展状况统计报告》，中国互联网络信息中心网站，2023年3月3日，https://www.cnnic.cn/n4/2023/0303/c88-10757.html。
③ 《2022中国移动互联网发展年鉴（行业篇-上）》，Quest Mobile网站，2023年4月12日，https://www.questmobile.com.cn/research/report/1605048980592496642。

习惯，并催生更显著的音乐媒介依赖。另外，移动音乐的用户呈现年轻化的特征，年轻用户表现出更强的用户黏性和稳定性。2022年1月，全部移动音乐用户人均单日使用时长为21分钟，同比下降21%；全部移动音乐用户人均单日启动次数为4.2次，同比下降21%。然而，24岁以下移动音乐用户人均单日使用时长为24分钟，同比增加了11.7%；24岁以下移动音乐用户人均单日启动次数为4.1次，同比增加了12.8%。[①] 年轻用户群体对于移动音乐的需求度和使用率更高，这或许和移动音乐App社交属性不断增强具有相关性。

（二）音乐版权之争逐渐平息，版权市场仍须规范管理

数字音乐的版权问题一直是网络音乐行业有序发展必须考虑的首要问题。自2015年国家版权局联合有关部门开展网络音乐版权执法行动起，正版音乐版权开始成为各大网络音乐平台争相垄断的重点对象。直到2021年，市场监管总局依据《反垄断法》对腾讯控股有限公司作出责令解除网络音乐独家版权等处罚[②]，宣告中国数字音乐产业开始走向规范化、完善化的后版权时代。虽然平台间版权差异将逐渐缩小，但是去版权化的美好畅想要想落地存在一定困难。事实上，在移动音乐平台音乐内容服务的差异化营销中，"独家首发"版权模式取代独家版权成为新的竞争手段。[③] 新歌首发30天的窗口期成为版权竞争的焦点。

版权垄断问题得以解决，但音乐版权管理的漏洞仍然存在。掌握音乐使用权的音乐公司、提供音乐服务的音乐平台以及音乐创作人三者权利不对等，创作者的合法权益保护渠道缺失，导致音乐创作者往往会受到权益损害并且难以维权。随着直播业进入高速发展期，直播间中的音乐侵权如何管理

---

① 《2022年中国在线音乐市场年度综合分析》，易观分析，2023年4月11日，https://www.analysys.cn/article/detail/20020398。

② 《市场监管总局依法对腾讯控股有限公司作出责令解除网络音乐独家版权等处罚》，市场监管总局官网，2023年4月10日，https://www.samr.gov.cn/xw/zj/202107/t20210724_333016.html。

③ 《中国数字音乐版权：从"独家"时代，进入"独家首发"时代》，"深瞳音乐"微信公众号，2023年4月12日，https://mp.weixin.qq.com/s/2s45MbadJKauKXuZvostAQ。

等问题浮出水面。2022年7月，中国音像著作权集体管理协会在其官网上发布了互联网直播录音制品的试行付酬标准，这一试行标准引发行业内的讨论热潮。移动音乐的版权保护仍然在资本掌控下难以获得独立性和自主性，版权保护之路任重道远。

（三）移动音乐生态多元化布局，寻求产业链闭环

与传统音乐产业的所有权模式不同的是，数字时代音乐产业通过流媒体音乐平台将音乐产品所有权转化成音乐服务使用权。换言之，移动音乐平台重构了音乐产业链并且重塑了数字音乐的商业模式。从宏观来看，目前移动音乐平台的商业运营模式包括广告、会员、社交娱乐和版权四大部分。其中，广告包括直接或通过第三方广告公司向品牌商销售冠名广告、开屏广告等；会员包括用户购买会员服务、订阅专辑等；社交娱乐包括用户直播打赏、交友娱乐等；版权包括音乐平台向其他平台或个人转授音乐版权。不过由于传统音乐制作、分发模式所限，音乐平台往往需要向音乐公司等内容制作方支付较高的内容费用。

当前版权环境下仅仅依靠音乐内容价值变现实现赢利的可持续性较低，提供纯音乐服务的移动音乐平台难以为继，因此多元化生态布局成为荆棘丛中的一条生路。移动音乐平台围绕音乐构建涵盖歌曲、视频、直播、K歌、社交等音乐娱乐形式的新型生态空间。腾讯音乐率先通过合并收购拓展内容矩阵，旗下直播平台"酷狗直播"、K歌平台"全民K歌"已经发展为各自领域的头部玩家。网易云音乐则找准年轻群体的社交诉求，2022年陆续推出音乐密友、社交歌单、星评馆、合拍推荐等功能，重视打造社交类音乐衍生品。疫情之后，移动音乐平台抓住时机恢复线下演出，深度介入音乐演出，发展"线上+线下"联动新业务，从线上音乐平台逐渐向全能型的音乐服务商转变。移动音乐平台在通过进行多元布局打造内容丰富的音乐生态圈时，围绕音乐服务做了诸多创新。以网易云音乐为例，2022年网易云音乐申请专利数量相较

2021 年增长 77%，其中发明类与外观设计类专利申请数量均实现大幅增长。[1]

（四）移动音乐用户跨媒介、跨平台迁移重构

数字音乐版权垄断局面的改变是一把双刃剑，一方面为音乐平台融合发展带来机遇；另一方面短视频平台绕过垄断进入音乐服务竞技场，给原本就激烈的移动音乐产业带来更大挑战。从数据上来看，2022 年第四季度短视频平台的新增用户覆盖率为 83.7%，而移动音乐平台是 71.4%；短视频平台新增用户 30 日留存率为 47.3%，移动音乐平台仅为 28.1%（见图 2）。从移动音乐平台出走的用户中有六成选择转向短视频平台。[2] 整体来看，移动音乐平台由于自身属性限制和内容生产机制限制，在用户争夺能力上与短视频平台差距较为明显。

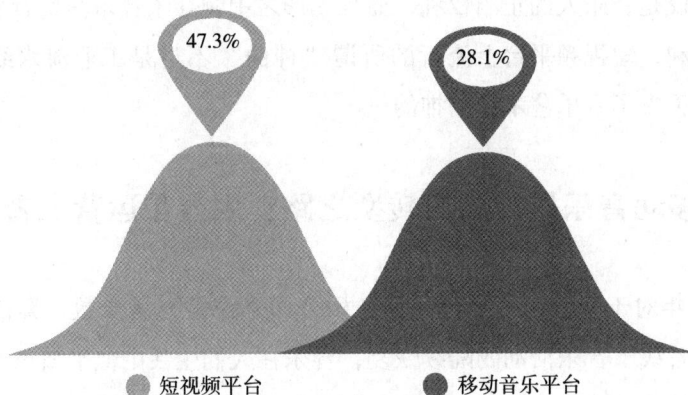

47.3%　28.1%

● 短视频平台　　● 移动音乐平台

图 2　2022 年 Q4 不同数字音乐服务媒介平台新增用户 30 日留存率

数据来源：《2022 年中国数字音乐行业洞察报告》。

不仅是用户，作为音乐创作主体的音乐人也成为平台竞相争夺的目标。2022 年 2 月，短视频行业巨头抖音正式推出音乐人一站式服务平台"炙热星

---

[1] 《付费用户高速增长，版权环境改善带来更优边际》，"中信建投"网站，2023 年 4 月 15 日，https：//www.emis.cn/php/search/docpdf？doc_id=774296230。

[2] 《2022 年中国数字音乐行业洞察报告》，Fastdata 极数，2023 年 4 月 14 日，http://ifastdata.com/article/index/id/7904/cid/2。

河"，借助抖音平台强大的宣传推广能力打造质量更高的大众流行音乐。① 从数据上也可以看出，中国音乐人逐渐从传统音乐平台转向抖音、快手、B站等短视频平台以获得更高的流量和收益。33.37%的音乐人认为抖音平台推广效果较好，和排名第一的腾讯音乐相差不到2个百分点，与紧随其后的网易云音乐相差超过10个百分点，而33.37%这一亮眼成绩与2021年的9.13%相比可谓进步神速②，足以看出短视频平台对于音乐人具有强大的吸引力。

面对用户和音乐人的跨媒介流动趋势，移动音乐产业应该正视当前商业模式下的音乐人困境：作者收入不足、优秀作品被埋没、常态化版权纠纷、头部效应等。而平台算法推荐将用户与音乐人完全隔开，一些用心创作出来的歌曲甚至没有机会被传到大众面前。劣币驱逐良币的音乐生产和分发模式挤压的不仅是音乐人的正当权利，而且无形之中剥夺了音乐消费者享受优质音乐的权利，短视频平台上流行的所谓"神曲"不过是工业流水线上的标准产品，丢失了音乐艺术品的神韵。

二 移动音乐供给侧的转型之路：内容和运营二者兼顾

2022年对于移动音乐平台方和音乐公司来说是充满变数、喜忧参半的一年。随着线下音乐活动的陆续恢复，音乐在人们生活中似乎增添了一些重量，音乐的商业价值又得到更加充分的发掘。然而，进入平台期的全球音乐市场面临触顶，用户活跃度和平台获利能力降低导致的收益亏损趋势已经不可逆转。音乐内容制造方面的情况也不容乐观，音乐人才培养体系需要完善，国内优秀音乐人才流失严重。中国音乐创作受国外音乐风格影响较大，往往一首歌火了之后便迅速推出同类型的歌曲，内容原创优势较小。

① 《短视频时代，音乐行业在面临变局吗？》，极客公园，2022年2月18日，https://www.geekpark.net/news/298772。
② 《2021中国音乐人报告》，"财经"网站，2023年4月15日，https://news.caijingmobile.com/article/detail/462219? source_id=40。

（一）产业链上游：音乐公司、唱片公司拓宽内容渠道

在实体化运营模式里，音乐唱片公司作为音乐内容方掌握着绝对的内容优势，然而内容优势如今面临移动音乐时代的数字新挑战。音乐唱片公司需要主动寻求与移动平台的合作来拓展业务类型，积极创造内容创作与内容分发之间的战略合作机会。老牌音乐公司具有较高的音乐制作能力，加上移动音乐平台对受众需求和网络推广的熟悉，二者联合成立厂牌将会带来丰富的高质量音乐。截至 2022 年，腾讯音乐已经与华纳音乐、索尼音乐、环球音乐国际三大唱片集团共建厂牌 Liquid State，同时与 Kobalt Music、Cooking Vinyl、Genie Music、GMM Grammy 等全球音乐厂牌达成战略合作。滚石音乐公司也与网易公司达成包括艺人发掘培养、原创音乐制作等领域的合作。

另外，音乐公司除了挖掘、培养音乐人之外，还把目光转移到更加宏大的音乐文化项目投资上。2022 年环球音乐中国与故宫博物院、中央民族乐团合作启动《故宫之声》音乐文化项目，将推出《故宫之声》音乐专辑。该专辑以故宫建筑群及文物藏品为创作灵感，由中央民族乐团联手世界顶尖艺术家演奏，并由环球音乐负责全球发行。[①] 中国传统文化项目蕴含移动音乐的可能性和机遇，相比其他娱乐性音乐而言具有更多教育意义和传承意义。

（二）产业链中游：平台探索多元盈利模式

移动音乐产业进入行业成熟期之后，头部平台和中部平台之间的差距已经拉开，新入局的加入者应该如何站稳脚跟，中长尾应用应该如何保持独特优势，这些都是未来移动音乐平台需要不断探索的问题。但音乐平台只有先生存下去，在获利的基础上才能进一步谈发展规划。

除了提供基础的音乐服务外，移动音乐平台围绕音乐探索出了较为丰富

---

① 《故宫博物院、中央民族乐团与环球音乐中国合作启动〈故宫之声〉音乐文化项目》，"环球音乐"网站，2023 年 4 月 16 日，https：//www. umusic. com. cn/index. php？c＝show&id＝361。

的用户场景，开发出了集听、唱、看、玩于一体的产品和服务，为多元化变现提供可能。此外，平台还可以依靠庞大的流量为其他业务导流，比如为直播导流。潜在变现方式除了传统的广告等线上变现方式外，还纳入了付费下载、付费收听、流量包、会员、数字专辑购买等方式，并横向延伸至音乐直播、在线K歌等领域，纵向扩展至音乐票务、线下实体演出、版权分销和衍生品销售等。值得注意的是，随着抖音、快手加入原创音乐的争夺场，悬在移动音乐平台头顶上的达摩克利斯之剑终于落下。在"音乐+短视频"模式下，音乐逐渐成为视觉的附庸品，原创音乐作品也不得不遵从流量规律走上爆款化、碎片化的道路，对于中国原创音乐的未来发展来说，这是一个未知的魔盒。而在音乐版权交易方面，Web 3音乐赛道热度持续增高，数字音乐作品分发、交易和营收迎来新局面。

目前，音乐市场中仍有不少独立原创音乐人，移动音乐平台可以向他们抛出橄榄枝。腾讯音乐、网易云音乐已经将业务延伸至上游的音乐发行制作与音乐人培养环节，收获了比较好的反馈。网易云音乐率先启动音乐人扶持计划，自2015年开始先后通过理想音乐人扶持计划、石头计划、云梯计划等，培养了原创音乐人，孵化了原创作品。腾讯音乐先后推出原力计划、亿元激励计划、新势力计划等，以专业的音乐培训、高昂的收入激励和较高曝光推广吸引着原创音乐人的加入。对于音乐人来说，与音乐平台直接合作可以更好地掌握作品主动权，从音乐创作到作品分发实现点对点衔接，有助于将质量较高的原创作品推入市场。对于行业发展来说，音乐人与移动音乐平台的结合将提升两者在音乐产业链中的行业地位，进而有望推动音乐产业话语权的重构。

（三）产业链下游：专注社群运营也能突围

音乐社区化是网易云音乐自2013年创立以来就主打的差异化运营策略。2019年网易云音乐相继推出多款社交应用探索音乐社交模式，打造"云村"概念，用户们以"云村村民"互称，创始人丁磊更是以"村长"自称在动态中与大家频频互动。社区作为人际交往当中的重要概念和音乐具有某种情感共通之处，音乐社区的形成不仅能够保持用户黏性吸纳更多具有相同属性的用户，更重要的是，音乐社区能够为移动音乐的社交娱乐业务起到积极推动作用。网易云2022年财报显示，2022年公司社交娱乐业务收入已超过传统的在线音乐业务的收入，由此可以看出对于在音乐版权竞争中并不具有优势的移动音乐平台来说，音乐社群运营是成功的，虽然收效慢但是受益远。

从QQ音乐全新上线虚拟互动社区"音乐空间Music Zone"，到网易云音乐的评论区互动以及匹配陌生人听歌，再到全民K歌开通的"歌房"邀请好友一起线上唱歌等，都可以看出音乐社交已经成为移动音乐平台的标配。但是做好社群运营，保持音乐社群的活跃度，才是音乐社交得以长远发展的核心。理解音乐社交的本质首先需要厘清音乐和人的关系。依据戈夫曼拟剧理论，对于现代年轻群体来说，音乐和服装、表情包一样，都属于自我呈现的符号。移动音乐平台和微信、微博、QQ等社交平台类似，是用户进行情感交换的舞台。不同平台具有不同的气质风格，不同的平台展现了用户不同的自我，网易云被网友戏称为"网抑云"或许和平台重细腻情感、充满文青气息有关。音乐社交服务的成功之处在于既满足了受众的音乐审美差异性，又满足了社会群体角色的一致性。正如网易云所实践的"做更有温度的音乐社区"，将音乐社区的落点放在了"温度"上，通过音乐的联结打破线上社区人与人之间的网络隔阂，让用户和平台社区建立起了极强的情感联系。

三　存量时代打破内容高墙，打响音乐内容争夺战

虽然国家出台法律法规明令禁止音乐版权的独家垄断行为，但是音乐并没有实现"一首歌全平台共享"，各移动音乐平台关于音乐内容的争夺依旧激烈，甚至在解除独家版权后这种争夺有愈演愈烈之势。目前，国内各家平台提供的音乐分发和用户服务差异并不明显。与国外平台主要采取付费会员制相比，国内音乐用户尚未形成付费习惯，所以会员制的盈利效果并不明

显。从长远来看，为了占有更多音乐作品资源，移动音乐平台不仅需要与唱片公司建立良好的合作关系来拿到版权，更本质的是向上打通内容创作的壁垒，提高在线音乐平台在产业链中的议价能力。

（一）深入探索音乐内容，扶持原创音乐生产创作

2022年移动音乐平台纷纷加码版权、服务、场景、技术等领域，然而音乐内容产品始终是提升移动音乐平台核心竞争力的关键因素。腾讯音乐娱乐集团之所以能够成为国内顶尖移动音乐公司正是得益于其庞大的音乐资源库，能够涵盖不同年龄、不同品位音乐爱好者的音乐取向。腾讯音乐构建起原创内容制作扶持体系，进一步扶持优秀音乐原创作品的创作、宣传以及推广。据不完全统计，2022年由腾讯音乐制作并推出的歌曲中，近1000首热门原创作品播放量破亿。[1]

围绕"听音乐"本身带给人们的听觉享受，移动音乐平台从音乐的种类、风格、热度、语种等方向挖掘更多可能。近年来，说唱日益成为年轻群体的潮流，这一原本小众的音乐类型经过本土化调整之后逐渐走向舞台中央。网易云音乐不仅专门开放说唱专区聚集更多喜爱说唱的人，还成立说唱特训营，为说唱音乐领域不断输入新鲜血液，推出更多优质音乐作品。值得注意的是，音乐内容本身的丰富离不开音乐平台的投入与推动。2022年网易云音乐上线一站式Beat交易平台BeatSoul，这一举动从激励音乐人拓展到关注音乐幕后的创作者们，不仅为音乐制作人提供正规Beat交易渠道，同时完善音乐人服务体系，助推音乐人持续成长。

（二）延展音乐生态链条，打造音乐社交娱乐矩阵

随着技术和市场的进一步发展，移动音乐平台开始看到音乐的多维发展潜力，逐渐更新发展思路，尝试打造"音乐+万物"的内容生态链条。QQ

---

[1] 《腾讯音乐2022年收入283.4亿元 在线音乐付费用户达8850万》，证券时报网，2023年4月27日，http://www.stcn.com/article/detail/821442.html。

音乐的主要内容服务包括歌曲、音乐直播、音乐交友、有声书、播客等。音乐平台开始向综合音乐服务平台转型。形式多元的音乐内容既是适应音乐场景化、多模态化转变的必然结果，又是移动音乐领域本身具有无限可能性的表现。

在文化产品生产领域，打通产业链条上下游的阻隔可以形成规模效应、集聚效应、协同效应，而移动音乐同样适用于这条规律。移动平台身处产业链中游掌握着移动音乐的分发环节，移动平台积极参与音乐内容创作和用户运营管理有助于高效配置创新资源、提升移动音乐产业竞争优势、促进数字音乐产业高质量发展。音乐生态链条的延展对于移动音乐平台运营的重要意义直接体现在增加平台利润上。以网易云音乐2022年度财报公布的平台营收情况为例，平台营收90亿元，较2021年增长28.5%。其中社交娱乐收入远超音乐服务收入，增幅达到42.8%。① 这足以看出平台在社交娱乐方面持续布局的策略得当，社交娱乐产品矩阵初具成效。

（三）从 UGC 到 AIGC，不断提升用户听觉体验

传统的 UGC 包括用户生产的音乐内容和用户社区内容。比如网易云音乐，用户在这个平台上不仅可以通过上传原创或翻唱的音乐作品、建立自己的电台歌单、进行直播点播等进行内容创作，还可以通过评论区留言互动、分享歌单、和好友一起听等方式提升歌曲的知名度和活跃度。PC 端更新之后，用户还可以在听歌的同时观看弹幕，年轻用户对歌曲的热情带动音乐内容生产的展开，这种自发形成的互动与参与无形中增加用户对于平台的感情依赖，提高客户留存率。而 AIGC 是指利用人工智能生成内容，在音乐领域，人工智能技术除了可以辅助音乐创作外，还被用于创新用户体验。比如Spotify 推出 DJ 模式，让 AI 提升推荐歌曲体验；QQ 音乐打造的 AI 播放器能够根据关键词生成不同风格的播放器界面，AI 歌词海报功能能够自动为用

---

① 网易云音乐财报：《2022 年网易云音乐营收 90 亿元　同比增长 28.5%》，中文互联网数据资讯网，2023 年 4 月 27 日，https：//www.199it.com/archives/1564059.html。

户生成适合歌曲风格的海报背景。2022 年 10 月 24 日，腾讯音乐旗下首个音视频实验室——天琴实验室正式发布了首位虚拟音乐人"小琴"，将 AI 技术与音乐的结合推向新的高度。

值得注意的是，移动音乐行业发展与移动设备和移动技术的更新发展形成更为紧密的联系。作为移动音乐场景重要组成部分，车载场景中音乐的高科技加成尤为亮眼。2022 年酷我音乐车载音乐平台推出了黑胶音乐专区，利用专属转录设备和现代数字录音技术，让用户在车内能够享受到黑胶唱片音质。此外，酷我音乐开发出了车载 5.1 环绕声音乐功能和汽车音效功能。未来，场景化、现场化、沉浸化、3D 化的听觉体验将成为移动音乐内容服务竞争的重要环节。

四 音乐营销方式走向纵深，塑造音乐文化生活新形态

音乐是一种具有感染力的艺术形式，随着听觉技术和感官交互技术的发展，移动音乐产业结合人们生活经验和使用习惯，开发出多样的场景化音乐消费形式。从某种程度上来看，移动音乐实践和音乐文化氛围是双向塑造、双向促进的。移动音乐朝着沉浸式、个性化、多元化的方向演变，这一趋势推动音乐朝着开放包容、文化繁荣的方向发展。

（一）音视频产业联动，音乐资源加速整合

2022 年，腾讯音乐和网易云音乐以"一超一强"的地位占据了国内音乐市场中的绝大部分份额。在此情形下，作为短视频领域的超级头部，抖音公司突然宣布进军移动音乐行业，推出官方音乐 App"汽水音乐"。这一计划出乎意料但又在情理之中，早在 2020 年字节跳动就开始尝试布局音乐内容品牌，推出音乐代理分发平台"银河方舟"。2022 年 6 月 14 日，银河方舟制作的专辑《玫瑰凭证》在"汽水音乐"全网首发，收获了超出预期的反响。这张专辑收录了八个深受年轻人追捧的乐队创作的八首歌曲，精准契合了年轻的泛音乐爱好者和抖音用户，在抖音的播放量达到 2.8 亿次，其中

《给你一瓶魔法药水》播放量更是超过 10 亿次，成为名副其实的爆款作品。"汽水音乐"的推出以及《给你一瓶魔法药水》的爆红都证明了移动音乐平台和短视频平台联动合作具有巨大的能量。

无论是从短视频到音乐，还是从音乐到短视频，在流量为王的时代早已无法单独依靠一种媒介进行传播，跨媒介、多平台、全媒体联合制造内容才是迎合主流市场的模式创新之路。可以说，对于移动音乐产业长远发展而言，"跨媒介""跨平台"将是一种不可阻挡的总体趋势，需要被贯彻到移动音乐发展理念和发展实践之中。

（二）音乐会线上线下齐发力，提升商业价值

疫情时期催生出的线上演唱会在 2022 年达到新的高度，移动音乐平台探索出了较为完善的商业运营模式。2022 年 5 月以来，崔健、周杰伦、林俊杰、罗大佑、孙燕姿等知名歌手陆续在线上通过直播、重映的方式举办了个人演唱会，与歌迷们的线上互动也让大家纷纷表示"爷青回"。据统计，线上演唱会的收入主要包括广告收入、门票收入以及观众打赏。5 月 20 日晚上 8 点，腾讯音乐通过微信视频号、QQ 音乐等平台，重映了周杰伦于 2013 年举办的"魔天伦"演唱会。该场演唱会全平台观看人数超过 5000 万，创造了在线演唱会最高观看纪录。观看演唱会时，观众还可以点击直播间右下角的"购物袋"，进入 TME live 的官方品牌店铺选购周杰伦周边产品。[1]

从短期来看，线上音乐会的确能够缓解目前在线音乐平台流量焦虑，拓宽音乐商业化变现的路径；然而从长远来看，观众参与感低、音乐氛围感不强、技术手段依赖度高、商业创收能力弱仍然是线上音乐会需要进一步解决的问题。毕竟演唱会形式的最大优势在于互动感和现场感，而这是目前线上平台无法给予用户的。

---

[1] 《近亿人观看线上演唱会，视频号靠周杰伦赚到了什么》，"卡思数据"微信公众号，2023 年 4 月 10 日，https://mp.weixin.qq.com/s/vByPUWIJDmjSYlWSTDlZjA。

（三）营造城市音乐文化氛围，共同搭建音乐城市

音乐是联系人与人情感的纽带，也是创造公共空间的桥梁。如今，在城市化建设中随处可见音乐元素：音乐巴士、音乐喷泉、音乐广场、音乐艺术空间。对于移动音乐来说，让音乐艺术融人生活才是最深层次的营销。网易云音乐"乐评专列"地铁已经从杭州逐渐覆盖到了上海、厦门等城市，UGC 创造的或富有哲理、或充满共鸣的乐评，精准击中当代年轻人的情感痛点，也让人们真正看到音乐所具有的打动人心的力量。腾讯音乐则看重线下音乐节带来的直接效益，通过联合品牌方举办不同主题的音乐节，在为音乐人提供更多曝光机会的同时巩固了年轻受众群体的品牌忠诚度，进一步来看，布局线下音乐节还可以带动当地城市流行音乐文化发展。音乐节的主阵地逐渐从北京、上海、广州等大城市扩散到四、五线小城市。

从"乐评专列"地铁、城市音乐节等音乐营销手段可以看出，未来移动音乐产业应该充分利用音乐的情绪感染力和文化渗透力，推动"音乐+"城市文化生活的融合创新。现代生活中移动应用在为人们带来便利的同时，将人与人的距离拉远了。移动音乐或许能够发挥凝聚效应，让音乐成为高速现代化、社会化、城市化过程中人们短暂的停歇处，最终打造更加饱满多元的城市音乐生态。

移动音乐的本质落在音乐的伴随性、娱乐性和社交性上，理解移动音乐需要理解人的本质，仔细把握用户心理，寻找音乐与人的联结点。如今人们享受音乐不再是单一模式、单一场景的内容消费，而是受到心情、环境、圈层等多方面的影响，音乐也不再是单纯提供听觉欣赏的产品，而是包含人际交往、文化共享、自我提升等属性的连接介质。

对于中国移动音乐产业来说，未来发展需要准确把握数字技术的赋能优势，实现数字音乐产业供给侧结构性改革。正如习近平总书记在教育文化卫生体育领域专家代表座谈会上的讲话中所指出的："要顺应数字产业化和产

业数字化发展趋势，加快发展新型文化业态，改造提升传统文化业态，提高质量效益和核心竞争力。"① 未来移动音乐产业需要从平台侧、内容侧、技术侧、用户侧四个方面着手，打造多元、平等、包容的中国新"声"态，将移动音乐产业打造成中国文化产业的助推器。

---

① 习近平：《在教育文化卫生体育领域专家代表座谈会上的讲话》，国家卫生健康委员会官网，2023年4月18日，http：//www.nhc.gov.cn/wjw/xwdt/202009/570128891de047a68707141c614b61f7.shtml。

B.11
传统媒体视角下音乐广播与移动互联网的融合创新策略

王成梧*

摘　要： 移动互联网时代，传统音乐广播受移动音乐平台的冲击较大，移动音乐平台对传统音乐广播的节目生产、运营模式、发展方向产生了巨大的影响。本文从传统媒体视角，分析了音乐广播在移动互联网时代面临的受众被分流、影响力减弱、体制机制落后、技术制约、人才流失的困境，提出传统音乐广播必须在移动互联网技术的加持下稳固车载收听的基本盘，进军移动互联网平台，寻求与移动音乐产业的协同发展，全力打造智慧新广播。

关键词： 移动互联网　音乐广播　融合创新　移动音乐产业

随着移动互联网的普及，人们听音乐的方式发生了巨大改变。智能手机、智能音箱、智能穿戴设备、车载终端等移动终端的音乐平台以其方便、自主性强、智能、资源海量、音质好等诸多优势，迅速吸引了大量用户。而传统广播在智能技术飞速发展的现实中，必须用互联网思维找准"新广播"定位、重塑生产流程、再造传播策略，扬长避短，精准发力，实现与移动互联网平台的融合发展，找到适合自身的创新之路。

---

* 王成梧，高级记者，甘肃省广播电视总台青春调频负责人。

一 移动互联网时代传统音乐广播的现状和困境

（一）音乐广播收听人群被大量分流到移动音乐平台

QQ音乐、网易云音乐、酷狗音乐等移动互联网音乐平台利用人工智能技术，针对听众的年龄结构、喜爱的音乐风格、行为习惯、收听场景、职业等为用户画像、推荐歌曲、管理歌单等，为听歌人群带来了极佳的体验，对传统音乐广播造成了巨大冲击。即使是在广播占有优势的车载场景中，随着车联网的普及，上车通过语音唤醒听歌平台也逐渐成为人们的一种生活习惯。中国互联网络信息中心公布的第51次《中国互联网络发展状况统计报告》显示，截至2022年，中国网络音乐用户规模达6.84亿，占网民整体的64.1%。[①]

网易云音乐发布的2022年财报显示，网易云音乐2022年全年净收入为90亿元，较2021年同比增长28.5%，主要因为会员订阅销售收入及社交娱乐收入实现了增长。数据显示，2022年网易云音乐日活跃用户数/月活跃用户数稳定维持在0.3以上，平台用户黏性较高。在线音乐服务月付费用户数达3827万，同比增长32.2%。在线音乐服务付费率由2021年的15.8%进一步提升至20.2%。[②]

与移动音乐产业的高歌猛进相比，传统广播的传播力和影响力却在持续下滑。《中国音频传媒发展研究报告（2023）》暨南大学课题组的音频专项调查数据显示，传统广播的用户规模进一步萎缩，2022年的用户规模由2021年度的5.3亿下降了4.34%，守住了5亿用户大关，为5.07亿。随着媒体融合的进一步深化，以及主力军全面转型主战场，广播听众向移动互联网、智能终端转移的势头已经非常明显。

[①] 第51次《中国互联网络发展状况统计报告》，中国互联网络信息中心网站，2023年3月2日，https://cnnic.cn/n4/2023/0302/c199-10755.html。

[②] 《网易云音乐发布2022年财报：全年收入达90亿 增长28.5%》，中国商报网，2023年2月23日，https://www.zgswcn.com/article/202302/20230223172830I167.html。

（二）传统广播整体式微，影响力大不如前

北京广播电视台发布公告：2023 年 1 月 1 日零时起，故事广播（AM603、FM95.4）、外语广播（FM92.3）、青年广播（AM927、FM98.2）停止播出。由此拉开了广播电视频率频道关闭的序幕。

2020 年，国家广播电视总局发布《关于推动新时代广播电视播出机构做强做优的意见》和《关于进一步加强专业电视频道建设管理的意见》，要求深化结构性调整，推动频率频道精简精办。在政策的推动下，全国广电系统积极推进广播电视资源整合和精简精办，经国家广电总局批准已先后撤销130 多个频道频率，其中 2023 年撤销频道频率 20 多个。

2022 年 5 月，人力资源和社会保障部、国家发展和改革委员会、财政部、税务总局四部门联合发布《关于扩大阶段性缓缴社会保险费政策实施范围等问题的通知》，明确将"广播、电视、电影和录音制作业"列入特困行业。

国家广电总局发布的《2022 年全国广播电视行业统计公报》显示，2022 年全国广播广告收入为 73.72 亿元，同比下降 28.09%。① 种种"迹象"表明，传统广播的"日子"不好过，其转型、改革的任务艰巨。

（三）体制机制落后，创新动力不足

在体制机制的灵活性和适配度上，诞生和成长在市场当中的移动音乐产业具有先天优势。传统媒体因体制机制不适应而进行的转型受到诸多因素的干扰，有些地方的媒体转型步伐缓慢，难以跟上行业发展变化的脚步，导致效益下滑、影响力减弱、人才流失、创新动力不足。

受体制机制限制，传统广播给予主持人和业务骨干的灵活性不足，体现在收入分配方面就是干多干少差距不大，难以激发员工的积极性和创造性。

---

① 《2022 年全国广播电视行业统计公报》，国家广播电视总局官网，2023 年 4 月 27 日，http：//www.nrta.gov.cn/art/2023/4/27/art_ 113_ 64140.html。

另外，从成本角度考虑，传统广播比较看重员工的综合素质，要求"一专多能"，往往一档栏目的策划、采访、写稿、编辑、播出都是由一个人完成，加上现在媒体融合的要求，主持人还需要具备微信公众号等的运营能力，从而淡化了对专业能力的要求。比如音乐节目的主持人需要具备一定的音乐专业素养，才能更好地驾驭和创作节目内容；媒体融合亟须一些新媒体技术人才，而这类专门人才往往倾向于在新媒体公司就业。这些客观情况都限制了音乐广播的创新。

（四）智能时代技术成为最大短板

移动音乐产业是在先进技术的支撑下快速发展而来的，网络音乐平台持续提高技术应用水平，通过技术创新提升用户体验，推动音乐产业进行数字化升级。

我们不断看到这样的消息：抖音集团旗下 VR 设备厂商打造了元宇宙演唱会，用户佩戴 VR 设备就可以感受全新的观演方式；网易推出人工智能音乐创作平台"网易天音"，依托人工智能技术提高音乐创作效率；"百度元宇宙歌会"中虚拟人与真人歌手互动，共同演唱由 AI 作词、编曲的作品；腾讯音乐发布虚拟人，利用 AI 技术赋能，输入歌词后即可自动识别、歌唱。

而在车载场景中，QQ 音乐、喜马拉雅、网易云音乐等移动音乐 App 已抢先进入车载网络平台，它们通过算法推荐、AI 合成主播等智能技术为用户提供个性化推荐，还推出了网络音乐电台个性化定制服务，无论是用户操作和感官体验，还是资源数量和收听品质，它们都比传统音乐广播更具吸引力。

相比之下，传统广播在 5G、大数据、云计算、区块链、人工智能、元宇宙等新兴技术袭来的时候不知所措，这暴露出传统广播在智能时代最大的"尴尬"和短板。虽然广播人在努力拥抱互联网，5G 智慧电台、大数据应用、云平台、AI 主播等新样态也不断出现，但毕竟都是在形势倒逼下的"后发"之举，与原生的移动互联网相比，其竞争力有限。

（五）人才流失严重

随着阵地的缩减和效益的下滑，传统广播的大量优秀人才涌向了互联网。新媒体公司开价数倍甚至数十倍年薪，可以提供宽松的工作环境和灵活的自主权，这对广播人的诱惑巨大，骨干和精英们纷纷离开体制，有些成为互联网大厂的高管，有些成为移动音乐平台的签约主播或自媒体达人。人才的流失加上传统广播网络技术人才的先天缺失，让传统广播的"造血功能"每况愈下。

《全国广播电视和网络视听"十四五"人才发展规划》（以下简称《规划》）提出，当前，我国迈上全面建设社会主义现代化国家新征程，新一代科技革命和产业变革深入演进，5G、4K/8K、大数据、云计算、区块链、人工智能、元宇宙等技术不断发展，超高清、沉浸式、互动式、VR/AR/MR 等视听内容形态不断创新，媒介使用新模式新场景不断涌现，大视听格局渐显，未来电视前景广阔，新型人才、高层次人才、复合人才需求与日俱增，人才工作的重要性、紧迫性空前凸显。《规划》提出"加快造就适应媒体深度融合发展要求的全媒体优秀人才"，"打通传统媒体和新媒体人才使用通道，鼓励和推动知名编辑记者、评论员、播音员、主持人到新媒体平台发挥作用，打造有影响力的新媒体账号，不断提升主流媒体在网络空间的影响力、公信力"，"促进科技人才和传媒人才融合发展，补齐媒体融合专业人才短板，确保队伍结构更加合理"[1]。

二 传统音乐广播依然保有的优势

（一）传统媒体的权威性和影响力基础还在

移动互联网音乐平台的用户主要表现为轻龄化、重社交、低消费等特

---

[1] 《国家广播电视总局关于印发〈全国广播电视和网络视听"十四五"人才发展规划〉的通知》，国家广播电视总局官网，2023 年 1 月 10 日，http：//www.nrta.gov.cn/art/2023/1/10/art_ 113_ 63176.html。

征，这些人群比较有利于歌曲的传播推广，但消费意愿和能力不高；传统广播特别是车载广播的听众有着高学历、高收入、高消费的典型特征，他们对于歌曲的传播推广意愿相对较低，但是在消费转化上有很高的回报率。以上调查结论说明，相对于移动互联网平台，传统媒体的权威性、公信力依然具有优势，"可信赖度"更高。

此外，移动互联网音乐平台的受众相对年轻，90后、00后是移动互联网的原住民，他们习惯于通过互联网获取信息、进行休闲娱乐，对音乐有着非常高的兴趣和热情。而年龄相对较大的80后、70后，他们对移动互联网没有那么熟悉，习惯于用传统的方式听歌、进行休闲娱乐，车载收音机依然是他们听歌的首选方式。这就给移动音乐产业和音乐广播发展留下了差异化竞争的空间。

（二）车载收听场景拥有大量受众

互联网传播具有明显的场景化特征。21世纪初广播的复兴与汽车保有量的迅速增加紧密相关。随着城市化的不断推进，机动车保有量将会继续增加，车载场景必将成为现代人重要的生活场景之一。这就给广播的生存和发展留下了空间。

《2022~2023年车载空间用户收听行为洞察及趋势报告》显示，2022年，中国车载音频用户每周平均用车6.3次，单次距离26.6公里。① 2022年车载广播的网络化不断加速，车载音频内容垂直化、精品化、定制化、互动化的需求和车载设备科技化、智能化的趋势为互联网音频平台的入驻提供了机遇。车载广播音频已成为汽车品牌打造自身产品优势的重点，而车载广播内容的网络化是音频内容适应用户多样需求的重要发展趋势。

此外，驾驶的功能远不只是代步，车厢是一个相对封闭、独立的空间，在上下班途中、自驾游路上等，人们通过驾驶获得轻松和愉悦感。尤其是在

---

① 艾瑞咨询：《2022~2023年车载空间用户收听行为洞察及趋势报告》，36氪网站，2022年11月25日，https://36kr.com/p/2016266643390977。

城市生活压力越来越大的今天，开车或者在车厢里的时光是难得的心灵放松和休闲娱乐的时光。在这样的场景中，一首好听的歌曲，一个产生共鸣的话题，一个温暖的声音，都是驾车时需要的"精神产品"。所以，只要这种需求还在，音乐广播的市场就不会消失。

（三）音乐广播依然具有贴近性和真实感

广播媒体的特性之一是明显的区域性，本地内容在区域内依然拥有庞大受众。音乐广播的本地音乐内容或许不是主流，但主持人的串词、节目的话题等包含大量的本地元素，具有天然的贴近性和真实感。音乐广播的直播流，符合现代人碎片式休闲、低成本、"不费脑子"的需求。加之，很多电台音乐主播借助新媒体平台生产短视频等，成长为当地的"网红"，实现了广播节目和新媒体平台的内容共享、相互引流。音乐广播依然是城市移动人群获取信息、进行休闲娱乐的方式之一。

（四）主持人的个性表达和专业解读依然具有吸引力

和所有的文化产品一样，人们对音乐的选择也需要专业的解读和引导。与算法、大数据、人工智能相比，传统音乐广播的优势在于主持人专业的解读和个性化表达。与电视的"集团化作战"不同，广播的生产流程相对简单，一个优秀的主持人可以支撑起一档名牌栏目，也可以带动一个广播频率。对于音乐广播而言，优秀的主持人对音乐的选择及他们说话的风格、声音的特色、对音乐的解读都是"核心资产"，吸引一众粉丝追随。

三 传统音乐广播与移动互联网平台的融合发展策略

（一）用互联网思维重塑生产流程，全面进军移动互联网平台

音乐广播的互联网转型已成为业界共识，随着智能终端的广泛应用，线上广播音频用户量逐步增长，2022 年线上云端广播音频累计点击量达

127.14 亿，较 2021 年同比增长 16.8%。2022 年中央级电台线上点击量直线上升：中国之声的线上点击量为 27.0 亿+，同比上升幅度近 50%；中国交通广播线上点击量为 8000 万+，上升 36.3%。2022 年 11 个省级电台全年的累计点击量过亿，其中，上海、广东、北京、河北、江苏等省级电台全年累计点击量超过 5 亿。[①] 这些数据充分说明，广播进军移动互联网的方向是正确的，也取得了成效。不少广播电台以新媒体为运营平台，利用不同终端平台和自身影响力扩大原创优质内容的触达面，通过台网共建，不断完善应用场景，构建全方位的声音生态。

近几年，音乐广播与互联网大厂的互动协同越来越多，一些合作模式和项目、节目发挥着带动引领的效用。例如腾讯音乐娱乐集团集合旗下酷狗音乐、QQ 音乐、酷我音乐、全民 K 歌等移动互联网音乐平台的资源数据，结合微博、微视、电台等平台的相关数据，打造了广播端节目产品《由你音乐榜》。该节目联合全国百家地方音乐电台，每周固定时段播出，同时在移动互联网端多元输出，月均触达 2000 万+人次。加上线下活动和运营合作，该节目产品实现了移动互联网与传统音乐广播的良性互动、协同发展。

同时，传统广播也在积极借助大数据等新技术扩大传播范围。《全球华语广播歌曲排行榜》节目通过对全国广播媒体音乐使用数据的洞察，为音乐行业提供真实、直观的考量依据。每周榜单以新歌在广播系统内被播出次数为排名依据。每周 TOP50 上榜歌曲会在节目中被重点推荐播出。

（二）抓住车联网升级的风口，稳固车载收听场景

根据中国物联网校企联盟的定义，车联网（Internet of Vehicles）是指由车辆位置、速度和路线等信息构成的巨大交互网络。它可以通过车与车、车与人、车与路互联互通实现信息共享，提供专业的多媒体与移动互联网应用服务，是移动互联网、物联网纵深发展的必经之路。现阶段的车联网技术应

---

① 《深耕存量市场 深挖智能转型——2022 年中国广播市场分析》，搜狐网，2023 年 4 月 11 日，https://www.sohu.com/a/665523406_121124374。

用相对比较简单，即在车厢内联通了互联网，在车载终端安装了导航、语音服务、影音娱乐等移动互联App，实现了"有网"。但随着人工智能技术和自动驾驶技术的不断发展和成熟，未来的车联网将实现人与车、车与车、车与环境、车与平台的互通互联，真正实现人车合一，而车载场景下的音频传播生态将发生颠覆性的变化。

2018年12月，工业和信息化部印发了《车联网（智能网联汽车）产业发展行动计划》；2020年2月，国家发展和改革委员会等11个部门联合发布了《智能汽车创新发展战略》。以上政策提出2025年实现有条件自动驾驶的智能汽车规模化生产、2035年全面建成中国标准智能体系、2035年中国成为智能汽车强国等目标。

传统广播生存发展的重要阵地和机遇依然是车载市场，要想守好这片阵地，就必须抓住车联网升级的风口，改变现有的传播方式和生产流程，充分利用好大数据分析、人工智能、车联网等先进技术，实现与车厢的深度融合。

2022年1月28日，"听见广播"客户端入驻小鹏汽车P7应用商城，该App可以使用户随时随地收听新广播。2020年3月，"云听"与上汽大众合作，为用户提供大量优质有声内容，聚合中央广播电视总台新闻节目，自制有声快讯"云听资讯"。同年9月，荔枝集团旗下的"荔枝"播客通过与小米合作，搭载万信车联的快应用平台，上线零跑汽车C01的车载系统。还有一种合作模式是电台与互联网大厂合作，将广播的App或者小程序嫁接到由腾讯、百度、阿里、华为、小米等互联网平台搭建的车联网生态。比如中央广播电视总台音频客户端"中国广播"搭载了东软"萌驾云平台"；北京广播电视台"听听FM"入驻"腾讯随行"，并与"阿里斑马"展开平台合作；上海广播电视台"阿基米德"App相继与"腾讯随行"和华为鸿蒙OS开展合作。

（三）技术赋能，打造智慧新广播

数据显示，自2018年开始，智能收听终端的选择率逐年上升，2022年的选择率接近 50%，车载收听终端的选择率较为平稳，传统收听终端的用户量在逐年递减。①

2021 年，国家广电总局发布的《广播电视和网络视听"十四五"科技发展规划》明确指出，要强化人工智能的应用，促进制播流程智能化。智能技术的创新应用是音乐广播产业跨越发展的主要推动力之一，"智能+音乐"全平台的高效率传播是音乐广播的发展趋势。

大数据和算法可以为用户画像，根据用户的个人偏好和行为习惯，分析和判断用户清晰的形象和需求，了解用户是谁，知道用户喜欢什么，从而为其"量身定制"内容产品，并提供差异化、个性化、专业化的服务，从而实现精准推送和有效传播。这在移动互联网时代成为一种基本的生产方式和运营逻辑。

实践中，传统媒体积极融合数据平台技术，取得很好的效果。2022 年 3 月，湖南卫视和芒果 TV 打通双平台数据体系，在湖南卫视总编室和芒果 TV 平台运营中心支撑下，芒果 TV 用户数据对湖南卫视的全部制片人全面开放，在节目录制前召开站内用户历史内容数据分享会，在节目录制中期召开用户留存研究会，在节目播出后期召开复盘会，全面进行用户调研和大数据结构性分析，结合大数据分析用户偏好，这一系列举措助力推动传统媒体内容转型，实现综艺内容流量和口碑的双丰收。

同时，5G 技术和人工智能技术在广播节目的生产和传播中的深度应用，可以极大地丰富广播音频的传播方式，提高传播实效和扩大传播范围，为广播提供更加丰富多元的收听场景。

以音乐广播为例，车联网时代的音乐节目可以根据车主的收听情况、个人偏好和驾乘场景等进行"一对一"精准推送、提供个性化服务；一些原创、高质量的音频作品还可以以付费形式推介给受众，拓宽广播媒体的营收渠道。

---

① 《深耕存量市场 深挖智能转型——2022 年中国广播市场分析》，搜狐网，2023 年 12 月 11 日，https://www.sohu.com/a/665523406_ 121124374。

（四）细分音乐类型，注重专业解读

在移动互联网音乐平台中，人们可以方便地选择和下载自己喜欢的音乐，根据自己的爱好收藏歌曲和创建自己的歌单，储存海量的歌曲，随时随地选择收听。传统音乐广播不具备这些优势，所以就必须不断强化"人"的主观能动性。当听众不再满足于主持人简单地介绍歌曲、播放音乐、聊聊创作背景时，节目就需要主持人具有更高的专业素养，输出独特的观点、不一样的解读以及进行情绪的渲染。从本质上来说，音乐节目的主持人结合自己的专业知识、生活阅历以及当时的收听场景，对音乐进行解读和分享，把文化内涵和情绪价值传递给听众，让听众在听音乐的过程中获得更深的感悟和情绪的共鸣，这是对音乐作品价值的二次挖掘，这些思想观点和情绪价值是传统音乐广播的优势。

音乐广播还应当注重音乐类型的细分和特色内容的挖掘。在互联网时代，人们获取信息时关注的是个性化和特色化，在海量的信息当中人们选择的就是自己需要和喜欢的，在众多信息中能让人记住的就是有特色的信息。所以，音乐广播主持人要根据自身条件和专长，深耕和专注于某一音乐领域，形成自己的风格和特点，打造自己的形象标签和IP产品。甘肃青春调频广播主持人可馨主持的《音乐城市》节目，多年专注于本土音乐和独立音乐人，形成了独特的音乐风格，不仅积累了众多的听众和粉丝，也成为音乐人关注和经常"捧场"的品牌节目。并且该节目依托主持人和节目IP，孵化了新媒体账号和"刮碗儿"音乐节等线下活动。

（五）强化音乐节目的情感表达

虽然智能化的发展促进了广播新型生态的产生，但在艺术领域里技术生产永远无法代替灵感创作。我们要坚持守正创新，积极发挥主观能动性，才能打造出更有思想、更有温度、更有品质的音乐产品。

与智能化技术相比，音乐广播的情绪价值尤为重要。我们可以设想这样一个场景：在一个下雨天，结束一天工作的你独自驾驶着私家车，行驶在城

市拥挤的道路中，工作和生活的压力让你很难有时间停下来休息和娱乐，耳边传来的车流声和路人的谩骂声，让你的心情愈加烦躁。此时，打开车里的电台，女主播温暖知性的声音传来，温馨提示着城市道路的状况，温柔地疏导你的情绪，一首熟悉的老歌，瞬间带着你的思绪飘散……

也许这样的场景大家都经历过，可能驾车的人并不熟悉女主播的名字，也从未想起与主持人互动，但那一刻的感动，让驾车人成为音乐广播的忠实受众，因为我们都需要情绪共鸣和压力疏导，这就是音乐广播独特的情绪价值，也是技术的"算法缺陷"。

分析现状后发现，传统音乐广播有困难、有挑战，但每一个风口来临的时候，都是行业破立并举、涅槃重生的时候。只要我们抓住机遇，勇敢转型，充分借鉴、融合移动互联网平台技术，全新的智慧型音乐广播音频生态一定会很快得到实现。

B.12
2022年中国网络音乐用户收听分析报告

张帅 孙杨*

摘　要： 2022年，中国网络音乐用户规模同比略降，用户使用率同步降低，相较于其他娱乐类应用网络音乐显得发展速度放缓。通过对用户进行画像分析可以发现在性别相对均衡的前提下，女性用户占比提升，用户年龄结构后移，下沉市场潜力进一步扩大，用户较高的收入水平下潜藏着较高的线上消费意愿，主流用户群体具有一定的文化水平。从用户收听行为和偏好来看，用户的收听时段较为集中，选择音乐曲目时偏向于20世纪80年代、90年代的以及近五年的流行音乐，华语音乐优势明显。近年来国内网络音乐行业发生变化：视频和音乐用户边界不断融合，车载广播和音乐App愈加接轨，这不失为2022年网络音乐用户减少的一个乐观解释。求新求变的网络音乐行业也在积极融合元宇宙、AI等新技术，以期给用户带来全新的音乐体验。

关键词： 网络音乐　用户画像　音乐传播

网络音乐是网民满足精神需求的关键方式，但相关产业的发展瓶颈值得关注。根据第51次《中国互联网络发展状况统计报告》（以下简称《报告》）①，截至2022年12月，我国网民规模为10.67亿，互联网普及率达75.6%。其

＊ 张帅，中共浙江省委党校（浙江行政学院）社会学文化学教研部讲师；孙杨，英国卡迪夫大学新闻、媒体与文化学院硕士研究生。

① 第51次《中国互联网络发展状况统计报告》，中国互联网络信息中心网站，2023年3月2日，https://cnnic.cn/n4/2023/0302/c199-10755.html。

中，网络音乐用户的使用规模达到6.84亿人，使用率为64.1%。虽然市场占有体量较大，但相较于互联网普及率的稳步攀升，2022年网络音乐用户群体的规模略有下降已成事实。网络音乐用户规模从2021年的7.29亿人降至2022年的6.84亿人，使用率由70.7%降至64.1%，使用率创近五年来新低（见图1）。

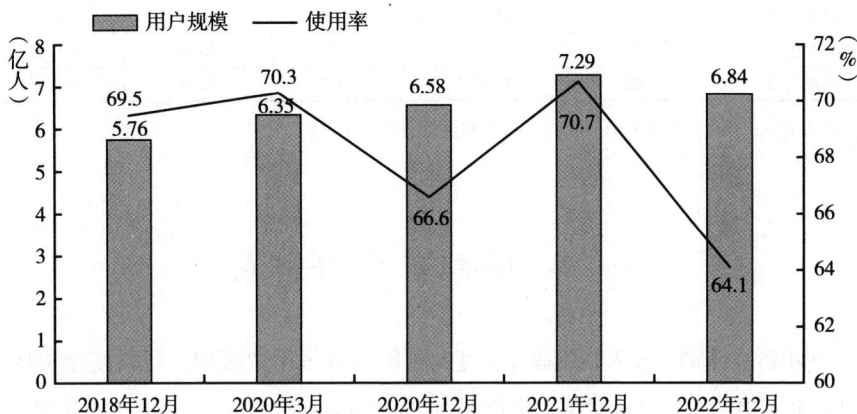

图1　全国网络音乐用户规模和使用率

数据来源：第51次《中国互联网络发展状况统计报告》。

与此同时，相较于其他娱乐类应用，网络音乐的用户使用率下降明显。由《报告》[①]可知，网络直播、网络视频和网络文学等互联网应用的用户使用增长率分别为6.7%、5.7%、-1.8%，网络音乐用户以-6.2%的增长率位列各娱乐类应用增长率的末尾（见表1）。

通过对相关数据的搜集、整理和分析，本文勾勒出2022年网络音乐用户的基本画像，并对用户收听行为进行分析，以期洞察当前网络音乐用户的收听情况和行业动向。

---

① 第51次《中国互联网络发展状况统计报告》，中国互联网络信息中心网站，2023年3月2日，https://cnnic.cn/n4/2023/0302/c199-10755.html。

表 1　全国娱乐类应用的用户规模和使用率

娱乐类应用	2021.12 用户规模 （亿人）	2021.12 网民使用率 （%）	2022.12 用户规模 （亿人）	2022.12 网民使用率 （%）	增长率 （%）
网络视频 （含短视频）	9.74	94.5	10.31	96.5	5.7
网络音乐	7.29	70.7	6.84	64.1	-6.2
网络直播	7.03	68.2	7.51	70.3	6.7
网络游戏	5.54	53.6	5.22	48.9	-5.8
网络文学	5.02	48.6	4.92	46.1	-1.8

数据来源：第 51 次《中国互联网络发展状况统计报告》。

一　全国网络音乐用户画像

从年龄、性别、收入、职业等角度勾画网络音乐用户画像，可以使相关从业者和研究者更加了解目标对象，优化网络音乐产品定位，提升平台生态构建能力。

（一）女性用户占比提升，用户年龄结构后移

2022 年，全国网络音乐用户的性别比例更趋于均衡，女性占比略有上升，用户年龄结构有后移趋势。《中国音频传媒发展研究报告（2023）》暨南大学课题组的调查数据显示，2022 年中国网络音乐用户中，女性用户比例由 2021 年的 43.10%上升至 46.98%；从年龄结构上来看，24 岁及以下和 25~34 岁的用户群体相较于 2021 年，占比均有所下降，分别下降了 9.1 个百分点和 8.25 个百分点。与此同时，35~44 岁和 45 岁及以上用户群体相较于 2021 年占比分别上升 3.02 个百分点和 14.3 个百分点，后者上升幅度最为明显（见图 2）。相较于先前以年轻人为主导消费群体的用户构成，当前用户年龄分布更为均衡，中老年群体占比日渐上升。

如图 3 所示，与网络音乐用户年龄结构相对后移的情况相对应，已婚且有孩子的用户占总规模的 70.9%，其中孩子年龄在 18 岁及以上的用户群体达到总体的 21.1%。

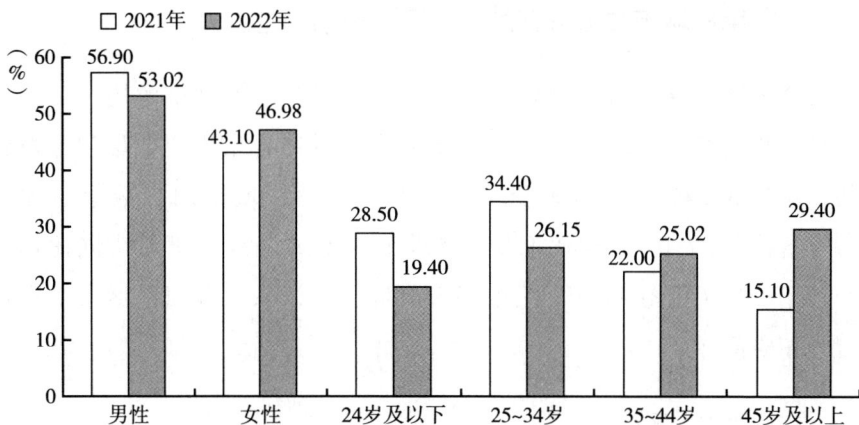

图2 全国网络音乐用户收听轮廓：性别与年龄

数据来源：《中国音频传媒发展研究报告（2023）》暨南大学课题组。

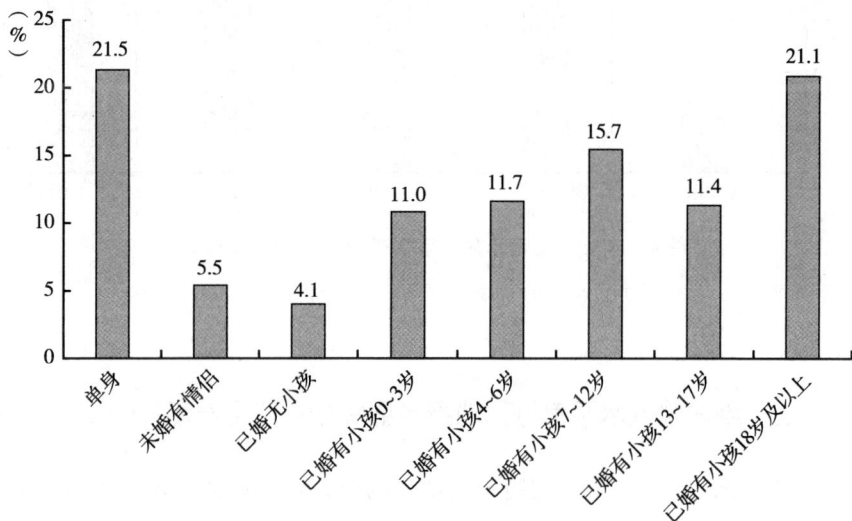

图3 全国网络音乐用户收听轮廓：婚育情况

注：2021年与2022年数据中的部分选项设计有所不同，因此个别选项缺乏对比，不再予以展示，下同。此问卷是多选项，数据合计超过100%。

数据来源：《中国音频传媒发展研究报告（2023）》暨南大学课题组。

（二）用户城市线级分布改变，下沉市场潜力巨大

从全国网络音乐用户所处城市来看，三线及以下城市的用户规模较大，且稳步上升。2022年三线及以下城市的网络音乐用户数量超过总量半数，达到57.4%，且呈现稳步增长趋势，三线城市用户数量占比从20.2%增长至27.0%，同比增长6.8个百分点，三线以下城市同比增长3.7个百分点（见图4）。下沉市场人口庞大，未来三线以下城市的市场仍有开拓空间。

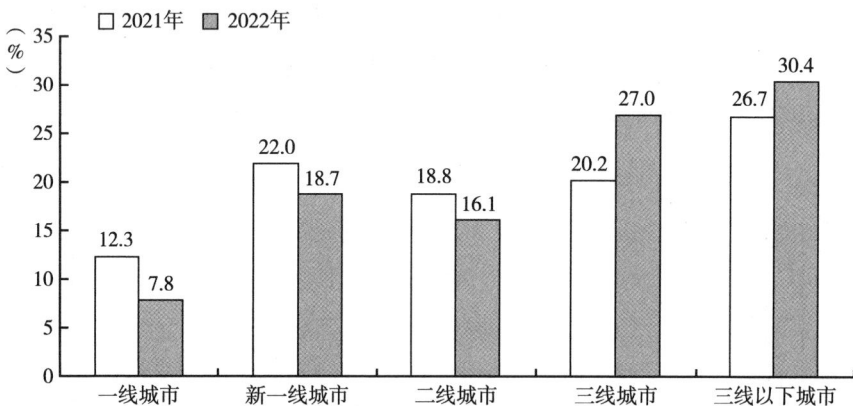

图4　全国网络音乐用户收听轮廓：城市线级分布

数据来源：《中国音频传媒发展研究报告（2023）》暨南大学课题组。

（三）用户收入水平良好，消费意愿集中在线上产品

从收入情况来看，全国网络音乐用户的个人收入和家庭收入区间较为集中，收入水平较高。全国网络音乐用户的月收入主要为4000~9999元，其中收入在4000元到7999元的用户群体为网络音乐的主要收听人群，占比达到54.6%（见图5）。用户的家庭月收入集中在8000元及以上，占用户总数的85.8%，其中，家庭月收入在10000~19999元的用户群体为主要收听人群，占比达43.5%（见图6）。综合来看，达到一定收入水平的用户占比较

高，用户收入水平较高意味着行业有更宽广的获利空间，广告投放价值更高。

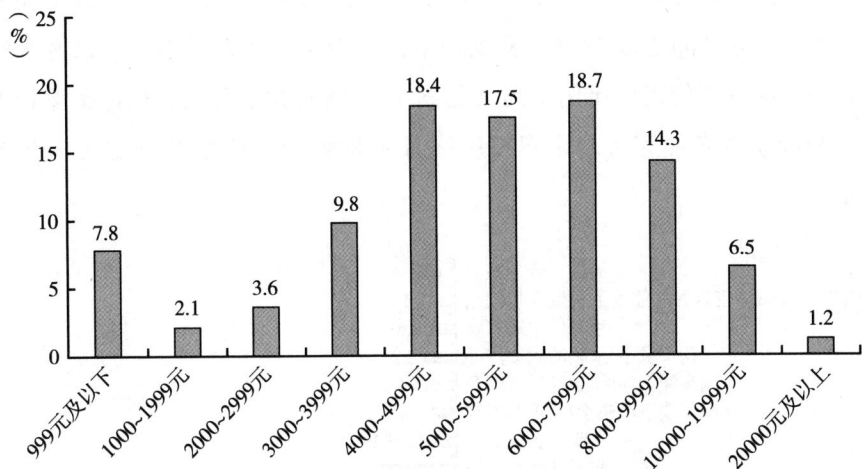

图5　全国网络音乐用户收听轮廓：个人收入

数据来源：《中国音频传媒发展研究报告（2023）》暨南大学课题组。

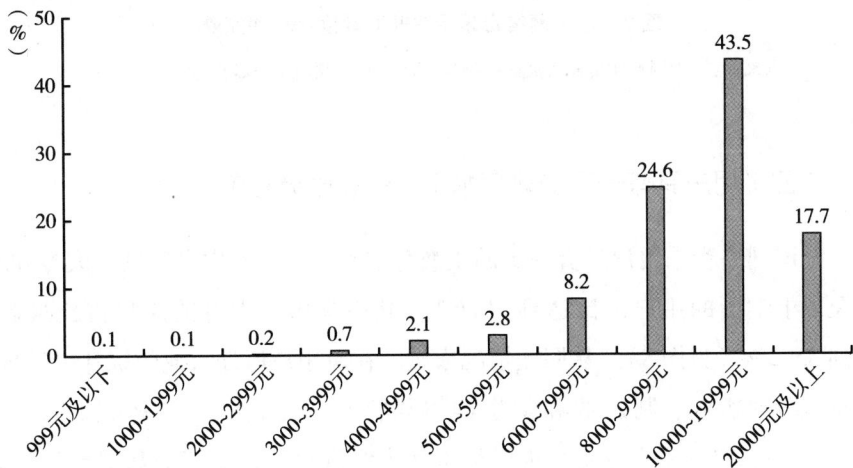

图6　全国网络音乐用户收听轮廓：家庭收入

数据来源：《中国音频传媒发展研究报告（2023）》暨南大学课题组。

《中国音频传媒发展研究报告（2023）》暨南大学课题组对用户消费意愿的调查数据显示，愿意为音乐产品付费的用户总比例达到62.5%。在愿意付费的用户群体中，倾向于线上消费的用户总比例达到48%，其中愿意在线购买音乐App会员权益、喜欢的单曲和专辑的用户较多，而愿意为线下音乐产品付费的用户比例不高（见图7）。随着大众音乐版权保护意识的提升和行业生态的完善，用户在网络音乐领域的消费意愿有望进一步被激发。

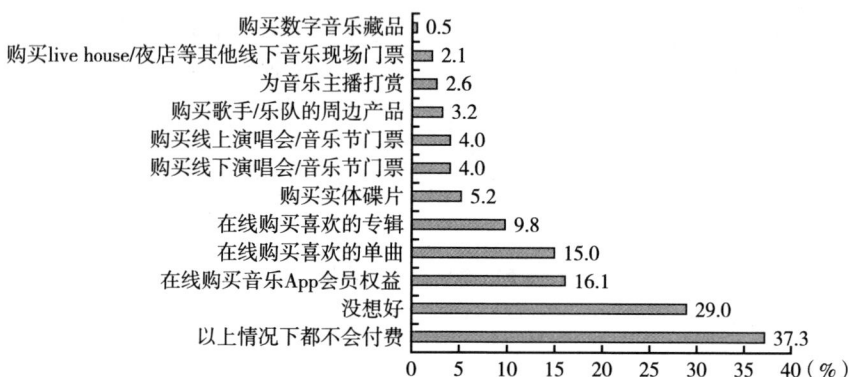

图7 全国网络音乐用户收听轮廓：付费意愿

数据来源：《中国音频传媒发展研究报告（2023）》暨南大学课题组。

（四）用户具有一定受教育水平，职业层级分布集中

全国网络音乐用户具有一定的受教育水平，高中及中专职高、大专和本科及以上学历的用户占比达到89.6%，其中学历为大专的用户占比最高，达到35.2%（见图8）。从职业情况来看，在对用户所处行业的统计中发现，建筑/房产/物业、制造业和学生群体均拥有一定占比，均达到9%（见图9）。已工作的用户主要是基层员工和中级管理者，尤其是基层员工，占比近一半，达到45.7%（见图10）。拥有一定学历的基层员工为网络音乐用户中的主要消费群体，未来网络音乐市场应进一步照顾该类群体的消费需求。

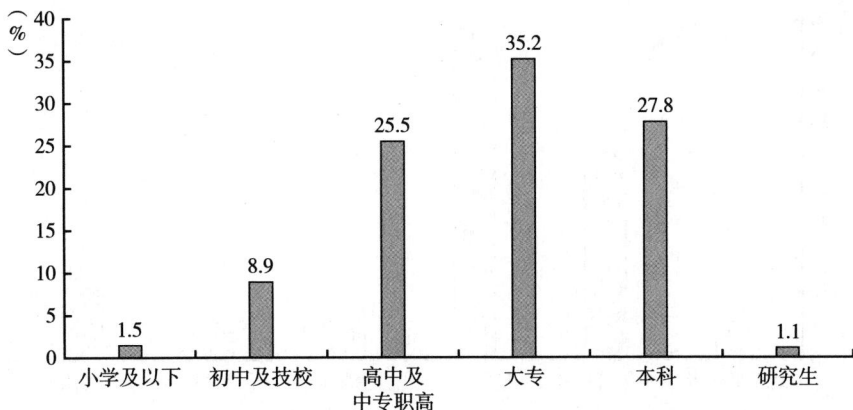

图8 全国网络音乐用户收听轮廓：受教育水平

数据来源：《中国音频传媒发展研究报告（2023）》暨南大学课题组。

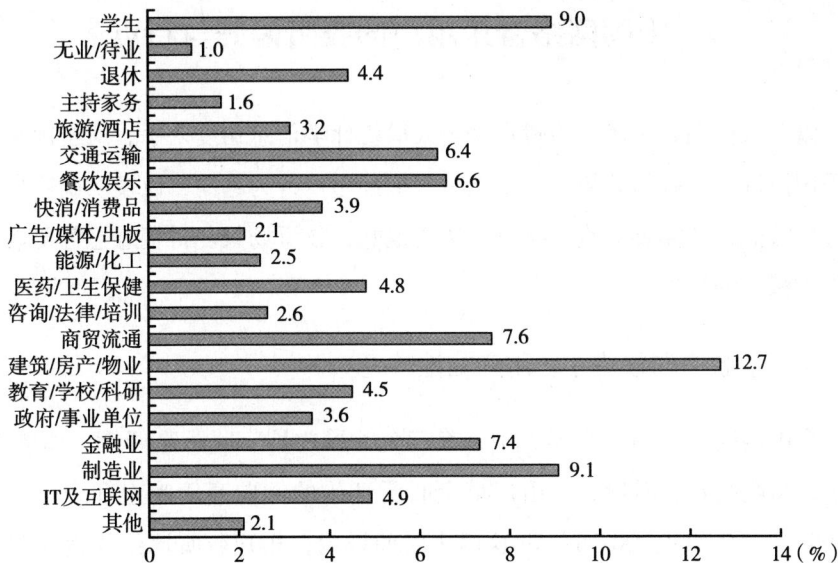

图9 全国网络音乐用户收听轮廓：职业类别

数据来源：《中国音频传媒发展研究报告（2023）》暨南大学课题组。

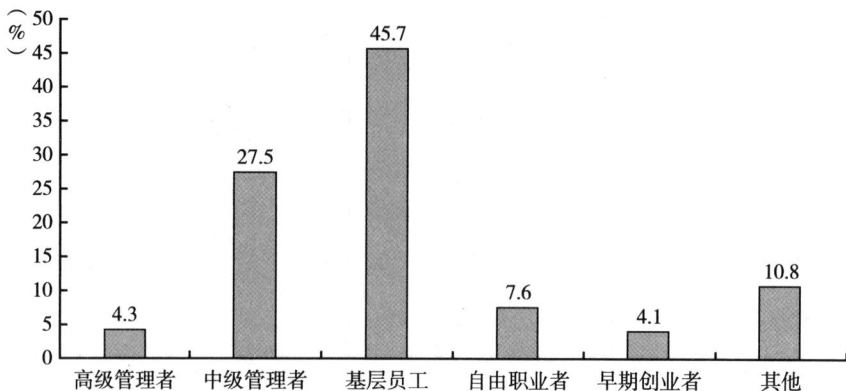

图10 全国网络音乐用户收听轮廓：职业层级

数据来源：《中国音频传媒发展研究报告（2023）》暨南大学课题组。

二 中国网络音乐用户的收听偏好与特点

以上从性别、年龄、消费水平等人口统计学信息角度入手，对全国网络音乐用户进行了画像分析。若要进一步把握用户行为趋向，以及明确用户收听行为特征，还需要对收听时段、选择偏好、收听场景、付费意愿等要素进行更为深入的挖掘。

（一）收听时段集中，用户黏性较高

全国网络音乐用户在早、中、晚三个时段内均有收听高峰期。如图11所示，从收听音乐时段看，用户早上收听音乐的倾向高于晚上和中午，在7：00~7：59和8：00~8：59这两个时间段内，用户收听比例高达30.3%和35.1%。另一大收听高峰期是夜间17：00~19：59，收听比例从17：00这一固定下班时间开始攀升，于18：00~18：59达到高峰，之后开始下降。相较于现代网民睡眠时间普遍偏晚的现状，未来音乐产业可以拓展夜间使用功能，例如考虑延伸音乐的助眠功能，留住睡前收听音乐的用户。

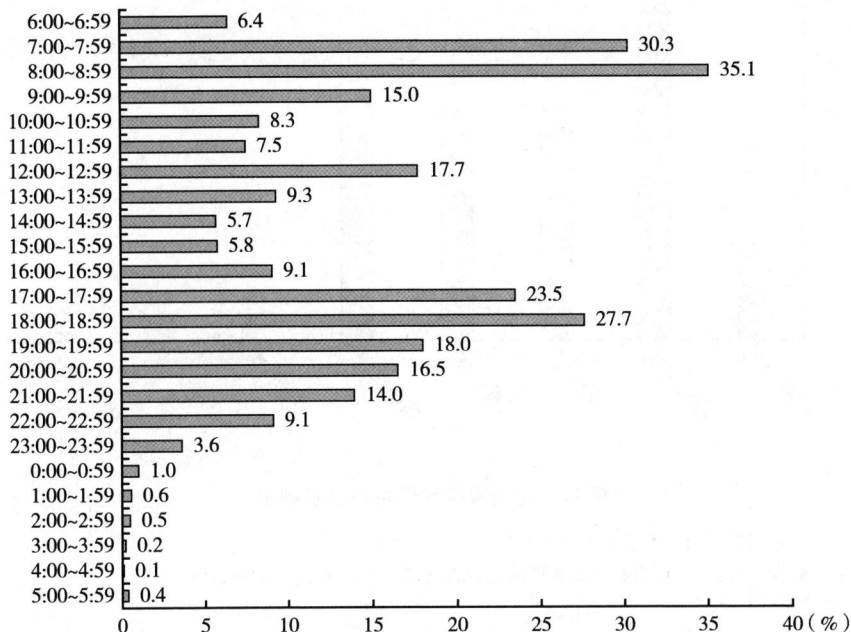

图11　全国网络音乐用户收听时段

数据来源：《中国音频传媒发展研究报告（2023）》暨南大学课题组。

从用户收听频次来看，54.2%的用户每天至少收听一次网络音乐，每天听2~3次的用户数量最多，占比达到28.0%。除此之外，每周听2~3次或4~6次的用户占比也分别达到了21.3%和18.8%。综合来看，网络音乐用户收听频次较高，体现出较强的用户黏性（见图12）。

（二）华语音乐成首选，流行音乐为主流，经典亦深入人心

1.华语仍为收听主流，欧美、日韩音乐也具有一定影响力

2022年，全国网络音乐用户收听的首选仍是华语音乐。作为国人最熟悉的语种，华语音乐竞争力强。在华语音乐中，大陆地区的音乐优势明显，以95.6%的喜爱度高居榜首，港台地区的音乐影响力虽不及大陆，但同样势头强劲，喜爱度达到了55.2%（见图13）。

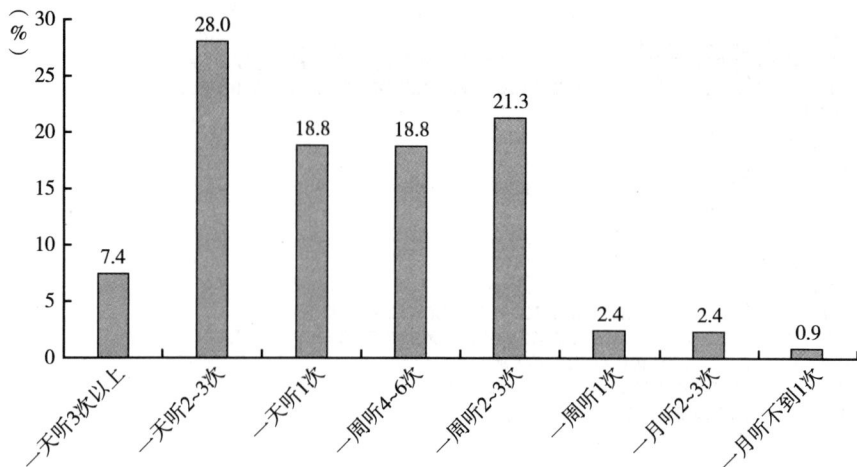

图 12　全国网络音乐用户收听频次

注：问卷选项中不涉及 1 个月 1 次。

数据来源：《中国音频传媒发展研究报告（2023）》暨南大学课题组。

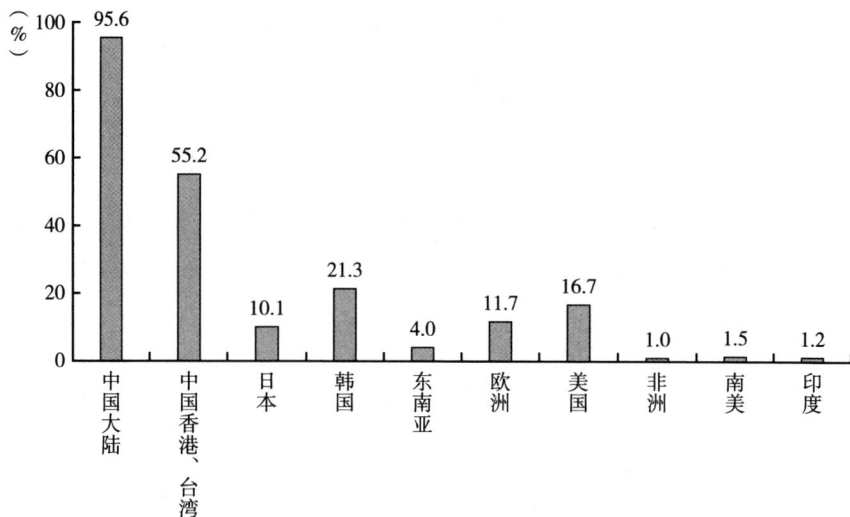

图 13　全国网络音乐用户对不同国家/地区音乐的收听偏好

数据来源：《中国音频传媒发展研究报告（2023）》暨南大学课题组。

再观国外音乐，日韩、欧美地区音乐的影响力也较强。近些年韩国各类男团、女团组合以及音乐综艺吸引了我国不少用户，用户对韩国音乐的喜爱度远超日本，达到21.3%；欧美地区的音乐也为国内用户所偏爱，用户对美国音乐的喜爱度达到16.7%，欧洲为11.7%（见图13）。用户对国内音乐与国外音乐的喜爱程度形成鲜明对比，可见华语音乐仍为国内用户收听的主流。华语乐坛的内容生产和传播优势明显。

2.流行音乐颇受欢迎，经典老歌经久不衰

以音乐年代而言，最近五年的流行音乐与20世纪80年代、90年代的经典音乐受到较多用户选择。最近五年流行音乐喜爱度最高，达到41.8%，稳居榜首；其次是20世纪80年代与90年代的经典音乐，喜爱度分别达到37.1%和37.8%（见图14）。上文所提到的用户年龄结构后移，35岁及以上用户群体不断扩大，或许是20世纪80年代、90年代老歌备受欢迎的原因之一。当然，当下也有年轻人对老歌情有独钟。流行音乐和经典音乐共同得到了不少用户的青睐。

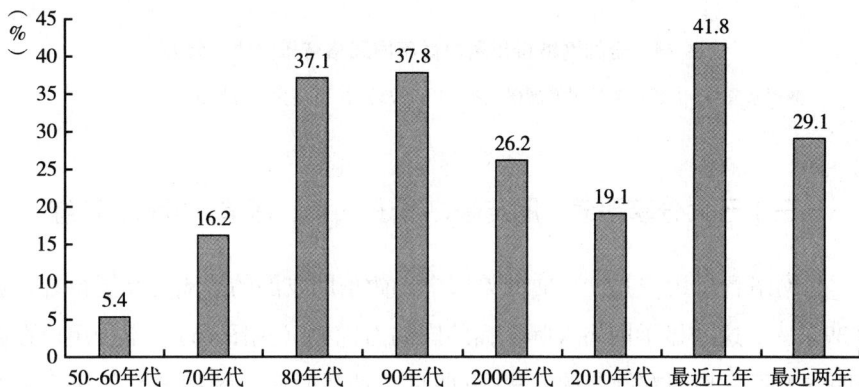

图14　全国网络音乐用户对不同年代音乐的收听偏好

数据来源：《中国音频传媒发展研究报告（2023）》暨南大学课题组。

在不同的音乐风格流派中，流行、民谣、轻音乐、摇滚、民歌和中国风成为网络音乐用户较为喜爱的音乐类型。其中，用户对流行音乐喜爱度最高，远超其他类型音乐，达到 80.0%（见图 15）。近年来，流行音乐一直以绝对优势赢得用户青睐，未来国内网络音乐市场或许仍将以流行音乐为主。当下用户的运动、读书、睡眠等场景化需求与日俱增，而轻音乐和这些场景有更好的匹配性，因此用户对轻音乐的喜爱程度较高。此外，在近年来国家大力弘扬中华优秀传统文化的时代背景下，中国风音乐也呈现良好发展态势。

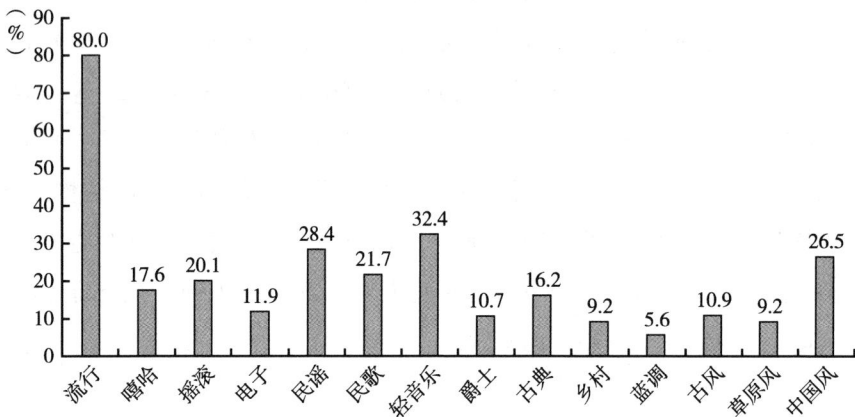

图 15　全国网络音乐用户对不同风格音乐的收听偏好

数据来源：《中国音频传媒发展研究报告（2023）》暨南大学课题组。

（三）五大分享渠道：朋友圈、音乐 App、榜单、抖音、音综

在网络音乐用户关注歌曲的渠道中，微信朋友圈的影响力高居榜首，达到 39.1%，这凸显了网络人际传播的影响力优势（见图 16）。不少用户在微信朋友圈里发现朋友推荐的音乐/歌曲后会选择收听，这种分享与接受带有一定的信任和情感因素。

音乐 App 推荐、音乐榜单作为传统的网络歌曲关注渠道，影响力仅次于微信朋友圈，分别达到 35.1% 和 38.9%（见图 16）。音乐榜单及音乐 App 推荐往往基于对音乐领域的个体的销售量、下载次数、点播率等信息进行统计，它们能够反映出音乐或歌曲的流行强度，这种直观的推荐往往得到用户

信赖，而且，当下 App 推荐和榜单的类型愈加丰富，用户可根据自身喜好选择不同类型的推荐内容，因此这二者也成为用户接触音乐的主要渠道。

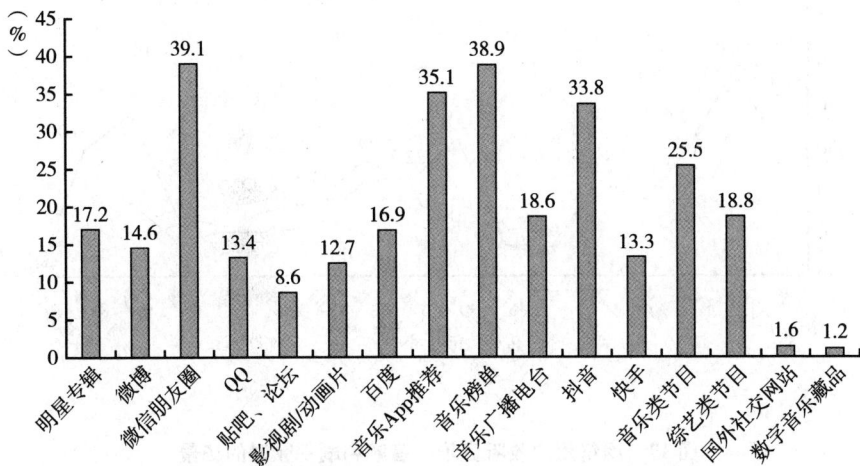

图16　全国网络音乐用户对音乐/歌曲的关注渠道

数据来源：《中国音频传媒发展研究报告（2023）》暨南大学课题组。

值得关注的是，抖音、音乐类节目和综艺类节目也成为用户接触音乐的新风尚。2022 年优秀的音乐类和综艺类节目不断涌现，《夏日音乐会》、《我们的民谣》、《天赐的声音》（第三季）等为不少音乐爱好者打开了新的大门，进而带动更多用户接触了新曲目。

（四）收听场景丰富，特定场景下音乐比音视频更具有传播优势

网络音乐用户的收听场景日益多元。与视频传播相比，音乐的伴随性优势更为凸显。通勤外出（"上下班-开/坐车""上下班-公共交通""长途外出路上"）、居家休闲、做家务、散步和运动/健身作为用户收听音乐的五大核心场景，其收听比例分别达到了 82.4%、50.0%、41.4%、38.2% 和30.0%，用户在通勤外出中选择收听音乐的意愿最为强烈（见图 17）。与视频相比，音乐的收听场景更为多元，用户的收听行为更加碎片化。

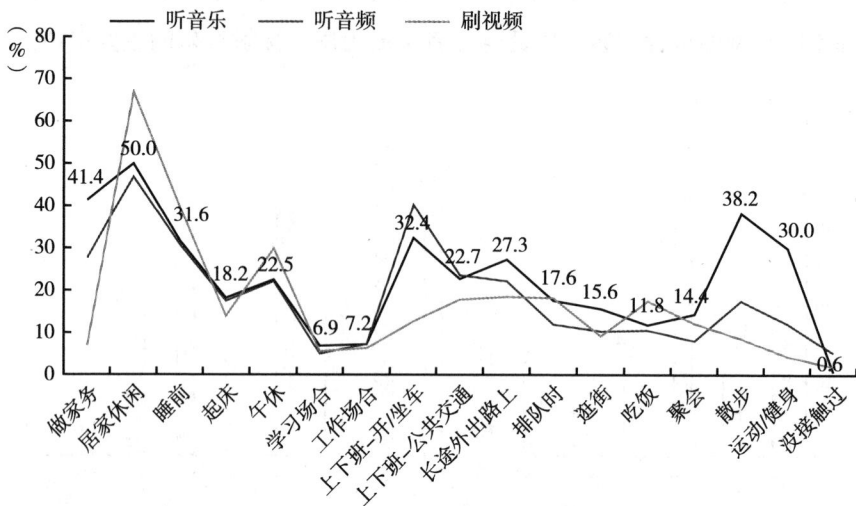

图17 网络用户收听音乐、音频和刷视频时的场景

数据来源：《中国音频传媒发展研究报告（2023）》暨南大学课题组。

三 短视频音乐服务崛起，构建行业新生态

第51次《中国互联网络发展状况统计报告》显示，在全国网络音乐用户的规模和使用率下降的同时，网络视频、直播等互联网应用的用户规模和使用率持续增长。[①] 不过，这并不一定意味着音乐用户的流失，而有可能是抖音等视频端日益完善的音乐服务逐渐成为用户享受音乐的新方式。根据《中国音频传媒发展研究报告（2023）》暨南大学课题组的调查数据，在不同的音乐收听渠道中，抖音平台的音乐用户收听比例高达37.0%，仅次于音乐App的收听比例（见图18）。这说明传统的视频平台开始突破音乐收听边界，创造新的音乐消费方式，进而改变音乐行业的格局。

短视频平台拥有一定的音视频内容生产能力、社区生态以及商业变现模

[①] 第51次《中国互联网络发展状况统计报告》，中国互联网络信息中心网站，2023年3月2日，https://cnnic.cn/n4/2023/0302/c199-10755.html。

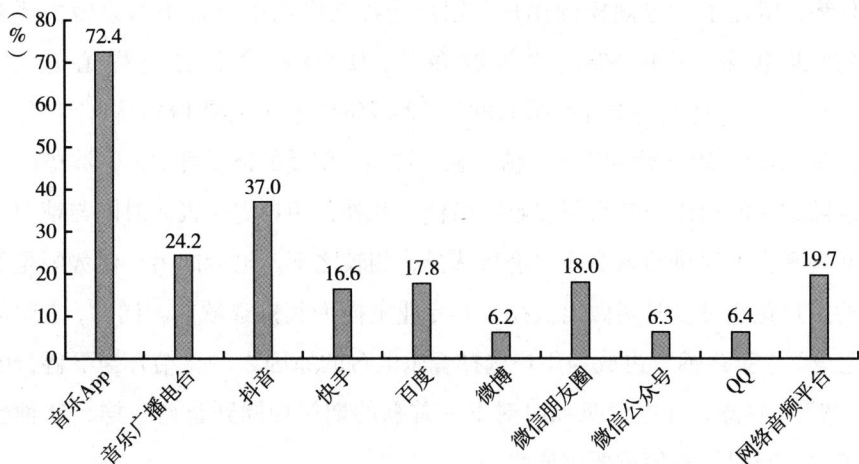

图 18　全国网络音乐用户对新歌的查找/收听渠道

数据来源：《中国音频传媒发展研究报告（2023）》暨南大学课题组。

式，受到音乐用户和音乐人的青睐，所以当下，音乐用户正在由原有的音乐平台转向短视频平台。这种转向或许因为抖音、快手等视频平台拥有传统音乐平台所不具备的优势。例如传统音乐平台侧重于纯粹听感，而抖音等视频平台则可以提供"音乐+视频场景"的音乐享受方式，由此用户能够获得别样的体验感和参与感。

四　用户对音乐 App 和广播频率的选择偏好

在网络音乐用户的收听渠道中，音乐广播电台的被选择比例位居第三，约有 24% 的用户会选择通过网络电台收听音乐。音乐 App 和广播频率各有优势和用户人群。随着各大音乐 App 逐渐推出网络电台、车联网愈加普及以及广播频率日益线上化，音乐 App 和广播频率的用户边界在不断消融、使用场景在不断融合。

（一）广播频率的核心优势：怀旧情怀与精心编排

互联网时代的到来给传统广播频率带来较大影响，音乐广播则依靠其特

179

有优势，留住了一定规模的用户。用户选择在广播中听音乐的原因主要有"经典老歌多"（44.6%）、"新歌多"（31.9%）、"不需要操心选歌"（30.2%）、"主持人会推荐好听的歌"（29.2%）等（见图19）。结合上文20世纪80年代、90年代和近五年流行歌曲被用户偏爱的情况可知，电波搭配年代老歌或许能给用户带来更多收听情怀。此外，用户需要投入时间与精力从互联网平台上海量的歌曲库中进行选择，相较之下，电台的另一优势则是不需要用户花费过多时间做出抉择，有专业主播为其挑选歌曲。同时，"期待与悬念""新鲜感"也成为用户选择音乐电台的原因之一，结合当下盛行的"盲盒"①热潮，在电台听歌时对下一首歌的期待如同开盲盒一样，这种新鲜感也是吸引用户的重要因素之一。

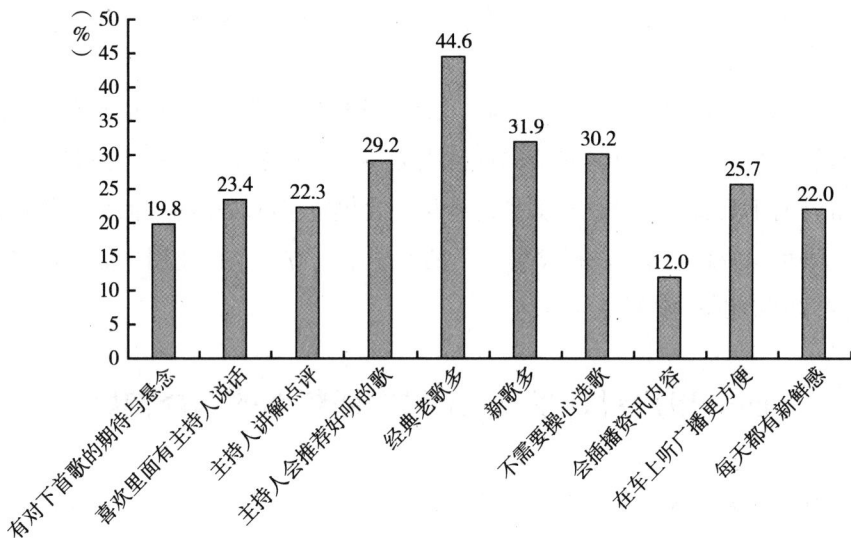

图19 全国网络音乐用户在音乐广播电台中听音乐所看重的因素

数据来源：《中国音频传媒发展研究报告（2023）》暨南大学课题组。

---

① 盲盒，最初是指"外包装没有任何提示信息的、装有不同款式玩偶手办的纸盒，购买者只有打开后才能知道其中的内容"，后泛指充满不确定性的随机物。参见刘森林《"装在盒子里的人"："Z世代"盲盒消费景观及其形成机制》，《中国青年研究》2022年第2期，第78~84页。

（二）音乐 App 的核心优势：海量资源与细分门类

如图 20 所示，音乐 App 的五大主要优势分别是：歌曲多（61.5%）、免费听（51.8%）、音质好（45.7%）、更新快（37.4%）、分类细（28.1%）。相比于同样免费的音乐广播，音乐 App 的另外四个优势更具有代表性。

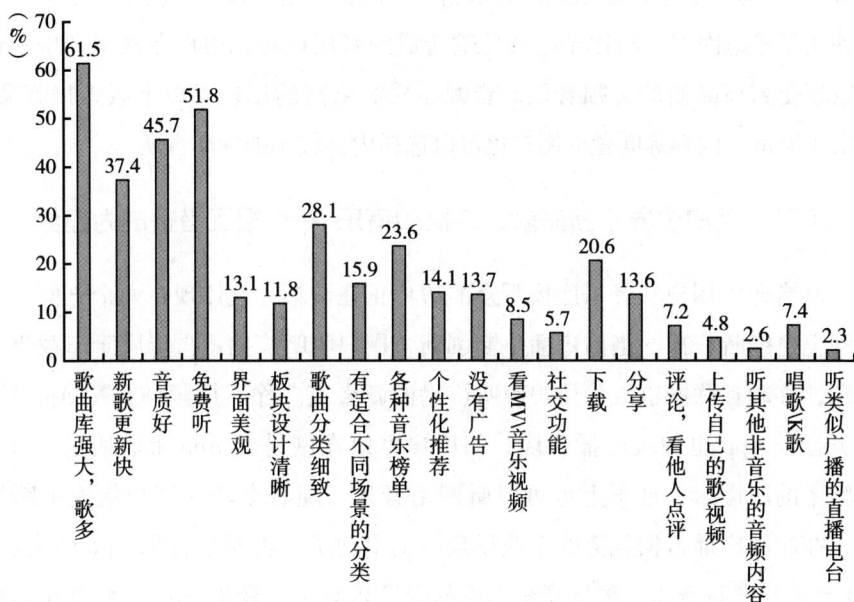

图 20　全国网络音乐用户在音乐 App 中听音乐所看重的因素

数据来源：《中国音频传媒发展研究报告（2023）》暨南大学课题组。

网络平台内容资源丰富、更新速度快。2022 年 10 月 3 日，苹果公司宣布 Apple Music 收录歌曲数量达到 1 亿[①]；截至 2022 年底，网易云音乐的内容库包含 1.16 亿首音乐曲目[②]，海量音乐资源实时更新，用户一般可在网

[①] 《Apple Music 音乐数量达到 1 亿首 | MAC 一周回顾》，MusicAlly 微信公众号，2022 年 10 月 8 日，https：//mp.weixin.qq.com/s/_ mCzpzhrD77q_ l3B7VOOOg。

[②] 《网易云音乐发布 2022 年财报：全年收入达 90 亿　增长 28.5%》，网易，2023 年 2 月 23 日，https：//www.163.com/tech/article/HU9BCBIS00097U7R.html。

络平台上找到心仪歌曲。

网络音乐平台的搜索和收听服务也日趋完善。一是内容愈加细分。以网易云为例，打开网易云歌单，歌曲按照语种、风格、场景、情感、主题等进行细致划分，用户可根据个人喜好和需求选择自己喜欢的音乐类型。二是高、中、低各类音质可供用户自行选择。根据《中国音频传媒发展研究报告（2023）》暨南大学课题组的调查数据，音质也是用户选择在网络音乐平台听歌的主要考虑因素。相比于电波传输造成的音质损耗，用户在网络音乐平台可以享受到高品质的无损音质。音源品质需求高的用户可以下载无损音质，受限于流量、内存等问题的用户也可以选择内存较小的标准音质。

（三）用户边界不断消融，广播和音乐 App 相互借鉴成为趋势

网络音乐用户和音乐广播听众的边界正在消融，这体现在两个方面。一是网上也能听广播。当前广播不断创新，用户收听广播不再局限于车载收音机端，移动互联网也成为用户收听广播的新渠道。除广播频率自有 App 外，各类音乐 App 也加入广播模块，如用户可以在网易云 App 上收听全国 160个频率的广播。二是车上也可以听网络音乐。随着车联网用户规模不断扩大，在原本广播占据优势的车载场景中也出现了各类网络音乐 App 的身影，QQ 音乐、酷我音乐、酷狗音乐、网易云音乐等主流音乐 App 一般可在车载电脑上被下载使用。在车载场景下，选择收听网络音乐的用户比例达到了44.9%，可见用户对此接受度较高（见图21）。以酷我音乐为例，作为早在2012 年便着手布局车载音乐市场的音乐平台，截至 2022 年，其车载版累计用户已达 7500 万。[①] 当前，用户既可以在网络平台收听传统广播，也可以在车载环境下使用音乐 App。

广播和音乐 App 互相借鉴成为一种发展趋势。在此背景下，电台主播应照顾到当前用户对音乐品质的需求，不断更新曲库，选取品质较高的音

---

① 中国经济时报：《酷我音乐发布 2022 车载年终盘点，音乐 & 汽车解锁无限可能》，百度百家号，2022 年 12 月 30 日，https：//baijiahao.baidu.com/s？id = 1753619951715399599&wfr = spider&for = pc。

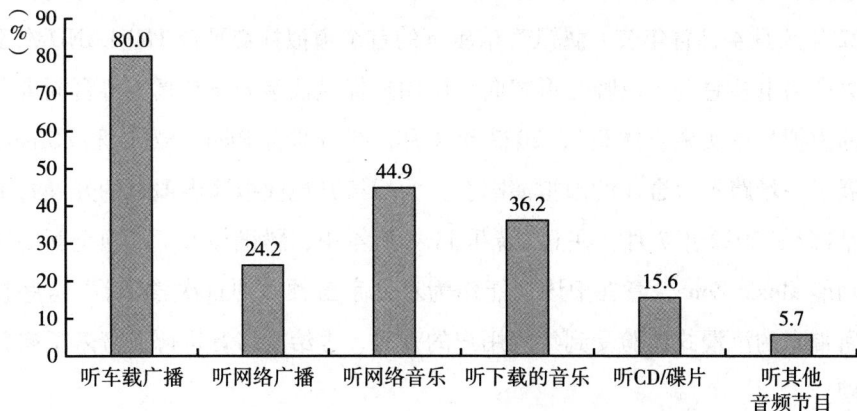

图21 用户在车载场景下收听的内容

数据来源：《中国音频传媒发展研究报告（2023）》暨南大学课题组。

源，同时发挥自身既有优势，精心编排节目，满足用户的情感需求。网络音乐平台可以取长补短，培养优质平台主播，打造精品内容。

五 高新技术改变音乐产业生态

2022年，网络音乐平台持续提高技术应用水平，推动音乐产业数字化升级，为音乐创作与收听带来全新体验，这突出体现为各大音乐平台在"元宇宙"和"AI"两大领域的抢先布局。

（一）"音乐+元宇宙"带来别样音乐体验

"元宇宙是从互联网进化而来的一个实时在线的世界，是由线上、线下很多个平台打通所组成的一种新的经济、社会和文明系统。"[1] 元宇宙与音乐的结合，有利于提供更为完整的沉浸式音乐体验，给用户带来更多乐趣。

---

[1] 喻国明：《未来媒介的进化逻辑："人的连接"的迭代、重组与升维——从"场景时代"到"元宇宙"再到"心世界"的未来》，《新闻界》2021年第10期，第54~60页。

基于元宇宙的发展潜力，各大网络平台纷纷开始布局并进行规模化投入。2022年5月4日青年节，腾讯音乐旗下的首个虚拟社交平台TMELAND携手中央广播电视总台，以晚会形式向全国用户提供数字分身与真实舞台同屏联动的虚拟与现实融合体验①；2022年4月，抖音联合Pico、Koola和88rising开展了一场跨平台合作的虚拟演唱会，为后续其他虚拟演出项目的开展打下了基础②；2022年7月，在QQ音乐11.8版本中，腾讯加入了一项全新的社交功能Music Zone，意在把该功能作为对元宇宙领域的首次尝试。③ 这些技术所带来的沉浸式体验受到年轻用户的青睐，也给网络音乐行业带来了崭新面貌。

（二）AI技术应用为音乐创作全面赋能

技术环境的改变一方面能够服务于用户，另一方面可以影响创作过程，高质高效的作品产出给网络音乐产品市场带来新的面貌，AI（Artificial Intelligence，人工智能）是其中的一个代表。AI技术可以使得歌曲创作过程更为简洁，极大地提高了歌曲创作效率，因此其在网络音乐领域的应用近年来逐渐受到重视。网易于2022年1月推出了一站式AI音乐创作平台"网易天音"，该平台在10秒内即可产出词曲编唱④；2022年10月24日，腾讯音乐旗下的天琴实验室发布的首位虚拟人"小琴"，利用AI技术赋能，可自动识别、歌唱所输入的歌词，在"百度元宇宙歌会"中与真人歌手互动，

① 《央视携手TMELAND打造首个数实融合虚拟音乐世界节目体验》，中国网，2022年5月5日，http://tech.china.com.cn/roll/20220505/387292.shtml。
② 《抖音是如何设计一场虚拟演唱会的？｜元宇宙大门已向你敞开》，"抖音设计中心"微信公众号，2023年7月1日，https://mp.weixin.qq.com/s?src=11&timestamp=1684416499&ver=4536&signature=qzjPp9LutcxYF3yWHwk7kco-NeM3ECgSr3W3R-sjFEmZu4ZbNyl9YqyUadNe6gLQIGQc07PN4Aw4OlR3mccgLl1rko8*KgrQlPLbIvyFl6GpIwxKSI3fY4tt0Gi*4IK8&new=1。
③ 《QQ音乐升级11.8新版本，虚拟社区"音乐空间Music Zone"正式发布》，网易科技，2023年6月20日，https://www.163.com/tech/article/HBH34U6P00099BK0.html。
④ 《网易推出AI音乐创作平台天音》，网易，2022年1月25日，https://www.163.com/dy/article/GUI96N5F0552NVEU.html。

共同演唱由 AI 作词、编曲的作品。[①] 随着人工智能深入网络音乐行业,未来的音乐创作势必具有更多可能性。

综观 2022 年全国网络音乐用户的画像及收听行为,在用户规模增速放缓的背景下,网络音乐行业的潜力有待激发。行业生产主体应依据用户画像,梳理用户群体类别,关注不同用户的收听偏好,满足其个性化的使用需求。可以预见,未来"内容+服务"的生态环境依然是网络音乐行业发展的核心,网络音乐市场应当借鉴广播、视频平台等终端的发展经验,不断提高技术水平,以满心诚意和高新科技为用户提供更优的音乐体验。

---

① 《腾讯音乐天琴实验室首位虚拟人「小琴」亮相科技周》,极客公园,2022 年 10 月 24 日,https://www.geekpark.net/news/309865。

非音乐类移动音频篇

Non-music Mobile Audio

B.13
2022年中国移动电台发展报告

王 宇 李丹丹*

摘 要： 2022年，在政策、市场、技术等多重因素叠加的驱动下，移动电台发展进入相对成熟阶段，形成全域的服务生态，市场规模越发庞大。企业通过上、中、下游各个环节版权、内容、产品、平台、渠道、用户等资源的整合协调，探索出以To B端广告营销和To C端付费订阅、用户打赏、衍生品开发为核心的商业模式。在竞争格局上，依旧是综合性音频平台喜马拉雅稳居头部位置，蜻蜓FM、荔枝位于第二梯队，背靠中央广播电视总台资源的"国家队"云听跻身第三梯队。在未来，AIoT（人工智能物联网）将促进移动音频全场景传播，AIGC（人工智能生成内容）带来移动电台生产运营方式变革，移动电台车载端潜能将进一步得到释放，移动电台与线下场景相结

---

* 王宇，中国传媒大学文化产业管理学院教授，主要研究方向为广播研究、健康传播与文化产业；李丹丹，中国传媒大学文化产业管理学院硕士研究生，研究方向为媒体产业。

合向下触达用户。

关键词： 移动电台　移动音频产业　喜马拉雅　云听

移动电台是指以 UGC（用户生产）、PGC（专业生产）、PUGC（专业用户生产）等模式进行内容生产，通过互联网进行传播，以智能手机、平板、车载、可穿戴设备、智能家居等为终端的音频内容聚合平台。其类型包括综合性音频平台如喜马拉雅、荔枝、蜻蜓 FM 等和进行互联网转型的传统媒体如云听、阿基米德等。与传统广播相比，移动电台的社区和交流属性较强，具有数字化、移动化、融媒化、个性化特征，突破时间、地域、终端限制，用户可随时收听、回放、下载节目。2010 年豆瓣网推出我国第一家移动电台豆瓣 FM，随后蜻蜓 FM、荔枝、喜马拉雅等相继出现，在经历了从萌芽、探索到成长后，我国移动电台目前已进入稳定发展阶段，随着与 5G、云计算、AIGC、AIoT 等科技的深度融合，移动电台未来还将迎来新的行业变革。

一　2022年中国移动电台发展环境分析

在政治法律层面，移动电台的发展具有良好的政治法律环境，鼓励发展与监管保护并存。文化是一个国家、一个民族的灵魂，文化建设是我国社会主义现代化建设的重点，进入新时代以来，国家越来越重视文化产业的作用，出台了一系列政策来促进文化产业的发展，移动电台作为数字文化产业的一部分，在利好环境下持续创新发展。同时，媒体深度融合政策促进传统广播电台的移动化、网络化转型，加快新型主流媒体的建设，脱胎于传统媒体的移动电台纷纷涌现。在监管保护方面，有关版权保护、信息安全、行业监管方面的文件（见表1）为移动电台的发展营造了积极有利的环境，促使建立良性行业发展生态。

表1 移动电台发展的相关鼓励与监管文件

鼓励文件			
文件名称	发布时间	发布单位	相关内容
《决胜全面建成小康社会 夺取新时代中国特色社会主义伟大胜利——在中国共产党第十九次全国代表大会上的报告》	2017年10月18日	人民出版社	进一步明确文化在中国特色社会主义建设中的作用,提出发展文化产业和文化事业,完善文化经济政策,培育新的文化业态。
《关于加快推进媒体深度融合发展的意见》	2020年9月26日	国务院	强调推进传统媒体与新媒体在机制体制、人才、管理、技术等方面的进一步创新,将资源向互联网、移动端倾斜,做大做强网络平台。
《关于推动数字文化产业高质量发展的意见》	2020年11月18日	文化和旅游部	提出推进文化产业与数字经济的进一步融合发展,夯实数字文化产业发展基础,培育数字文化产业新型业态,并从加强组织领导、完善政策环境、强化要素支撑三方面提供保障措施。
《"十四五"文化产业发展规划》	2021年5月6日	文化和旅游部	提出2025年文化产业体系更健全的发展目标,推进文化产业创新发展,加强文化科技创新和应用,构建创新发展生态体系,同时促进供需两端结构优化升级,优化重点文化行业供给,提高网络视听的原创能力和文化品位。
监管文件			
文件名称	发布时间	发布单位	相关内容
《网络音视频信息服务管理规定》	2019年11月18日	国家互联网信息办公室、文化和旅游部、国家广播电视总局	旨在促进网络音视频信息服务健康有序发展,围绕网络音视频的制作、发布、传播等都做出了细致的规定。
《出版管理条例》(2020年修订版)	2020年11月29日	国务院	旨在加强对出版活动的管理,保障公民依法行使出版自由的权利,发展和繁荣中国特色社会主义出版产业和出版事业。围绕出版单位的设立与管理、出版物的出版、出版物的印刷或者复制和发行、出版物的进口等做出详细规定。

续表

监管文件			
文件名称	发布时间	发布单位	相关内容
《视音频内容分发数字版权管理标准体系》	2021年2月24日	国家广电总局办公厅	明确视音频内容分发数字版权管理标准体系框架，推动视音频内容分发数字版权管理，保障新形势下视音频内容分发数字版权管理系统标准化建设和规范化运行。
《中华人民共和国著作权法（2020修正）》	2020年11月11日	人大常委会	发挥法律制度对版权产业发展的规范、引导、促进和保障作用，进一步开发、利用和保护著作权，为版权事业创新发展提供了基本制度遵循。

数据来源：作者根据网络资料整理。

在社会层面，随着疫情的有效控制以及疫情防控政策的全面放开，国民文化教育娱乐消费有望迎来新的增长。随着移动互联网与智能终端的普及，移动应用已全面渗入大众生活，移动电台有广泛的用户基础。中国互联网络信息中心（CNNIC）统计数据显示[1]，截至2022年12月我国网民规模达10.67亿，互联网普及率达75.6%，其中手机网民数量达10.65亿，网民使用手机上网的比例高达99.8%（见图1）。在当下，移动音频成为大众日常生活中的重要组成部分，应用场景多元化，居家、开车、坐地铁时都可以收听音频，越来越多用户养成了收听音频的习惯。艾媒咨询统计数据显示，2022年中国在线音频用户平均去重月活人数约为6.9亿。[2]

在技术层面，5G、大数据、云计算、人工智能、物联网等的科技发展给移动电台的内容生产、内容分发以及内容收听都带来了深刻变革。AI技术使音频内容实现新形式生产、智能化场景覆盖、运营模式新发展，包括装载AI语音识别与智能设备，打通更多智能终端收听场景，利用AI语音

---

[1] 第51次《中国互联网络发展状况统计报告》，中国互联网络信息中心网站，2023年3月2日，https://www.cnnic.net.cn/n4/2023/0303/c88-10757.html。

[2] 《艾媒咨询｜2022年中国声音经济数字化应用发展趋势报告》，"艾媒网"微信公众号，2023年2月20日，https://mp.weixin.qq.com/s/ptkw_ wExKLAwLuxROT6ykw。

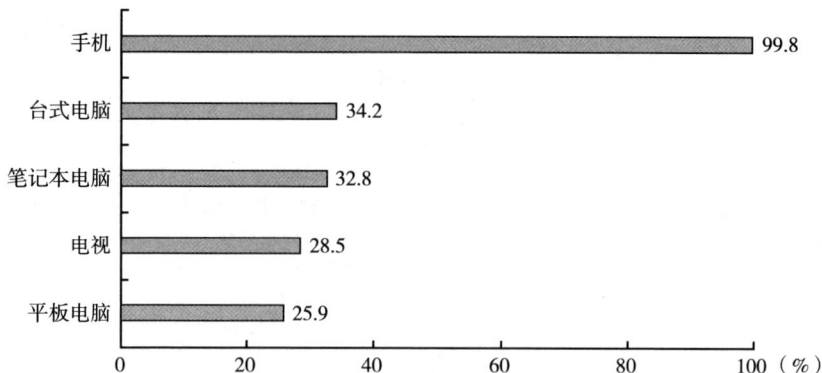

图 1　中国互联网接入设备使用情况

数据来源：中国互联网络信息中心（CNNIC）网站。

合成技术创新音频内容生产；人工智能算法可以根据用户浏览点击行为等进行智能内容推荐，改变了传统线性被动的节目收听方式。5G技术超高网速、超低时延、超大链接的特点大幅提升了音频质量以及传播的效率，提高了用户体验。物联网技术使得移动电台的终端收听场景更加多元，手机、车载、家居、穿戴等各种硬件终端实现无障碍万物互联，形成全场景音频生态布局。

二　2022年中国移动电台发展现状分析

政策环境的利好、移动互联网技术的发展以及用户收听习惯的改变助力了我国移动电台行业的飞速发展，促使其市场规模不断扩大。目前，我国在线音频市场仍处于高速扩张阶段，《2023中国在线音频市场发展研究报告》显示，2022年我国在线音频市场规模突破310亿元，相较2017年增长了287亿元，同时用户规模达到6.92亿，全网渗透率达65.7%，较2017年用户规模增长了近一倍。[①] 未来，我国在线音频用户规模仍将保持增长状态。

---

① 《2023中国在线音频市场发展研究报告》，https：//mp. weixin. qq. com/s/l1UKIyk30XwnH-QI5Bun2A。

根据灼识咨询相关数据，2020年中国移动端在线音频月活跃用户的渗透率为16.1%，较美国46.5%的渗透率低了30多个百分点，预计未来我国音频月活跃用户渗透率会实现快速增长，移动端在线音频行业的渗透率在2025年预计达到32.5%。[①]

（一）产业链

移动电台行业产业链不断延伸，从内容制作、平台传播到终端收听形成全生态链条闭环，通过上、中、下游资源整合，形成完整的产业链图谱。

移动电台的上游为内容版权方和内容制作方的内容来源，生产模式主要有PGC、UGC、PUGC三类。版权方主要是作者、传统图书出版机构和网文企业等，制作方则涵盖范围比较广泛，包括传统媒体、平台方、自媒体、个人UGC、UGC工会、PGC团队等。内容版权方通过资源、版权出售和合作授权等方式交由平台、机构、个人等制作方进行内容制作。

PGC即Professional-Generated Content，专业生产内容，由专业的生产团队、设备制作内容，生产流程比较规范专业，需要投入的人力、物力、时间成本也更高，但内容质量往往比较有保障。采用PGC模式的比较有代表性的制作方包括蜻蜓FM等。蜻蜓FM自2011年上线以来就十分重视传统电台资源，并致力于将其转换为自身竞争优势，目前已有超3000家国内电台入驻蜻蜓FM，为其提供了丰富的节目资源。同时，蜻蜓FM积极引入传统电台专业主播、知名自媒体人以及各领域的专业人士，为内容生产环节提供人才、技术、资金以及渠道保障。

UGC即User-Generated Content，用户生产内容，用户可以在各平台自发生成作品并上传，或利用平台进行音频直播等。随着移动互联网技术的普及，我们来到了"人人都有麦克风"的时代，内容生产权下沉，生产门

[①] 《数字音频行业深度研究报告：数字音频平台的增长引擎是什么？》，"未来智库"微信公众号，2022年8月11日，https://mp.weixin.qq.com/s/iik7KbDQtPahIIEvmLvzkA。

槛降低，用户地位发生转换，用户从简单的内容接受者转换为内容生产者。采用 UGC 模式的比较有代表性的制作方包括荔枝 FM 等，荔枝 FM 自成立以来的定位就是"中国 UGC 音频社区"，以"人人都是主播"为宗旨，以"帮助人们展现自己的声音才华"为使命。荔枝 FM 致力于打造一个普通用户想播就能播的电台环境，并通过精准定位小众群体来生产差异化内容。荔枝 FM 还专门设立了播客学院来筛选、培养优质主播，帮助他们从 UGC 走向 PGC。

PUGC，即 Professional User Generated Content，是"UGC+PGC"相结合的内容生产模式，以用户生产的方式生产出相对专业化的内容，采用该模式生产内容的成本比 PGC 低，质量又比 UGC 高。与其他行业相比，音频行业在 PUGC 模式上更显优势，因为音频制作相对于其他内容制作而言，所需专业设备、人员较少，基本上一个主播加一个收音设备即可完成制作。采用 PUGC 模式的比较有代表性的制作方包括喜马拉雅等。喜马拉雅非常重视对优质版权与优质主播的保护，并为平台中的优质草根主播提供资金扶持、培训服务、节目包装等一系列支撑。喜马拉雅还成立了"喜马拉雅大学"，挑选出 8 万名认证主播对其进行系统化的培训。随着人工智能、数据智能等技术的介入，内容生产的形式不断创新，各平台将 PGC、UGC、PUGC 三种生产模式有机结合，移动音频"内容为王"的特质也更加凸显。

中游的内容传播（分发）连接着内容与用户，是整个链条中最活跃的环节，主要涉及的平台端有喜马拉雅、蜻蜓 FM、荔枝 FM、企鹅 FM、猫耳 FM、听伴 FM 等商业综合性移动电台和云听、阿基米德、大蓝鲸、粤听等传统媒体自办的移动电台。随着移动电台与互联网的深度融合，用户画像、智能推荐等技术的运用，中游的传送纽带得以进行更加有效的流量分发。上游的内容生产与中游的内容分发都受到政府监管部门的监管，包括版权监管与网络服务监管等。

移动电台的下游则是用户通过各种终端收听移动音频内容，终端包括苹果、华为、小米等智能手机端，天猫精灵、小度、小爱、腾讯听听、华为 HAG 等智能音箱端，华为手环、Apple Watch、小天才、米兔、小寻等智能穿戴设备，以及车载设备和线下场景，如咖啡厅、商场、酒店、地铁。当下移动电台实现了多终端、多场景的覆盖，为用户提供了丰富的收听场景与良好的收听体验，满足了 Z 世代、儿童、银发族、小镇青年、体育迷、汽车族等不同圈层用户的收听需求。移动电台产业链图示见图 2。

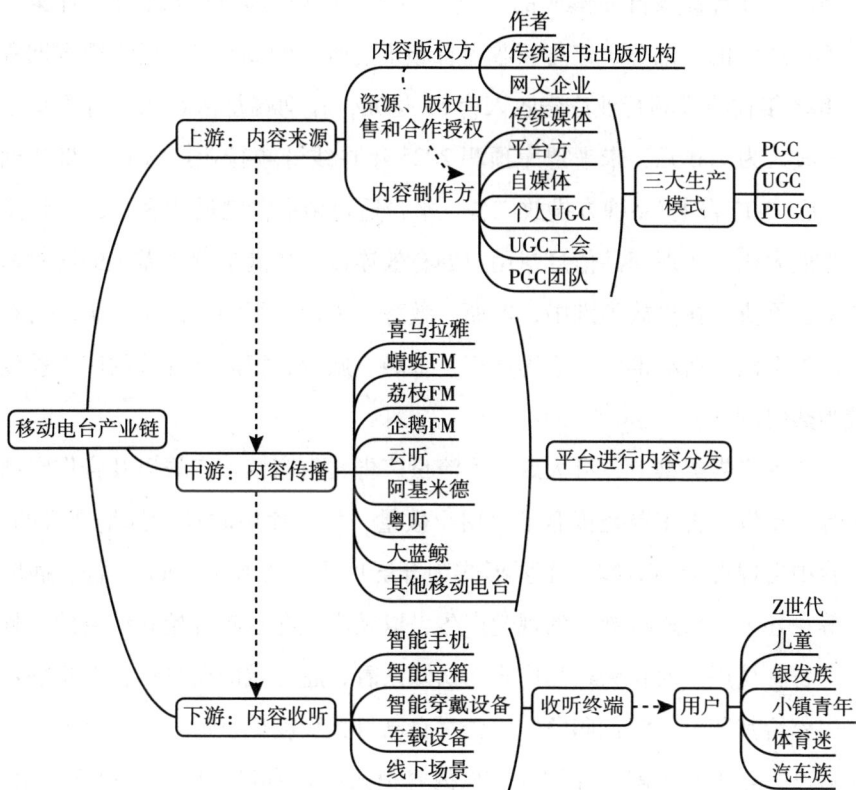

图 2　移动电台产业链图示

数据来源：作者根据相关资料整理制作。

（二）商业模式

移动电台经过十余年的发展，积累了丰富的内容，以及范围较广的用户，形成了自身独特的商业变现模式。目前，国内移动电台主要通过流量、付费订阅和衍生品开发进行变现，变现效率较高，收入来自 B 端广告主/品牌方和 C 端用户。

1. B 端收入

移动电台广告产品形式丰富，营销模式多样，植入灵活，互动性强，触达范围广，具有音频行业鲜明的特点。当下，广告收入已经成为"耳朵经济"不可或缺的一部分，广告营收占音频市场收入的 26%。[①] 据灼识咨询资料，2021 年在线音频行业广告收入为 53 亿元，移动端每活跃用户月平均承载广告收入为 1.6 元，未来智库预测 2025 年在线音频行业广告收入将达到188 亿元。[②] 广告主/品牌方投放广告，平台通过精准营销触达客户，并将品牌曝光最大化，实现商品信息与用户的有效连接，在满足营销需求的同时提升了平台价值。在投放类别中，电商、教育、书籍出版物、汽车、游戏占有前五广告份额。活动推广、应用推广、金融、旅游、智能硬件等的广告投放也较为热门。[③]

具体到广告类型上，可大致分为流量广告、内容植入广告以及合作定制广告等。流量广告主要是依靠平台用户数量、用户使用时长达到呈现目的，在平台中出现得最为频繁，主要形式为开屏广告、首页 banner 广告、插屏广告等在各个入口进行展示的视觉广告，以及出现在音频开始和结束的音频贴片广告。从用户对音频贴片广告的认知来看，超三成的用户认为音频贴片广告内容给其留下了深刻印象，广告对自己打扰程度低且形式生动有趣，会促使自己去点击和了解（见图 3）。[④] 内容植入广告有口播广告、视觉露出、信息流推荐等。调研数据显示，75%左右的用户可以接受植入广告，其中口

---

① 《2023 中国在线音频市场发展研究报告》，https：//mp. weixin. qq. com/s/l1UKIyk30XwnH-QI5Bun2A。

② 《数字音频行业深度研究报告：数字音频平台的增长引擎是什么?》，"未来智库"微信公众号，2022 年 8 月 11 日，https：//mp. weixin. qq. com/s/iik7KbDQtPahIIEvmLvzkA。

③ 《2023 中国在线音频市场发展研究报告》，https：//mp. weixin. qq. com/s/l1UKIyk30XwnH-QI5Bun2A。

④ 《2023 中国在线音频市场发展研究报告》，https：//mp. weixin. qq. com/s/l1UKIyk30XwnH-QI5Bun2A。

播广告在用户中的关注度最高，有41.3%的用户表示关注到了口播广告（见图4）。^① 合作定制广告则实现了内容与品牌方需求的深度融合，类型包括定制节目与品牌电台等。2021年喜马拉雅与五菱汽车合作，为车主量身定制喜马拉雅五菱专燃电台，并联合独立音乐人马颉创作了"森""海""空""野"4大主题乐曲，该电台被载入星辰车机系统，在喜马拉雅App上同步推出，提高了品牌传播效应。品牌电台即品牌方与移动电台合作建立的电台，是品牌专属的营销阵地，可以以声音内容的形式长期展示企业机制和信息。如吉利与喜马拉雅合作创建了吉利"FM1760"车机电台，制作了多档品牌相关节目，在内容分发到车机端的同时，在站内外进行推广。蜻蜓FM联合荷兰高端品牌美素佳儿推出了儿童有声绘本《小奶牛牧牧》，并以品牌电台的形式播出，将绘本中"小奶牛牧牧"的形象IP化，将故事寓意与品牌理念巧妙融合，提升品牌的美誉度。

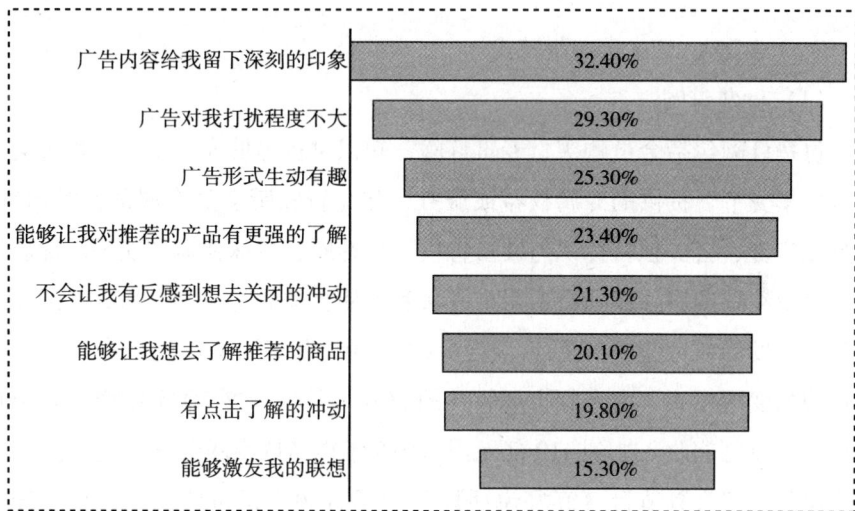

广告内容给我留下深刻的印象	32.40%
广告对我打扰程度不大	29.30%
广告形式生动有趣	25.30%
能够让我对推荐的产品有更强的了解	23.40%
不会让我有反感到想去关闭的冲动	21.30%
能够让我想去了解推荐的商品	20.10%
有点击了解的冲动	19.80%
能够激发我的联想	15.30%

图3　音频用户对音频贴片广告的认知

数据来源：《2023中国在线音频市场发展研究报告》。

---

① 《2023中国在线音频市场发展研究报告》，https：//mp. weixin. qq. com/s/l1UKIyk30XwnH-QI5Bun2A。

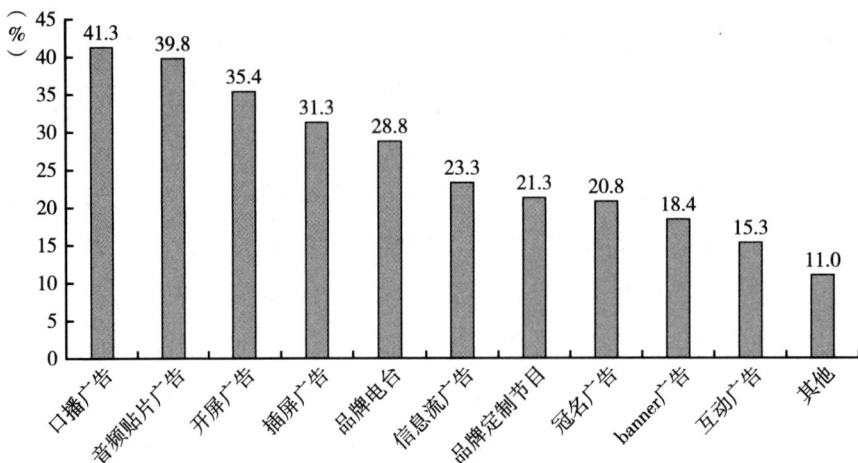

图4 音频用户关注到的广告形式

数据来源：《2023中国在线音频市场发展研究报告》。

2. C端收入：To C商业模式

（1）付费订阅

付费订阅包括会员购买、专辑订阅、知识付费等形式。用户在购买会员后可以享受平台提供的专属权益或服务，如免费收听会员专属的精品内容、会员免广告、会员独特标识与装扮特权、高音质、特殊弹幕功能等。优质的内容以及独特的服务成为吸引用户开通和维持会员的重点。《2023中国在线音频市场发展研究报告》显示，会员购买与专辑订阅是占比最高、增长速度最快的变现模式，占音频市场收入的50%，并预计在2025年增长8个百分点，会员订阅收入达到410亿元。[①] 2016年喜马拉雅联合《奇葩说》的马东推出的付费音频节目《好好说话》开启了音频知识付费模式，目前知识付费的形式已经得到用户的广泛接受，在竞争激烈的当下社会，人们希望利用碎片化的时间来接收知识、实现自我增值。音频知识付费有利于增强平台

[①] 《2023中国在线音频市场发展研究报告》，https：//mp.weixin.qq.com/s/l1UKIyk30XwnH-QI5Bun2A。

的用户黏性。有74.1%的用户有过订阅付费经历，其中超过六成的用户购买过会员，年均付费金额为每人22.8元，超三成的用户选择了付费订阅，年均付费金额为每人174.3元，用户的消费意愿较强，市场潜力较大。[1]

（2）用户打赏

移动电台的用户打赏可以分为收听完音频节目后的额外打赏和在音频直播间的打赏。对于用户进行的打赏、送的礼物等，平台会对此进行抽成，这成为平台收入的重要组成部分。久谦中台调研数据显示，喜马拉雅平台对用户直播打赏的抽成比例接近50%，直播送礼物的收入公会抽成40%，主播抽成35%，平台抽成25%。到2025年，音频直播打赏收入预计达到105亿元。[2]用户打赏的本质是"粉丝经济"，是用户作为主播粉丝进行的自愿付费行为，由此还衍生出付费连麦、付费问答等多种新玩法。直播打赏、送礼物、付费连麦、付费问答等形式为移动电台提供了更广阔的商业想象空间，目前这部分占音频市场收入的17%，今后有望成为音频平台新的营收增长点。[3]

（3）衍生品开发

移动电台积极拓展营收模式，挖掘更多潜在消费人群，延长产业链与价值链。许多平台利用自身品牌影响力进行变现，积极布局车载设备、智能穿戴、智能家居等智能硬件终端。如蜻蜓FM与几十家汽车厂商、服务商合作预装车载音频，多听FM推出车载硬件"车听宝"，喜马拉雅推出AI耳机、AI智能音箱"小雅"以及专注于儿童的智能音箱"晓雅Mini"等。在衍生品开发上，平台围绕热门节目、主播等进行IP开发，打造出创意T恤、折扇、马克杯、手办、手机壳、鼠标垫、玩偶等产品。这些衍生品帮助品牌实现了进一步推广，同时增加了平台收入。

---

① 《2023中国在线音频市场发展研究报告》，https：//mp. weixin. qq. com/s/l1UKIyk30XwnH-QI5Bun2A。

② 《数字音频行业深度研究报告：数字音频平台的增长引擎是什么？》，"未来智库"微信公众号，2022年8月11日，https：//mp. weixin. qq. com/s/iik7KbDQtPahIIEvmLvzkA。

③ 《2023中国在线音频市场发展研究报告》，https：//mp. weixin. qq. com/s/l1UKIyk30XwnH-QI5Bun2A。

三 2022年中国移动电台竞争格局

（一）整体市场格局

移动电台经历十几年的发展目前已经进入了成熟期，形成了一定的行业布局，头部平台仍为喜马拉雅、蜻蜓FM、荔枝FM 3个较早入场的大型平台，其中喜马拉雅常年占据市场最大份额，为稳定的行业寡头。《中国网络视听发展研究报告（2023）》显示，2022年喜马拉雅保持一枝独秀，占据网络音频平台73.5%的市场份额。随着媒体融合的深度发展，传统主流媒体也纷纷布局移动平台，利用自身资源优势提高市场竞争力。2020年中央广播电视总台推出移动电台"云听"，其背靠总台资源，发挥内容储备、技术、人才优势，近几年得到了飞速发展。作为发展最快的"国家队"，云听已经在市场上占据了一席之地。

在投融资方面，头部行业呈现稳步向前的态势，2018年喜马拉雅率先完成了40亿元人民币的融资，截至2022年底，喜马拉雅已进行多轮境内外融资，百度、阅文、腾讯、小米、索尼音乐、好未来为战略投资者。[①] 作为国内大型的UGC音频社区之一，荔枝于2020年1月在美国纳斯达克上市，成为首家登陆美国资本市场的中国音频公司，IPO（首次公开募股）募资4510万美元，市值约4.56亿美元。[②] 近三年来，蜻蜓FM基本做到一年一融资、每年前进一小步，先后获得小米、微木资本、中文在线、瑞壹资本、普维资本等多家投资方的认可。[③]

---

① 《〈中国网络视听发展研究报告（2023）〉首发投融资篇 探索视听产业资本路径》，百度百家号，2023年3月29日，https://baijiahao.baidu.com/s？id=1761690403663774511&wfr=baike。

② 《荔枝上市：在线音频行业仍是蓝海》，澎湃网，2020年1月18日，https://m.thepaper.cn/baijiahao_5559851。

③ 《中国网络视听发展研究报告（2023）》，"腾讯媒体研究院"微信公众号，2023年4月3日，https://mp.weixin.qq.com/s/UHPsh7pec1Mat3h2q2Ir8A。

在用户规模方面，移动电台处在第一梯队的是喜马拉雅，月活跃用户量高达1.4亿人；第二梯队为蜻蜓FM和荔枝，月活跃用户量高达3105万；第三梯队的云听、猫耳FM、企鹅FM、听听FM、龙卷风收音机等月活跃用户量也都在100万以上，其中总台云听领跑第三梯队，月活跃用户量在470万左右；处在第四梯队的阿基米德、凤凰FM、粤听、听伴等月活跃用户量则在100万以下。

虽然头部竞争激烈，但仍不断有新平台加入市场竞争，"耳朵经济"下半场更注重的是内容、版权及智能技术的比拼，移动电台尤其是三大头部平台应该注重生产优质内容、融合智能科技、创新盈利模式，从而形成良性竞争，带动整个行业的健康发展。

（二）重点企业分析

1. 喜马拉雅

喜马拉雅成立于2012年，定位是综合性的音频平台，生产模式为"UGC+PGC+PUGC"，这三种方式有机结合、优势互补，打造一体化生态链。作为头部音频平台，喜马拉雅拥有最丰富的内容生态，以及数量最多的内容生产者，涵盖领域广泛。根据灼识咨询的报告，截至2021年底，在喜马拉雅平台上已有将近3.4亿个音频内容，对应总内容时长约24亿分钟，内容涵盖101个品类，每位用户平均每天播放21.1条音频。[1] 作为移动电台的"领头羊"，喜马拉雅在用户数量上一直遥遥领先。喜马拉雅2022年3月在港交所更新的招股书显示，2021财年，喜马拉雅营业收入为58.6亿元，同比增长43.7%；全场景平均月活跃用户量达2.68亿，同比增长24.4%。[2] 除适用于所有用户的主版本外，喜马拉雅还运用差异化打法，推出多个版本来拓展用户，有界面简洁、内容精简的极速版，适合儿童学习娱

---

[1] 《数字音频行业深度研究报告：数字音频平台的增长引擎是什么？》，"未来智库"微信公众号，2022年8月11日，https://mp.weixin.qq.com/s/iik7KbDQtPahIIEvmLvzkA。

[2] 《喜马拉雅2021财年全场景均月活用户2.68亿，同比增长24.4%》，百度百家号，2022年3月29日，https://baijiahao.baidu.com/s?id=1728616534257846531&wfr=spider&for=pc。

乐的儿童版和专为企业提供服务的企业版。

喜马拉雅的获利以付费订阅和广告双轮驱动。其广告业务主要包括展示广告、开屏广告、音频广告等。订阅业务则分为会员订阅和付费点播，其中会员按月付费，付费点播则按专辑付费，包括知识课程、训练营、有声绘本等，平均价格在每专辑71元。在其他业务上有直播打赏分成以及创新产品开发等。喜马拉雅积极拥抱新兴智能科技，打造全场景竞争优势，开发车载电台以及AI智能音箱、AI耳机、智能图书馆等衍生品。

在营销运营上，喜马拉雅不断推出各种营销活动来提升品牌影响力与用户忠诚度，有"123知识狂欢节""818会员宠爱节""423听书节"等造节活动。其中，"123知识狂欢节"是喜马拉雅发起的国内首个知识消费狂欢节，在2016年12月狂欢节举办首日总销售额突破5000万元，喜马拉雅通过每年的知识狂欢节来号召消费者重视知识的价值，同时借助造节活动实现营收。

2. 云听

作为传统媒体转型的移动电台，云听是发展得最好的"国家队"。云听成立于2020年，是中央广播电视总台推出的移动客户端，品牌定位是"人无我有、人有我优、人优我特、人特我精"，2022年6月云听获得总台电台频率及音频节目独家授权。背靠总台资源，在生产模式上云听主打PGC与PUGC结合，对已有资源进行深挖和IP创新，丰富的内容资源加上背靠权威的主流媒体，沉淀了强大的受众基础。据云听总经理介绍，云听目前汇聚全国超1900路广播电台直播流，为全国电台集成第一平台；同时音频内容单曲数量超过500万条，总时长达386万个小时。目前，云听全场景用户总量超2亿，其中车载端用户6100万，人均收听时长每天60分钟，在移动电台市场占据了一定份额。[①] 为了深挖垂直领域用户，云听针对

---

① 《全渠道、全场景，2亿用户，云听凭啥引领移动音频新"声"态》，百度百家号，2023年4月1日，https：//baijiahao.baidu.com/s? id＝1761879285735652920&wfr＝spider&for＝pc。

"一老一小"两个群体分别推出了"云听乐龄版"和"云听少儿版",对细分群体进行精准营销,实现全年龄覆盖。云听还充分利用技术进行产品创新。借力 AI 技术,云听基于总台播音主持 IP,通过对主持人声音进行模型训练和深度学习,实现声色模拟、情感展现等,推出的 AI 主播和 AI 主播团体"云小天团"成为平台的一大特色。在 2022 年"两会"期间,云听联合"中国之声"组成"两会报道融媒联盟",由记者供稿,AI 进行语音生成,再以每分钟 200 字的速度将播报传回云听,大幅提高了资讯的生产效率和传输效率。

在车载领域,云听深耕车载场景,2020 年上线时便同步了智能手机端与车载端,2022 年云听收购车载音频品牌"听伴",在车联网领域实现弯道超车;2022 年 12 月 12 日,云听与上海金桥集团达成战略合作,联合打造"央广云听智联汽车数字媒体产业基地",拓宽汽车数字媒体赛道。

四　2022年中国移动电台行业发展前景

(一) AIoT 促进移动音频全场景传播

IoT(Internet of Things)即物联网,随着信息化水平的提高,物联网已经成为我国数字经济的重要组成部分。前瞻产业研究院统计数据显示,我国物联网市场规模整体呈快速扩大的趋势,2019 年市场规模约 1.76 万亿元,2021 年则上涨到了 2.63 万亿元,预计未来中国物联网市场规模将保持 18%以上的增长速度。[①]

AIoT(Artificial Intelligence & Internet of Things)即人工智能物联网,是人工智能技术(AI)和物联网技术(IoT)的融合。AIoT 并不是一项新技术,而是强调物联网的智能化,实现真正意义上的万物互联。AIoT 的发展

---

① 《[行业前瞻]2023~2028 年全球及中国能源物联网行业发展分析》,百度百家号,2023 年 5 月 5 日,https://baijiahao.baidu.com/s?id=1765046107344971262&wfr=spider&for=pc。

影响我国各行各业，就移动音频领域而言，万物互联进一步推动了音频应用的全场景化。除智能手机外，智能音箱、智能穿戴设备、车载智能硬件等接入移动音频，大大拓展了音频的收听场景，用户可在不同终端中来回切换、无缝衔接，进入音频收听的全场景时代。平台通过 App、SDK、API 等多种方式实现音频内容分发，依靠具有语音交互功能和音频内容入口的智能操控系统连接到具有音频播放功能的智能硬件。目前，各大移动电台都在加紧布局各类终端场景，如车载终端上蜻蜓 FM 与百度 Apollo 的合作，喜马拉雅推出的 AI 智能音箱，蜻蜓 FM 与小度智能音箱的合作，喜马拉雅和小米手表的合作等。随着 AIoT 的进一步发展，更多类型的智能硬件将加入音频互联，音频收听渠道将进一步被扩展，音频全场景的概念和内涵也得到延展。

（二）移动电台车载端潜能进一步得到释放

我国是目前世界上最大的汽车消费市场，随着车载娱乐平台应用的不断增加，未来移动电台在车载端场景应用的发展潜力巨大，车载端有望成为除手机移动端以外的又一移动电台主流应用场景。据易观分析数据，我国智能车载音频普及率从 2016 年的 11.7%一跃到了 2020 年的 31.5%，4 年间增加了近 20 个百分点。①

具有陪伴性特点的移动电台与开车场景完美适配，车主在行车时四肢、眼睛都被占据，唯有口、耳是解放的，此时声音充当媒介，车主可以利用智能语音系统与移动电台进行交互。同时车载广播由来已久，很多车主早已养成在车上听广播的习惯，移动电台与用户使用习惯适配，用户接受度高。与传统调频广播的被动接受相比，移动电台的智能性与交互性更强，用户可以自主选择节目，并且可以用语音触发互动。目前，传统车载无线电台仍是重要的汽车端收听渠道，而车辆预装或车主自行下载的软件则成了各大移动电台竞争的焦点。据艾瑞咨询调查数据，车载预装软件是

---

① 《数字音频行业深度研究报告：数字音频平台的增长引擎是什么?》，"未来智库"微信公众号，2022 年 8 月 11 日，https://mp.weixin.qq.com/s/iik7KbDQtPahIIEvmLvzkA。

用户最常用的音频收听渠道，占 29.8%，而用户自己下载的车载软件占22.6%，另外还有通过连接手机蓝牙的方式播放手机端音频，占 16.0%（见图 5）。① 随着汽车产业的迭代和车联网渗透率的不断提高，车载端将成为移动音频新的发展增长点。

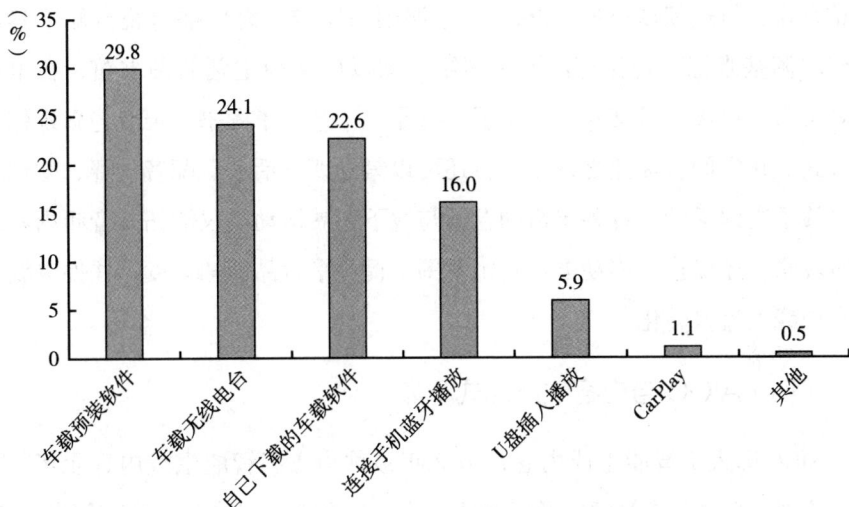

图 5　2022 年中国车载音频用户收听渠道调查

数据来源：艾媒数据中心，2022 年 12 月。

（三）拓展线下场景，向下触达用户

无论互联网怎么发展，我们始终生活在三维实体空间，线下是一个重要的收听场景，值得移动电台进一步拓展挖掘。移动电台的音频内容可以跳出单一的硬件端，导入咖啡厅、购物中心、物业、酒店、商铺等线下场景，从"一对一"的收听变成"一对多"的广播式播放。2020 年蜻蜓 FM 与 TimHortons 合作，在上海开办"音浪主题咖啡厅"，人们在门店中可以收听蜻蜓FM 的音频内容。2020 年吉林地铁与喜马拉雅合作，搭建"雾凇号"地铁有

---

① 《艾媒咨询｜2022~2023 年中国车载音频行业发展年度研究报告》，"艾媒网"微信公众号，2023 年 1 月 13 日，https://mp.weixin.qq.com/s/AalDVTJAQMTBnAUF8UYGHg。

声图书馆专列，在地铁上乘客只需要扫车厢两侧的二维码即可收听丰富的声音内容，这进一步发挥了地铁作为公共文化窗口的推广作用。将线上音频内容联动嵌入线下生活，向下触达更广泛的用户，是未来移动电台发展的一大方向。除了挖掘商业化的场景外，移动电台还可以和社区、学校、公共文化场馆合作，打造朗读空间。2022年上海图书馆与上海广播电视台旗下移动电台"阿基米德"合作打造了中国第一家以广播为主题的图书馆，在里面读者可听、可读、可交互、可沉浸，这是一个结合了图书、声音与新媒体的开放式文化空间。除此之外，平台还可以策划朗读活动、配音比赛、知识竞猜等线下文娱活动。各种丰富的营销与线下拓展活动不仅能拓展音频内容的收听场景，还能扩大移动电台营销范围，提升平台品牌知名度，并促进线下用户向线上流量转化。

（四）AIGC与内容生产范式革命

AIGC即人工智能生成内容，2022年被称为人工智能生成内容元年，写作、绘画、视频制作等领域涌现大量AI作品，作为一种全新的内容创作模式，AIGC给影视传媒等内容行业带来的影响是巨大的。内容生产方式从高成本的PGC到低质量的UGC，再到结合前两者优点的PUGC，后来出现AIUGC（AI辅助生产），未来AIGC有望进一步普及，或将引发内容生产范式的革命。AIGC本质上是一种AI赋能技术，目前AIGC已经能很好地完成内容搜集与信息处理，对于一些具有创意性、个性化的生产需求而言，AIGC也有了出色的表现。虽然AIGC无法完全替代创意性的生产，但是它极大地提高了内容生产效率，降低了内容生产成本，同时可以保障内容生产质量。

就当下火爆的ChatGPT模型而言，它体现出AIGC强大的自然语言理解能力，它所生成的内容是在理解人类语言结构的基础上根据问题逻辑而产生的，它强大的对话功能和极简的使用方法给移动音频领域带来一定的发展机遇。在内容生产方面，ChatGPT可以充当写稿机器人和内容资源库，能够提高音频内容的生产效率。以ChatGPT模型构建的虚拟主播能进行更多的深度对话，提升感染力和亲和力。ChatGPT还可以被应用于移动电台的交互板块，与用户进行聊天、解决用户问题等，这提高了平台互动性与服务效率，同时节省了日常人工运营成本。在平台日常的广告营销上，ChatGPT 也可以协助编写个性化广告文案、营销方案等，可以提高平台商业营销效率。

目前，音频领域出现了很多基于 AI 能力的应用，如语音识别、音频内容理解、语音合成、音频智能编辑优化、音频生成等，但本质上更多还是 AIUGC。目前我国 AIGC 行业仍处于初步发展阶段，在未来，移动电台与 AIGC 的进一步结合或许具有更好的发展前景。

5G、AIoT、AIGC 等技术的升级促使移动电台行业开展新一轮变革，行业迎来发展新机遇，同时面临新挑战。在行业发展进入相对成熟期，上、下游各方面基础条件都得到保障的情况下，用户对内容、体验的要求会越来越高，移动电台早期入场时的用户流量红利已经消失，为了争夺现存用户，各平台之间竞争激烈。更好地做到版权保护、深耕优质内容、寻找新的盈利模式是行业亟待解决的问题。移动电台还面临视频行业的强势外部竞争，更需要从内容、服务体验上挖掘新的亮点来吸引用户和提高用户黏性。

B.14
2022年中国移动电台用户行为分析报告

蔡静 许宁*

摘　要： 目前，移动电台已成为用户娱乐休闲的重要方式，也成为连接用户生活的重要载体。因此，深入研究移动电台用户生态至关重要。本文对移动电台用户画像、收听行为、内容收听偏好与触媒行为进行全面解析，以期为移动电台行业的融合发展与深度运营提供重要数据支持，同时为移动电台挖掘新场景延伸服务提供操作借鉴。

关键词： 移动电台　用户画像　收听习惯　触媒行为

移动电台既包括广播节目形态的综合性电台，也包括独立电台，还包括将原广播节目形态的音乐以及相关垂类细分市场的对象性节目独立成的细分电台或垂类电台。无论哪种移动电台，基本上都是依托移动互联网应用而通过智能手机成为电台用户的收听路径。[①] 十四届全国人大一次会议政府工作报告中提到，我国移动互联网用户数已增加到14.5亿。第51次《中国互联网络发展状况统计报告》显示，截至2022年12月，我国手机网民规模达10.65亿，网民使用手机上网的比例为99.8%。由此看出，网络及硬件设备的大范围应用使得移动电台的用户规模不断扩大。对移动电台用户行为进行

---

* 蔡静，南昌大学新闻与传播学院播音指导、全国广播电视和网络视听行业领军人才、中国播音主持金话筒奖获得者，研究方向为媒介传播、音频产业、播音主持；许宁，南昌大学新闻与传播学院博士研究生，江西广播电视台主任编辑，研究方向为中央苏区红色文化传播、视听传播。

① 申启武、牛存有：《中国音频传媒发展研究报告（2020）》，社会科学文献出版社，2020。

研究分析，既可以为移动电台健康发展提供指引，也可以为移动电台的舆论引导和内容创新提供着力点。

一 2022年中国移动电台用户画像

移动互联网及5G通信技术的快速发展重构了电台生态，以车载终端、智能手机、智能音箱等为代表的移动接收终端成为用户收听移动电台的重要入口，重视研究用户特征有助于分析、掌握用户的需求，从而针对不同用户群体制定相应的内容生产和营销策略。

（一）男女性别分布均衡，80后、90后是收听主力

《中国音频传媒发展研究报告（2023）》暨南大学课题组调查数据显示，移动电台男女性别差异不大。其中男性用户略多，占比为52.1%，女性用户占比为47.9%。男性用户占比比女性用户占比高出4.2个百分点。

移动电台用户以"80后""90后"青年人群为主。其中，1978～1987年出生用户占比最高，达到25.9%；其次是1988～1997年出生的用户，占比25.4%。上述两个用户群体在整个用户群体中总占比超过50%，占了移动电台用户的"半壁江山"。作为移动互联网"原住民"的80后、90后，对于碎片化内容和社交化互动的强烈需求，促进了移动电台的快速发展。另外，1968～1977年出生以及1998年及以后出生的用户为移动电台贡献了不小的流量，两者占比共达到38.1%。

整体而言，移动电台由于内容供给充足，使用户的体验进一步得到提升，吸引了更多潜在用户，移动电台已形成多元化圈层。

（二）中高学历用户、中基层员工是移动电台的核心用户

移动电台节目的用户受教育程度以中高学历为主。数据①显示，大专/

---

① 数据来源：《中国音频传媒发展研究报告（2023）》暨南大学课题组。

本科学历用户占比达到 60.2%，拥有高等教育背景的用户比例较高，由此看出，中高学历用户对伴随式收听电台节目营造的"声音景观"更加青睐，电台节目能起到温润心灵的作用且具有一定文化功效。

在职位层级方面，移动电台用户以企业中层及基层员工为主，基层员工占比最高，达到 43.5%，其次是中级管理者，二者共占比约 70%。移动电台节目的收听主力是年轻化的基层员工，这些用户一方面为了缓解压力、放松心情选择收听欣赏性、趣味性、艺术性强的移动电台节目；另一方面可通过便捷的移动电台节目学习知识、提升技能，较好地兼顾了工作和学习、生活与休闲。

在行业类别方面，近 30% 移动电台用户主要来自国民经济重要支柱产业，如建筑/房地产业、制造业以及金融业，这些行业从业人员数量多，为移动电台进一步挖掘目标用户提供了用户基础。

（三）较高收入用户居多，家庭经济宽裕用户偏多

《中国音频传媒发展研究报告（2023）》暨南大学课题组调查数据显示，移动电台用户个人月收入集中在 3000~9999 元，较高收入用户占比为51.3%，中等收入用户占比达到 32.5%，用户整体收入水平较高，生活较为宽裕。移动电台用户的家庭月收入相对较高，43.6% 的用户家庭月收入超过10000 元，15.9% 的用户家庭月收入超过 20000 元。

（四）单身、孩子已成年的已婚用户居多

《中国音频传媒发展研究报告（2023）》暨南大学课题组调查数据显示，移动电台用户单身占比为 21.8%，已婚有 18 岁以上小孩占比为 21.3%，两者总占比达 43.1%。由此看出，这两类人群拥有更多可自主支配的时间，移动电台可针对这些人群开发更多垂类节目以适配他们的消费需求。

二 2022年中国移动电台用户收听行为

移动电台强调的是移动和听觉双重媒介特质，移动既是技术特征也是用

户的收听状态特征，听觉则更多是伴随化的功能指向，这些是观察移动电台用户收听行为的重要表征。《中国音频传媒发展研究报告（2023）》暨南大学课题组调查数据显示，2022年智能手机、车载收听系统是移动电台用户最常使用的收听设备，早晚高峰等用户通勤时段是收听的高峰时段，二者共同构成了移动电台用户收听行为的基础。与移动状态相匹配的是伴随化收听，80.2%的用户的一次性持续收听时长为10~50分钟，49.2%的用户每天听1~3次。另外，移动电台以移动互联技术为基础，在海量信息、轻松交互、简便操作的状态下，66.1%的用户在2分钟以内就会决定是否继续收听当前节目，用户的收听习惯更加多元，自主性进一步凸显。

（一）智能手机为收听设备主流，车载收听系统占据半壁江山

智能化时代，智能手机已经深深地嵌入了人们的日常生活，智能手机成为移动电台用户最常使用的收听设备，《中国音频传媒发展研究报告（2023）》暨南大学课题组调查数据显示，83.6%的用户使用智能手机收听移动电台。

车载收听系统依旧是移动电台重要的收听入口，58.9%的用户通过车载收听系统收听移动电台。一方面，2022年用户处于驾乘场景的时间有所增加；另一方面，用户多年来养成的车载收听习惯依旧强劲，短时期内难以被彻底改变。但需要面对的是，车载收听终端已经无法与智能手机端分庭抗礼。

智能化时代，人类享受了前所未有的舒适和便捷，除智能手机外，智能音箱、Pad平板电脑、PC电脑、汽车智能硬件等智能设备也是不少用户的选择，其中智能音箱凭借语音控制和海量内容等优势成为伴随收听的理想设备之一，《中国音频传媒发展研究报告（2023）》暨南大学课题组调查数据显示，18.2%的用户通过智能音箱收听移动电台。

（二）收听高峰一早一晚，"黄金两分钟"决定用户去留

移动电台用户的收听时段、收听时长与传统广播用户较为类似，呈现一早一晚的收听高峰时段分布。《中国音频传媒发展研究报告（2023）》暨南大学课题组调查数据显示，早间7：00~8：59与傍晚17：00~18：59的上

下班通勤时间是移动电台收听主力时段，其中早高峰8：00～8：59是全天的收听最高峰时段。与收听高峰时段相匹配的是用户的收听时长特质，调查数据显示，20～40分钟的收听时长占比最高，其中32.1%的用户收听20～30分钟，20.9%用户收听30～40分钟。这种收听行为特质提示我们，不同收听需求状态为移动电台的内容生产和推荐提供了参考思路：早高峰和晚高峰用户处于不同的收听需求状态，早高峰即将面对的是一天的工作、学习等，用户普遍处于"求知"状态，节目要做到短、平、快；晚高峰的用户普遍处于"求趣"状态，希望获得更好的个人状态来回归家庭生活、进行社交，节目要做到有趣、轻松、活泼。

移动电台用户的日活特征鲜明。《中国音频传媒发展研究报告（2023）》暨南大学课题组调查数据显示，31.5%的用户一天听2～3次、8.2%的用户一天听3次以上、17.7%的用户一天听1次，亦即近60%的用户每天都会收听。

移动电台的用户会在"黄金两分钟"内决定去留。《中国音频传媒发展研究报告（2023）》暨南大学课题组调查数据显示，66.1%的用户在2分钟之内会决定是否继续收听下去，这就需要移动电台在文本结构、话题内容、风格特征上有效对接用户的需求，做到一旦被收听就迅速吸引用户。

（三）用户收听习惯从传统端向移动电台迁移

用户的收听习惯从传统端向移动电台迁移的特质鲜明。57.7%的用户依旧选择收听广播频率，这与多年来传统广播电台的用户培养、新闻讯息的及时更新、地方台的在地性与服务性等特质紧密相连，如何在融媒体环境下继续保持并扩大原本优势成为传统广播频率亟须思考和解决的问题。

技术为移动电台用户提供更多的自主权，《中国音频传媒发展研究报告（2023）》暨南大学课题组调查数据显示，虽然27.6%的用户会随意搜索喜欢的内容进行收听，但是用户对于移动电台优质内容的选择存在一定的路径依赖。App作为一种交互界面，通过算法推荐能够更加精准地投其所好，33%的用户习惯听App推荐内容、20.3%的用户习惯听App精选内容、

18.4%的用户习惯听榜单内容，这种路径依赖显示了"内容为王"依旧是移动电台提高竞争力的黄金法则。

移动电台的海量内容为受众提供了更多的选择，App 的推荐和用户自主的随意搜索增加了用户与不同内容的"偶遇"机会，用户对于特定的节目、特定的主播、特定的类别/内容的忠诚度普遍不高，《中国音频传媒发展研究报告（2023）》暨南大学课题组调查数据显示，29.3%的用户习惯听特定的节目、17.6%的用户习惯听特定的类别/内容、14%的用户习惯听特定的主播。

三　2022年中国移动电台用户的内容收听偏好

（一）本地城市台具有明显区域竞争优势，新闻、交通、音乐频率仍主导收听市场

移动电台用户最爱收听本地城市电台，作为地方性区域媒体，本地因城市电台具有较强的贴近性而受到用户青睐，收听占比达 82.9%；本地省级电台收听占比达 48.9%；国家级电台收听占比达 33.3%。本地电台可进一步在节目内容的贴近性、服务性上深入挖掘，进一步提高竞争力，成为用户不可或缺的生活"工具"和收听"陪伴"。从收听频率来看，交通、新闻、音乐仍是移动电台用户收听的"三驾马车"，收听比例分别为 68.4%、64.9%、60.4%。

（二）音乐、资讯、娱乐类节目是收听爆款，知识性、实用性垂类内容价值爆发

从收听类型分析，如表 1 所示，移动电台用户最喜欢收听的是流行音乐，收听比例达到 61.2%，位居榜首；经典音乐、最新音乐榜单、民族音乐等均有较大的收听需求，收听占比分别为 33.1%、23.4%、21.7%。多样化的音乐类型可以满足用户放松心情的需要。在信息过载的时代，高品质的新闻资讯内容仍然受到用户青睐，收听占比达 58.0%，位居第二位，同时热点解读、话题点评等具有较高的收听比例。

数据显示，具有一定知识性与实用性的移动电台内容价值爆发，受众需

求增大。天气预报、路况信息的收听占比分别达42.0%、39.4%，位居第三位和第四位。健康养生、汽车类、旅游、生活资讯/服务、教育/培训等有价值的内容在移动电台中占有一定收听比例，对于提升用户黏性、聚合流量有极大地促进作用。

在快节奏的生活中，大家容易感到身心疲惫，因此受众对娱乐体验的需求越发强烈。脱口秀、相声小品、吃喝玩乐、有声书、情感/心理、评书等所给用户带来的松弛感、娱乐性、心灵抚慰的内容成为电台用户经常收听的主要内容。

除头部内容外，军事、投资/理财、广播剧、商业财经、体育、游戏/电子竞技、法制反腐、校园、儿童/亲子、戏曲、IT科技、外语教学这些小众内容虽整体收听比例偏低，但呈现的圈层传播效应不可小觑，存在较大的发展空间。

表1 移动电台用户经常收听的内容

内容	比例(%)	排名	内容	比例(%)	排名
流行音乐	61.2	1	情感/心理	16.3	19
新闻资讯	58.0	2	评书	10.5	20
天气预报	42.0	3	历史人文	9.5	21
路况信息	39.4	4	汽车买卖/介绍	8.6	22
经典音乐	33.1	5	教育/培训	8.4	23
热点解读	28.9	6	军事	7.8	24
脱口秀	28.5	7	投资/理财	7.7	25
相声小品	28.4	8	广播剧	7.7	26
吃喝玩乐	28.3	9	商业财经	7.6	27
健康养生	23.6	10	体育	6.8	28
最新音乐榜单	23.4	11	游戏/电子竞技	6.6	29
交通投诉/违章	23.3	12	法制反腐	6.4	30
民族音乐	21.7	13	校园	5.3	31
有声书	21.3	14	儿童/亲子	4.9	32
话题点评	21.2	15	戏曲	4.9	33
汽车保养/维修	18.7	16	IT科技	4.4	34
旅游	17.7	17	外语教学	2.1	35
生活资讯/服务	17.7	18			

数据来源：《中国音频传媒发展研究报告（2023）》暨南大学课题组。

（三）有声书市场仍有较大上升空间，精细化内容将带来高黏性用户

有声书在内容生产上进一步趋于精细化，不断满足细分的受众需求。对表2中所列19类有声书内容进行分析发现，健康类内容受到移动电台用户的高度青睐，以29.5%的收听比例位居第一位（此数据与2022年疫情因素有一定关系）。生活类、都市类内容位居第二位、第三位，收听比例分别为29.1%、21.5%。故事类节目成为用户收听的主要节目，历史、文学、言情、人文、科幻、玄幻、武侠、悬疑等收听总量较大，这与名人名著、网络文学热有较大关系，成为移动电台收听的一大亮点。

泛知识类电台节目播放量总体偏低，成功、儿童、校园、母婴等未形成稳定受众群。因此对于有声书的内容生产者来说，要紧密结合用户当下需求进行个性化设计，专注"陪伴"功能，进一步优化内容。

数据显示，移动电台用户中仍有30.6%从未收听过有声书，意味着有声书用户数量可进一步提高，潜在用户有待进一步挖掘。

表2　移动电台用户经常收听有声书的内容

内容	比例（%）	排名	内容	比例（%）	排名
健康	29.5	1	玄幻	10.5	11
生活	29.1	2	武侠	9.8	12
都市	21.5	3	悬疑	8.9	13
历史	19.4	4	成功	8.5	14
文学	19.3	5	儿童	8.4	15
言情	16.0	6	校园	5.9	16
人文	15.3	7	商战	5.5	17
财经	14.7	8	官场	4.9	18
科幻	14.0	9	母婴	4.8	19
军事	12.1	10	没听过	30.6	20

数据来源：《中国音频传媒发展研究报告（2023）》暨南大学课题组。

在移动电台用户选择收听有声书平台的数据中可以发现，没有明显倾向的占比达41.1%；倾向于综合性电台平台的收听占比达33.0%；倾向于专门的有声书平台的收听占比达25.9%。对于移动电台而言，可进一步通过细分内容来确立电台的特色，塑造电台鲜明的形象，提升电台的识别度，增强用户的黏性。

影响移动电台用户选择有声书平台的因素占比从高到低依次是：有声书资源数量、有声书播讲质量、免费内容数量、平台知名度、有声书内容分类、是否有喜欢的有声书，占比分别为45.8%、44.1%、35.9%、35.8%、32.1%、30.1%。可以看出，优质的内容仍然是用户的首选项，精良的制作以及规范的专题划分，都将给用户带来更好的体验，从而提升用户对平台的信任和依赖。当然，内容产品的物美价廉是赢得用户好感的重要法宝。

《中国音频传媒发展研究报告（2023）》暨南大学课题组调查数据显示，20.2%的用户选择有声书平台的原因是有喜欢的主播，虽然国内不少有声书平台已开始使用AI人工智能语音进行播读，在一定程度上提升了平台的内容生产效率，但AI播读和真人演播仍存在较大差异，有声书平台应更重视与用户的情感互动，进一步提升用户的友好度。

另外，用户会考虑在使用有声书平台时听音乐以及娱乐节目，但没听过的占比达46.6%；完全不会通过有声书平台听音乐娱乐节目的用户占比达30.4%；会通过有声书平台收听音乐娱乐节目的用户占比达23%。由此可见，依据平台定位和受众特点，发掘自身核心优势，深耕垂直领域，是专业电台的路径选择。

（四）泛娱乐化时代语音直播用户逐渐扩大，语音社交市场有较大的挖掘潜力

语音直播是通过纯电台进行聊天的一种形式，符合用户碎片化使用场景下的语音社交。移动电台用户选择语音直播，首要目的是聆听好声音，占比达44.7%；通过语音直播学习知识的用户占比达40.4%。在视频大行其道的今天，移动电台用户回到有着较强渗透力的声音场景，利用碎片化时间进

行学习，体现出声音的价值。

数据显示，用户收听语音直播时，听主播说新闻、听主播唱歌/播放音乐、听主播搞笑三大内容占比均超过三成，分别达 37.8%、35.1%、31.9%。另外交流心得、情感抚慰、交友则体现出语音直播较强的社交属性，占比分别达 28.7%、19.1%、17.6%。

四 2022年中国移动电台用户的触媒行为

移动电台用户的触媒行为反映了用户基于自身需求而对各类媒介进行选择的行为和活动。在技术赋能的背景下，移动电台用户的触媒行为拥有了更多的主动性，深入了解移动电台用户的触媒行为有助于更好地践行党的二十大报告所提出的"加强全媒体传播体系建设，塑造主流舆论新格局"[①]。

（一）触媒行为的基础构成

首先，移动电台用户触媒行为的基础是结构化的需求层次。在马斯洛的需求层次理论中，需求层次越低意味着需求的力量越大、潜力也越大，此种假设也可投射在移动电台用户的触媒行为上，《中国音频传媒发展研究报告（2023）》暨南大学课题组调查数据显示，移动电台用户最经常使用的 App 种类前三是网络支付、社交应用、网络购物，基础的生存、社交需求作用力强劲。进一步归类来看，基础应用类 App 主要是满足日常的信息、社交需求，移动电台用户使用社交应用 App、即时通信 App、搜索引擎 App、网络新闻 App 占比分别为 66.3%、55.6%、54.4%、58.7%；商务交易类 App 主要是满足日常的支付、购物需求，移动电台用户使用网络支付 App、网络购物 App、网上外卖 App 占比分别为 72.4%、64.9%、46.9%；网络娱乐类 App 主要是满足日常的休闲、娱乐需求，移动电台用户使用短视频 App、网

---

① 习近平：《高举中国特色社会主义伟大旗帜 为全面建设社会主义现代化国家而团结奋斗——在中国共产党第二十次全国代表大会上的报告》，《人民日报》2022 年 10 月 26 日，第 1 版。

络音乐 App、网络游戏 App、长视频 App、网络直播 App 占比分别为
55.6%、48.5%、21.1%、21.6%、20.9%。社会服务类 App 中，网约车
App 以 25.1%的比例遥遥领先。

其次，移动电台用户触媒行为有着以视频为主、音频次之的文本形态偏
好。从"无图无真相"的读图时代开始，纯文字类的内容信息就逐渐让位
于融合了视频、文字、图片、音频等多模态的内容信息。视频文本以其可
感、可视特点，更容易受到用户的喜爱，《中国音频传媒发展研究报告
（2023）》暨南大学课题组调查数据显示，79.7%的移动电台用户喜欢短视
频，36.9%的用户喜欢直播，31.5%的用户喜欢长视频。具有灵活自由特点的
音频文本能够嵌入多种生活场景，更容易使用户产生伴随性收听行为，28.9%
的移动电台用户喜欢音频，20.3%的移动电台用户喜欢"音频+文字"。

再次，在流量为王、产品为王、技术为王等诸多提法纷纷出台的多元化
时代，"内容为王"始终是人们对于信息价值的内在要求。《中国音频传媒
发展研究报告（2023）》暨南大学课题组调查数据显示，42.5%的移动电
台用户会因为内容质量差而取消对某一账号的关注；海量 App 应用的重要
价值就在于为用户提供更加个性化、更高质量的服务，"内容为王"不仅没
有过时，反而呈现垂类、细分的趋势。因为长期不更新内容、内容没特色、
对内容不感兴趣、内容实用性不足、内容娱乐性不足的因素而取消关注某一
账号的占比分别为 28%、27.3%、27.1%、14.2%、10.7%，"内容为王"
没有过时，而应成为始终秉承的理念。

最后，场景因素是触媒行为发生的重要变量。在不同生活场景下，移动
电台用户在听觉、视觉、触觉等信息感知方式方面有着不同的侧重，《中国
音频传媒发展研究报告（2023）》暨南大学课题组调查数据显示，听音频
节目和听音乐两类触媒行为以诉诸听觉为主，移动电台用户在居家休闲、睡
前、起床、午休、上下班-开/坐车、上下班-公共交通、长途外出路上等场
景发生触媒行为呈现伴随化的行为特质。移动电台用户对于信息处理的时间
成本、思考深度、目标指向等在不同场景也存在着明显的差异，移动电台用
户在居家休闲、睡前、起床、午休、上下班-公共交通、长途外出路上、吃

饭、聚会场景下刷微信/微博/B 站等的触媒时间充裕，能够调动更多的思考，功能指向性明确（如表3所示）。

表3　移动电台用户触媒行为的场景因素

单位：%

	听音频节目	刷新闻/资讯	刷微信/微博/B 站等	刷短视频	在线购物	听音乐
做家务	28.2	58.2	13.3	7.5	3.7	38.5
居家休闲	44.1	34.9	67.4	63.0	63.7	45.3
睡前	28.4	19.5	51.2	38.0	18.9	27.7
起床	16.2	28.4	29.4	14.3	4.7	15.5
午休	19.3	6.2	37.9	28.2	18.5	19.3
学习场合	5.0	10.7	12.5	5.7	2.6	7.2
工作场合	7.1	11.8	17.5	6.6	4.6	7.2
上下班-开/坐车	39.9	14.8	19.9	11.9	4.3	30.9
上下班-公共交通	21.4	14.8	25.0	16.7	6.0	21.0
长途外出路上	20.4	14.6	26.9	17.5	6.1	25.0
排队时	10.9	7.6	27.6	16.6	4.8	15.7
逛街	9.4	13.9	20.2	8.5	5.6	13.6
吃饭	10.2	8.7	27.9	17.5	6.8	11.1
聚会	7.3	6.5	24.5	11.1	3.9	11.6
散步	17.1	3.3	16.2	8.0	4.0	35.4
运动/健身	11.4	4.2	8.2	4.3	1.9	29.1
没接触过	4.6	58.2	1.5	3.2	13.5	4.1

数据来源：《中国音频传媒发展研究报告（2023）》暨南大学课题组。

（二）触媒行为的社交化偏向

首先，《中国音频传媒发展研究报告（2023）》暨南大学课题组调查数据显示，微信、抖音、QQ 等具有强烈社交属性的 App 在移动电台用户的知晓率和使用率方面居于前三强（见表4）。一方面，这种社交化属性弥补了传统媒体的功能性不足，成为传统媒体融媒体转型的主要平台，移动电台用户关注并使用过传统媒体开设的抖音号、微信公众号、微信小程序、快手号占比分别为 60.9%、53.8%、44.6%、34.2%（见表5）；另一方面，传统媒体自主开发的音频 App（如阿基米德 FM、云听、听听 FM、芒果动听、叮咚 FM、九头鸟 FM 等）受地域化的限制，需要通过有效的路径弥补传播力的不足。

表4 移动电台用户对 App 的知晓率和使用率

单位：%

	知道以下哪些 App?	近三个月都使用过以下哪些 App?		知道以下哪些 App?	近三个月都使用过以下哪些 App?
微信	99.3	96.2	九头鸟 FM	6.1	2.9
QQ	81.4	46.4	大蓝鲸	3.6	0.8
微博	63.3	27.5	在南京	2.7	0.6
抖音	89.9	72.6	极光新闻	3.8	0.6
快手	73.4	33.1	冀时	1.8	0.4
今日头条	69.6	35.2	津云	1.9	0.2
西瓜视频	47.7	12.2	闪电新闻	3.7	0.6
bilibili	28.3	8.6	企鹅 FM	10.2	1.6
小红书	43.8	13.9	凤凰 FM	8.7	1.2
秒拍	25.3	3.7	懒人听书	22.0	6.2
微视	39.8	7.6	酷我畅听	10.5	1.9
爱奇艺	79.8	36.2	酷听听书	8.3	1.5
优酷	73.3	22.8	豆瓣 FM	17.4	2.9
腾讯视频	75.7	38.8	酷狗音乐	55.4	21.8
芒果 TV	45.1	10.5	QQ 音乐	73.5	34.7
央视频	19.2	3.4	酷我音乐	44.4	10.0
喜马拉雅	45.2	21.8	网易云音乐	36.5	13.7
蜻蜓 FM	25.3	6.5	咪咕音乐	26.8	4.5
荔枝	15.5	3.6	虾米音乐	21.2	3.0
听伴	4.6	0.8	克拉克拉	3.8	0.5
阿基米德 FM	5.1	0.7	YY 直播	13.5	2.4
云听	7.1	0.6	猫耳 FM	3.4	0.9
听听 FM	5.8	1.0	哩咔	1.5	0.1
芒果动听	7.1	0.9	情咖	1.3	0.2
叮咚 FM	5.4	0.9			

数据来源：《中国音频传媒发展研究报告（2023）》暨南大学课题组。

表5 移动电台用户对传统媒体平台/账号的关注度和使用率

单位：%

请问您会关注、使用传统媒体的以下平台/账号吗？			
	关注并使用过	关注了,但没怎么使用	没有,但可能会关注	不会关注与使用
媒体官方网站	24.6	29	23.5	22.9
媒体 App	27.9	27	25.2	19.9
微信公众号	53.8	27.7	10.8	7.7
微信小程序	44.6	27.4	15.1	12.8
微信视频号	26.8	27.4	26.4	19.4
微博账号	22.3	27.3	24	26.4
头条号	27	28	26.2	18.8
抖音号	60.9	20.2	11.8	7.1
快手号	34.2	25.4	21.2	19.2

数据来源：《中国音频传媒发展研究报告（2023）》暨南大学课题组。

其次，App应用的创新扩散呈现社交化、圈层化、主动化的特质。应用商店和手机系统预装是以往用户接触App的第一道关卡。《中国音频传媒发展研究报告（2023）》暨南大学课题组调查数据显示，69.9%和40.7%的移动电台用户通过应用商店、手机系统预装知道App，但由于生活空间中人际关系网络的影响力强大，44.1%的移动电台用户通过朋友与熟人推荐、35.9%的移动电台用户通过社交媒体知道App，二者相加的影响力超越了传统的以应用商店为主要途径的扩散渠道。在社交化和圈层化的大背景下，传统的主要App扩散渠道成为补充性的存在，移动电台用户通过门户网站、网络媒体广告、户外广告、线下推广活动、传统媒体广告知道App的占比分别为24%、15.5%、11.4%、7.5%、7.3%。不可忽视的是，44.5%的移动电台用户会通过搜索引擎知道App，以主动、积极的方式进行选择。

最后，移动电台用户在微信、微博、短视频等平台上具有鲜明的卷入式社交特点。一般而言，浏览/阅读信息是有效开展触媒行为的基础，《中国音频传媒发展研究报告（2023）》暨南大学课题组调查数据显示，点赞行为的占比为 76.2%，这一数值超过了浏览/阅读 70.1% 的占比，亦即移动电台用户有时甚至不看内容，看到熟悉的朋友、家人发布的内容就直接点赞了，其转发/分享、评论行为的占比分别达到了 56.3%、55.5%，可见数字空间复刻了现实空间中的人情交往。

（三）触媒行为的选择性表征

在移动电台用户获取信息方面，传统媒体依然是主要渠道，微信和抖音居于各类 App 前列。《中国音频传媒发展研究报告（2023）》暨南大学课题组调查数据显示，移动电台用户通过电视、广播、报刊获取信息的占比分别为 61.4%、30.2%、8.1%，在媒体融合环境下，传统媒体凭借多年积累的公信力依旧有其独特的传播优势。不同于传统媒体，App 基于社会关系网络和算法的信息推荐机制更能够匹配当下社交化、个性化、浅阅读的需求。中科网联的调查数据显示，移动电台用户通过微信、抖音获取信息的占比分别为 77.6%、57.6%。

短视频是当下最热门的文本形态之一，移动电台用户的短视频触媒行为呈现强烈的娱乐休闲属性。随着短视频 App 的操作更加简便、流量焦虑进一步缓解，短视频跟风模仿提升了沉浸式参与的乐趣，用户在指尖轻划之中就可获得短暂的愉悦。《中国音频传媒发展研究报告（2023）》暨南大学课题组调查数据显示，移动电台用户出于娱乐休闲、打发时间的目的使用短视频的占比分别为 78.0%、62.1%。与娱乐休闲、打发时间目的相匹配的是对特定类型短视频的喜爱，移动电台用户对搞笑、美食、日常生活、直播、旅游等类型短视频喜欢的占比分别为 62.3%、48.2%、45.2%、36.1%、34.8%。

在移动网络和智能手机普及的今天，以智能终端为载体的移动电台在资本的推动下，市场规模迅速扩大。目前，移动电台以其多元化、垂直类的内容受到用户的青睐，已从流量聚合逐步转向个性化、专业化、精品化的内容生产。在消费升级的当下，只有高质量地为用户提供更多场景服务、更好的收听体验，才能满足用户的需求，才能实现平台的流量变现和价值转化。同时应进一步完善移动电台的制播机制，提升其内容品质，促进移动电台行业良性健康发展。

B.15
2022年中国有声阅读市场发展报告

童云　周世皓　王怡菲*

摘　要： 2022 年，新冠疫情之后的有声阅读市场迎来新机遇，呈现新亮点。全民阅读政策利好，引领有声阅读市场健康有序发展。有声读物主题出版弘扬新时代主旋律；社区有声图书馆受到基层群众欢迎；有声阅读走向细分化、精品化之路；智能技术带领有声阅读进入新赛道；有声阅读产业实现融合业态创新。一方面，有声阅读文化服务蓬勃发展；另一方面，有声读物侵权问题频发，知识产权保护亟待引起重视。随着科技进步，AIGC 引发的新一轮传媒变革成为探讨热点。

关键词： 有声阅读　有声读物　数字有声出版

党的二十大报告明确提出，要深化全民阅读活动。自 2014 年至 2023 年，全民阅读连续 10 年被写入《政府工作报告》。我国全民阅读事业取得巨大成效，各地各部门积极开展主题鲜明、内容丰富、形式多样的阅读推广活动，阅读理念渐入人心，书香氛围日益浓厚，全民阅读蔚然成风。全民阅读有利于满足人民群众精神文化需求，提高人们思想境界，坚定四个自信，增强精神力量，从而建设社会主义文化强国。有声阅读是全民阅读不可或缺

---

* 童云，安徽大学新闻传播学院副教授、硕士研究生导师，中国高校影视学会广播专业委员会理事，研究方向为新闻传播、视听传播、数字出版；周世皓，安徽大学新闻传播学院 2022 级硕士研究生，研究方向为数字出版；王怡菲，安徽大学新闻传播学院 2022 级硕士研究生，研究方向为新闻传播、视听传播。

的组成部分，为促进全民阅读高质量发展和书香中国建设发挥了积极作用。2022年，我国有声阅读领域涌现一批精品力作，有声阅读内容供给实现精品化、细分化，有声阅读市场规模在新冠疫情后持续扩大，形成主体多元、产业融合、跨界创新的蓬勃发展态势。

一　有声阅读政策利好市场拓宽

政策引领与规范管理是有声阅读市场有序发展的保障。2021年12月，国家新闻出版署印发《出版业"十四五"时期发展规划》，明确提出出版业"十四五"时期发展的指导思想、基本原则、目标要求、重点任务、保障措施，描绘了出版业发展蓝图。同时，《"十四五"时期国家重点图书、音像、电子出版物出版专项规划》等文件也作为附件印发。2022年，我国有声出版行业始终坚持守正创新，以高质量发展为主题，深化供给侧结构性改革，满足人们日益增长的学习阅读需求，提供丰富的有声阅读产品，以及高质量的有声阅读服务，推动出版业向质量更好、效益更好、竞争力更强、影响力更大发展。

有声读物市场规模呈持续扩大趋势。有声作品数量增多，有声书产业规模扩大。中国音像与数字出版协会发布的《2022年度中国数字阅读报告》显示，2022年我国数字阅读市场总体营收规模约463.52亿元，同比增长11.5%，其中，有声阅读市场规模达95.68亿元，在数字阅读市场中占比为20.64%。我国数字阅读平台上架作品总量达到5271.86万部，有声阅读作品达到1518.62万部。[1] 艾媒咨询发布的《2022年中国声音经济数字化应用发展趋势报告》显示，我国声音经济产业市场规模达到3816.6亿元。[2] 《中

---

① 《〈2022年度中国数字阅读报告〉：营收463.52亿　60岁以上人群占比增长超一倍》，"中国新闻出版广电报"微信公众号，2023年5月10日，https：//mp. weixin. qq. com/s/9uSO43Nds9rN3PuC0IgfDg。

② 《2022年中国声音经济数字化应用发展趋势报告》，艾媒网，2023年2月20日，https：//www. iimedia. cn/c400/91728. html。

国音频传媒发展研究报告（2023）》暨南大学课题组的调查数据显示，2022年中国声音内容市场的用户规模达到7.78亿。快节奏的生活改变着人们的阅读习惯，音频平台也在塑造着用户的阅读习惯，从"用眼阅读"到"用耳阅读"，听觉感官更好地被调用。在碎片化阅读时代，有声阅读音频产业市场前景广阔，产业链正在逐步走向成熟。

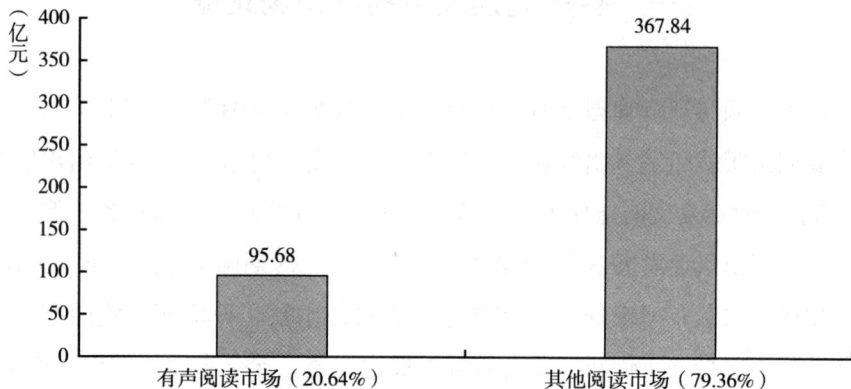

图1 2022年中国数字阅读市场规模

数据来源：中国音像与数字出版协会《2022年度中国数字阅读报告》。

针对用户需求推出优质有声读物。Z世代（12~26岁）和千禧一代（27~42岁）现在是重要的图书消费者，他们的读书偏好也在影响着出版业，影响着有声阅读市场。2022年4月，首届全民阅读大会在北京举办，会上推选出90个"大众喜爱的阅读新媒体号"，其中包括微信公众号、音频号和视频号。第二届全民阅读大会发布的数据显示，19~45岁人群成为数字阅读主力，占比为67.15%，活跃度和参与度都保持较高水平。[1]进行数字阅读的人以在读学生、企事业单位员工等为主。年轻读者对数字化阅读方式具有亲近感，针对他们的需求，设计适合的有声读物，营造舒

---

[1] 《〈2022年度中国数字阅读报告〉：营收463.52亿 60岁以上人群占比增长超一倍》，"中国新闻出版广电报"微信公众号，2023年5月10日，https://mp.weixin.qq.com/s/9uSO43Nds9rN3PuC0IgfDg。

适的阅读场景，成为有声阅读市场竞争的热点。例如，利用元宇宙技术打造的比特书房突破时空限制，集看听读购、书友社交等元素于一体，为读者带来沉浸式、跨时空的阅读新体验。数字阅读大致分为电子阅读和有声阅读两种阅读形式，年阅读量均有小幅增长。然而，从单次阅读时长来看，电子阅读的单次时长下降了 7.76%，而有声阅读的单次时长有所上升。①

二 有声阅读弘扬新时代主旋律

思想理论主题的有声读物精彩纷呈。有声出版机构聚焦举旗帜、聚民心、育新人、兴文化、展形象的使命任务，坚持绿色化、数字化、智能化、融合化发展方向，推动有声阅读行业迈向高质量发展。出版社积极做强做优党史理论主题出版物，打造新时代有声出版精品。习近平新时代中国特色社会主义理论有声读物、党史党建和思想理论类有声读物受到广大听众欢迎。全国各地积极依托党日党课、基层党群服务、干部职工大会、理论学习小组等，组织党员干部开展党史理论集中学习，营造浓厚的学习氛围，掀起理论学习热潮。国家新闻出版署开展全国有声读物精品出版工程项目申报，申报项目总时长约为 7268 小时，从 466 个有声读物项目中遴选 41 部作品。② 主题出版有声读物展现中国共产党的百年奋斗历程和伟大成就，深入宣传习近平新时代中国特色社会主义思想，以生动鲜活的语言讲述党史理论知识，引领社会主义核心价值观，唱响新时代主旋律，深受读者的喜爱。例如，《习近平讲党史故事（有声版）》、《习近平用典（第一辑）（有声版）》、《论中国共产党历史（有声版）》、《读懂中国共产党（有声版）》，

---

① 《〈2022 年度中国数字阅读报告〉：营收 463.52 亿　60 岁以上人群占比增长超一倍》，"中国新闻出版广电报"微信公众号，2023 年 5 月 10 日，https://mp.weixin.qq.com/s/9uSO43Nds9rN3PuC0IgfDg。

② 《国家新闻出版署关于公布 2022 年全国有声读物精品出版工程入选项目的通知》，国家新闻出版署网站，2023 年 1 月 18 日，https://www.nppa.gov.cn/xxfb/ywxx/202307/t20230721_728294.html。

及"北大红楼与中国共产党创建历史丛书（有声版）"等。主题出版有声读物内容丰富、形式多样、制作精良，且语言表达规范准确、情感恰切、层次分明，富有感染力。[①]

优秀传统文化类有声读物表达多元且富有创意。例如，采用手绘漫画方式配合音频讲述，将严肃厚重的内容变成鲜活生动的故事，让低龄孩子们能听懂、喜爱听，在故事中学习历史知识，懂得家国情怀。此外，"短视频+音频""虚拟现实+音频""网络直播+音频"等有声读物形态多样，推动有声出版深度融合创新。精品有声读物《这就是中国古建筑》《京剧，原来这么好玩》《诗意还原 未来讲堂——古诗词名家诵读与鉴赏》《少年读中国哲学》《中华先贤人物故事汇（有声版）》等，展现了中华文化永恒魅力，充分阐发了中华文化价值。[②] 传统文化类有声读物为青少年群体提供了丰富的音频学习资源，如《少年读中国哲学》故事生动有趣，成为青少年阅读中国哲学的启蒙书。《丝路上的敦煌：儿童历史文化百科》是专为5~12岁孩子打造的历史百科书。以"中国文化""中国精神"为主题的有声读物，坚持健康向上的格调品位，用新的表现形式弘扬中华优秀传统文化，传播正能量，展现真善美，反映时代新气象，讴歌人民新创造。一些商业网络平台还为创作者开发简单易行的智能化音频制作工具，运用工具可以在线多轨剪辑、调整音量、配乐，实现音频文字化剪辑。

科普类有声读物成为亮点。科普类有声读物的主要受众是少年儿童。对于少年儿童来说，有声读物比单纯的文字阅读易于理解和接受，因此有声阅读更受孩子们欢迎。例如，《讲给孩子的医学科普知识》《野生动物救助站》《棒棒虎人体迷宫大冒险》等。海洋科普有声读物《大海在说话》在云听App上线，通过"趣闻小课堂""趣味问答"等形式，用声音生动形象地为听众阐述海洋知识，节目内容包括海洋里的活化石、海洋里的毒物、海洋里

---

① 张建凤、吴滤：《生态再造：创新主题出版有声书内容生产与传播策略——基于建党百年主题有声出版物分析》，《出版广角》2022年第1期，第23~26+68页。

② 程兵、王韶稳、吴雷：《出版视域下中华优秀传统文化的推广——以全国有声读物精品出版工程为例》，《出版科学》2022年第6期，第70~76页。

的庞然大物、海洋里的哺乳动物等，涵盖了海洋生物、生态、地理、环境等内容。

三 社区基层有声图书馆受青睐

有声图书馆和听书墙成为城乡基层社区的独特风景。红色主题有声读物在强国论坛、云听等网络平台展播，读者可以通过智能终端收听，也可以在有声图书馆、基层社区、党群服务机构等线下场景通过"听书墙"来阅听。社区街道是离群众生活最近的基层组织，具有服务群众的公共属性。在基层社区设置有声党建图书馆，能够以低成本、高质量、接地气的优势吸引广大群众的注意力，将优秀的主题出版物带到大众面前，满足基层群众的阅读需求，助力全民阅读的普及，同时提高智慧党建的影响力和感召力。随着"不忘初心、牢记使命"爱国主题教育活动在全国开展，人民群众对党史党建主题出版物的需求不断提高，相关企业、学校、社区等基层组织，以及公共交通空间采用新技术赋能有声读物，让有声读物走进千家万户，采用整合线上资源、布局线下渠道的方式，可以帮助实现扫码畅听，让红色经典学习变得日常化、常态化，形成"人在哪里，宣传阵地就在哪里"的出版融媒体发展新气象。

社区有声党建图书馆具有以下优势：（1）方便快捷，扫码即听，使用流程简单，用户体验感较好，知识听得见，视频、图片带得走；（2）数据便于管理，内容可实现后台云端更新，建设成本低，易于推广；（3）因地制宜，形式创新，大到空间场地，小到墙面角落，都可以被呈现，支持内容自建，融入本地党建特色，特定的线下场景对应特定的内容，随时随地都能为党员及群众提供党建学习资料；（4）来源权威、专业、可靠，内容来自中国社会科学院网站、学习强国、新华网、党建网、共产党员网等机构官方网站和主流媒体等，经过严格的审校制度方能发布。有声图书馆成为社区居民学习充电的"加油站"，能够进一步助力倡导和推广全民阅读活动，营造书香四溢的文化氛围。

四 有声阅读走向细分化精品化

听书和视频讲书脱颖而出。中国新闻出版研究院发布的《第二十次全国国民阅读调查》显示，数字化阅读方式接触率增幅稍高于纸质图书阅读率，成年国民数字化阅读方式的接触率为80.1%，"听书"和"视频讲书"成为新的阅读选择，有8.2%的成年国民倾向于"听书"；有2.8%的成年国民倾向于"视频讲书"；超过30%的成年国民养成了听书的习惯，对此城乡差异逐步缩小。① 听觉阅读具有不同于视觉阅读的独特功能，在交通出行、跑步健身、家庭休闲、户外活动等各种场景下，有声阅读能够解放眼睛与双手，实现伴随式、碎片化收听，以"听"的方式进行读书成为一种阅读时尚。视障人群也能享受有声阅读带来的快乐，无障碍阅读设备、有声图书馆为视障人群提供了便捷的阅读渠道。轻松娱乐型有声读物受到市场欢迎。提升阅读体验和优化题材结构是用户关注的内容。中国广播电视社会组织联合会、北京师范大学联合发布的《2022年度中国有声阅读影响力研究报告》显示，网络用户有声阅读的品种数和播放量有所增长，人们通常选择内容轻松的有声读物，例如悬疑惊悚、玄幻奇幻、言情、幽默搞笑、少儿虚构类等有声读物。②

出版社积极布局精品化、细分化内容。出版社有声阅读产品主要集中在党史理论、科学普及、历史文化、少儿、教育等领域。出版社高度重视有声出版，实施有声出版精品策略，以有声读物为重要抓手，加大优质音频供给，加强组织力度，支持重点项目平台建设，强化人才扶持措施，完善激励评价体系，推动有声出版的融合创新，以高质量的精品力作领军市场，满足人民群众精神文化需求。有声读物精品工程成为有声阅读行业的示范工程，

---

① 陈雪：《〈第二十次全国国民阅读调查〉发布：多种阅读方式齐头并进》，《光明日报》2023年4月24日，第9版。

② 《调查显示：我国有声阅读产业前景广阔》，"光明网"百度百家号，2023年4月30日，https://baijiahao.baidu.com/s? id=1764567392735389169&wfr=spider&for=pc。

其中挑选的作品质量高、内容优、制作精。商业音频平台由"以数量为先"转变为"以质量取胜"。

五　智能技术引发有声阅读变革

2022 年 11 月，由美国人工智能实验室 OpenAI 发布的聊天机器人程序 ChatGPT（Chat Generative Pre-trained Transformer）在全球掀起热潮，短短几天，过多的 ChatGPT 注册用户导致服务器一度爆满。ChatGPT 能够学习人类语言与人类进行互动对话，根据读者给定的主题、关键词、格式、风格条件，自动生成包括文本、图像、音频、视频等在内的多模态内容，例如，AI 文本写作、文字转图像的 AI 图、AI 语音合成、AI 主播等。AIGC 可以激发人的创意，提高内容多样性，降低制作成本，实现大规模应用。科大讯飞公司推出的中文版星火认知大模型，通过对海量文本、代码和知识的深度学习，实现跨领域、多任务、多模态内容生产。

ChatGPT 在有声阅读领域将引发深度革新，商业平台积极开发 AIGC 有声阅读产业，AIGC 丰富了有声阅读内容产品，将促使有声阅读新模式、新业态的出现。在网络平台上，AIGC 赋能内容创作者，成为普通人易学易用的创作工具，为平台内容创作起到降本增效的作用。例如，喜马拉雅 FM 平台 AIGC 专辑数同比增长 354%，是 2021 年总量的 4 倍，AIGC 内容用户播放时长同比增长 207%。在喜马拉雅的 TTS（语音合成）技术支持下，创作者一天内可以制作和更新上百集内容。AIGC 极大地提高了音频内容生产效率，提高音频创作的互动性和趣味性，拓宽有声阅读分享渠道。喜马拉雅 FM 生产 AIGC 有声书专辑达到 37000 余部，其中"单田芳声音重现"系列专辑总播放量超过 1 亿次。[1]

AIGC 引发知识产权和伦理规制方面的讨论。AI 技术不断提高文本生

---

[1]　《喜马拉雅发布〈2022 年原创内容生态报告〉》，"喜马创作者"微信公众号，2023 年 5 月 18 日，https://mp.weixin.qq.com/s/OJqtRGYUlQJkwIrRUYSWuA。

成、语言理解、知识问答、逻辑推理、数学、代码、多模态等能力，影响着有声阅读的读者体验，也带来一系列关于伦理和规制的问题讨论。一方面，AI有声书可以实现大规模生产，成本低廉，有效解决市场有声阅读产品供应量少的问题，提高出版社和商业平台的利润；另一方面，AIGC内容的知识产权纷争引起社会关注。AI技术作为工具，可使文本直接转换成语音，却无法实现人的情感与知识的传播，声音复刻技术可以模仿人声，也可能侵犯个人对其声音的所有权和使用权。声纹如同指纹一样，具有个人独特性，AI复刻的声音可能被使用到不受其本人控制的内容或场景中，从而极易导致个人权益受到侵害。

六　有声阅读产业融合业态创新

有声阅读IP价值链开发成为市场盈利主流。在市场运营层面，有声读物的IP转化获得较大盈利空间。其一，网络文学被开发成有声读物，IP转化呈现稳健、创新、持续发展特征，一些网络文学作品在连载阶段已启动有声版改编与上线。[①] 有声读物与电影、游戏、户外活动项目等IP互相转化，提高了市场盈利份额。2022年，3000余部阅文IP有声剧上线，言情、现实、悬疑、科幻和玄幻类是IP改编和全媒体运营的主要题材。其二，有声阅读营销模式呈现视频化、社交化特征。部分数字阅读平台通过短视频解读和数字出版物推荐，取得了良好的效果。大多数出版社图书营销主要集中在微信与抖音等平台。[②]

有声阅读市场形成独特的音频产业链。音频职业人才需求增加，声音培训行业热度不减，一些培训机构运用大数据、AI等技术提升创作者的内容

---

① 中国社会科学院文学研究所《2022中国网络文学发展研究报告》课题组：《2022中国网络文学发展研究报告》，新浪网，2023年4月11日，http://k.sina.com.cn/article_6461170232_1811da238019016diy.html。

② 《IP孵化促进有声读物市场蓬勃发展，未来持续聚焦付费内容生态》，"观研天下"微信公众号，2023年6月5日，https://mp.weixin.qq.com/s/WFNDtfmI7yDpjs_VRPoW-g。

产出质量，为中游企业输送优质人才，优化音频行业产业链的上游结构。有声阅读平台通过节日促销、孵化主播等方式扩大盈利空间。例如，"喜马拉雅123听书节""云听好书节"等，平台通过"造节"，汇聚优质内容，营造热点话题；采取折扣优惠等措施，吸引用户收听和消费。平台的节日促销是扩大付费用户覆盖面的有效手段。在营销推广方面，随着直播和电商购物等新消费形式的爆火，音频平台现有的商业模式除了会员订阅和内容付费之外，还可以包括通过直播营销，用户对主播进行打赏或购买主播推荐的有声读物产品。易观分析的调研结果显示，有近三成的付费音频用户在过去一年中有打赏直播主播的行为，近两成用户有购买直播商品的行为。在内容生产层面，出版社愈加重视有声内容建设，通过整合媒体资源，开发独具特色的有声书，推动有声阅读产业链、价值链的深度融合。音频网络平台在产品端和服务端扶持原创作者和优秀播客，为创作者提供官方培训指导、活动投稿激励、社群互动交流、创作团队孵化等服务，综合评估创作者的等级及扶持权益。

有声阅读行业布局移动车联网新赛道。音频已成为众多移动用户必不可少的陪伴选择，音频覆盖了用户各个日常时段的移动触点，成为与休闲娱乐生活强力联结的移动媒介。易观分析在《2022年中国音频市场年度综合分析报告》中对六大音频消费的核心场景进行调研与分析，高达80%的用户表示在通勤时有收听音频的习惯，之后分别是居家场景、夜间场景、工作学习场景、运动场景和亲子场景，其中，开车、坐地铁、坐公交车、骑车等通勤场景占比高，通勤场景居于音频消费场景榜首。移动车联网成为有声阅读市场竞争的焦点之一。[①] 云听、喜马拉雅、荔枝、蜻蜓FM等平台纷纷与汽车厂商合作，抢占车载音频场景红利。例如，喜马拉雅与保时捷、特斯拉等车企深入合作；荔枝与小鹏、小米、华为等达成合作；云听平台与比亚迪等企业开展合作等；安徽广播电视台首个车载移动端"八方电台"入驻车联

---

① 《2022年中国音频市场年度综合分析》，易观分析，2023年5月30日，https：//www.analysys.cn/article/detail/20020579。

网，上线江淮等品牌汽车全车型。

传统音频类知识付费式微并遭遇瓶颈。iiMedia Research（艾媒咨询）数据显示，2022 年中国知识付费市场规模达 1126.5 亿元，较 2015 年增长约 70 倍，信息流推荐和直播间带货等场景下的视频与图文类知识内容异军突起，迅速成为消费主流，而音频类付费内容跌至第四位，仅占 13.2%。在付费偏好上，相较于 2021 年，付费用户比例有所下降，付费意愿整体趋于平稳，通过购买会员资格的方式进行付费阅读的用户比例有所提升。

七　有声读物版权保护亟待加强

保护知识产权和尊重自主创新的社会共识有待加强。有声阅读行业迅猛发展，随之而来的侵权问题不容忽视，各类有声读物侵权纠纷引起广泛关注和讨论。人们对有声读物有强烈的需求，但不少消费者缺乏尊重著作权的法律意识，不愿意承担知识产权溢价，盗版音频仍有较大市场。在保护知识产权方面，音频平台也应更好地承担社会责任。例如，2022 年，《三体》音频著作权侵权案二审结案。涉案的音频平台认为自己仅是提供网络技术或平台的经营者，不可能对海量的用户内容逐一进行侵权风险审查和评估，可以运用"避风港原则"来规避审查风险。然而，"避风港原则"在法律层面上仍应恪守"是否善意"的准则，如果侵犯著作权的事实显而易见，且影响范围广，那么音频平台就不能装作看不见，应当采取必要措施制止侵权，否则涉案平台应当承担法律责任，这有利于使网络平台作品合法依规传播。

有声读物著作权人的知识产权受到法律保护。《中华人民共和国著作权法》规定，著作权包括下列人身权和财产权：发表权、署名权、修改权、保护作品完整权、复制权、发行权、出租权、展览权、表演权、放映权、广播权、信息网络传播权、摄制权、改编权、翻译权、汇编权等。有声阅读市场侵权问题主要有：未经作品著作权人许可或授权，擅自将他人作品录制成有声读物并上传至网络；未经许可，擅自通过网络平台传播有声读物；未经许可，将他人图书作品改编成有声读物并公开向公众传播，侵害作品改编权和广播权等。有声读物版权运营涉及著作权人、音频录制者、音频传播者、平台管理者等多方主体，在录制、编辑、播出等每个环节都可能涉及知识产权问题。因此，各内容生产和传播主体都应树立知识产权意识，加强版权管理，运用法律规范市场行为。网络运营平台应承担起责任和义务，成为打击有声读物盗版行为的把关人，借助审查机制和技术手段，从源头上降低侵权行为的发生频率。[1]

八　思考与展望

有声阅读市场反映着我国数字出版领域的融合创新发展与变革。2022年，我国有声阅读行业顺应出版融合发展大势，服务党和国家工作大局，巩固思想宣传阵地，弘扬新时代主旋律。目前，有声主题出版物在内容选题、融合形式、交互服务等方面仍有精进的空间，社会力量的协同合作能够促进有声主题出版物全民普及。ChatGPT 引发的 AI 内容生产热潮使得有声出版机构开始审视和创新现有的生产模式，头部互联网音频平台纷纷投入成本，开发 AIGC 音频创作工具，用户使用 AI 工具并配合自身的创意与专业能力，创作出区别于传统内容的有声读物，丰富有声阅读市场。随之而来的是AIGC 所隐含的法律风险与知识产权纠纷，AI 技术抓取信息时所涉及的信息泄露问题，以及创作的作品版权归属问题、作者身份定义等，这些需要进一步规范。发挥法律法规与行业监管在 AIGC 创作发展过程中的理性约束和强制干涉作用，是当下乃至未来有声阅读市场健康平稳、持续前进的有效手段。AIGC 开启内容生成和创作的新篇章，有望带来内容消费市场的繁荣发展。有声出版应牢牢把握 AIGC 发展的新机遇，丰富数字内容，提高生产效率，提升用户体验，加速迈向高质量、现代化发展的新阶段。

---

[1]　王涵：《数字有声读物版权保护现状实证研究——以"喜马拉雅 FM"为例》，《出版发行研究》2019 年第 2 期，第 69~72 页。

B.16
2022年中国有声阅读的
版权保护现状与发展报告

吴生华　李 婵*

摘　要： 有声阅读作为数字时代新型出版传播体系的重要板块，其版权保护工作在2022年进入了新阶段。虽然《三体》有声读物著作权侵权纠纷案入选2021年度上海市版权十大典型案件，对规范授权、提高赔偿额度和增强平台责任产生示范效应，但有声阅读领域的版权问题限制了产业发展。分析中国有声阅读版权保护工作的发展趋势后发现，我国还需要完善版权授权机制，强化网络运营平台解决纠纷的责任和义务，加强新技术在版权保护中的综合应用，从而为有声阅读产业健康发展保驾护航。

关键词： 有声阅读　数字传播　版权保护

有声阅读是指区别于纸质阅读和电子屏幕阅读，用"听"接收信息的阅读方式，随着互联网技术、移动通信技术、移动智能终端、智能语音技术的发展，有声阅读得到普及。有声读物是有声阅读的作用客体，以"文本"为主要内容，以声音符号为传播形式，随技术发展衍生出的开放性多元形态主要包括传统出版物的有声书、视听作品的移动音频、知识付费类的有声内容等。版权一般指在《中华人民共和国著作权法》（以下简称《著作权

---

* 吴生华，浙江传媒学院新闻与传播学院教授，硕士生导师，研究方向为视听传播；李婵，浙江传媒学院2022级硕士研究生，研究方向为视听传播。

法》）规定的保护期限内著作人的知识财产权利。我国的有声阅读起源于
20世纪20年代中国广播的诞生，在20世纪90年代随着车载广播的发展走
向繁荣。有声读物出版早期以磁带和CD为主要载体，在数字技术的推动下
逐渐变为数字化的有声阅读产业。新技术将阅读推入了以听为阅读方式的
"全场景"时代，但由于有声读物的制作与传播涉及关系复杂的多元主体，
且相关的行政管理措施和司法体系不够完善，有声阅读领域的侵权纠纷案层
出不穷。2018年，针对大量音乐、文字、口述作品未经授权便在有声阅读
平台使用的现象，国家版权局将有声读物纳入"剑网行动"的重点领域进
行专项整治，有声阅读平台的版权秩序日渐规范。2021年，新修《著作权
法》实施后，语音直播被纳入广播权保护范围；同时，新修《著作权法》
选择了作品类型开放模式①，使原创性的有声读物被纳入作品的范围，录音
制作者获得法定获酬权，广播组织增加了信息网络传播权，法定赔偿额上限
提高，有声阅读版权保护的法律基础得到完善。2022年，《三体》有声读物
著作权侵权纠纷案入选2021年度上海市版权十大典型案件，对规范授权、
提高赔偿额度和平台责任产生示范效应。《马拉喀什条约》在我国落地，在
为有声读物向盲人、视障者和印刷品阅读障碍者公益出版创造条件的同时，
增加了相应的侵权风险；区块链创新应用试点项目由中央网信办等十六部门
启动，"区块链+版权"作为重要板块将进一步促进有声读物的版权保护。
回顾2022年中国有声阅读版权市场的风云变幻，整体市场更显公平性，也
更趋向透明化和开放化，平台的竞争也更加激烈。中国有声阅读的版权保护
工作将如何发展？本文将基于历史回顾和对现状的考察试作分析。

一 中国有声阅读版权保护的发展历程

我国有声阅读版权保护主要依托中国特色版权法律体系。我国目前的版

---

① 新修《著作权法》将第三条中兜底性条款改为："（九）符合作品特征的其他智力成果"，
意味着作品类型从法定模式转变为开放模式，反映出随着文艺、科学领域作品表达方式的
日益多元，立法过程最终趋向于作品类型开放的立场。

权法律体系是以《著作权法》为核心，由行政法规、行政规章、司法解释、国际条约等共同建构的。自 1991 年《著作权法》正式施行以来，我国著作权法共历经了 2001 年、2010 年、2020 年三次修改。2001 年修正的《著作权法》，在细化表演者和录音者权责的基础上，为适应网络传播环境增设了信息网络传播权，明确了从著作权人、表演者、录音者到发行方在网络传播中的授权链条。2006 年，国务院颁布的《信息网络传播权保护条例》作出了更进一步的规定。2010 年《著作权法》第二次修正明确了国家对作品的出版和传播进行监管。

2020 年，《著作权法》第三次修正案通过。一方面，此次修订将广播行为的定义从无线方式扩大到有线方式和其他方式，使网络电台、网络电视台、网络语音直播等形式的有声阅读方式有了明确的版权保护依据；另一方面，新修《著作权法》对无障碍格式出版作出新的界定，除盲文外包括电子书和有声读物在内的作品也被纳入这一范围。此外，新修《著作权法》第 17 条将视听作品分为电影作品、电视作品与其他视听作品，并以事先约定为先、无约定时归制作者的方式为有声读物作品的权利归属作出规定；第 44 条规定了录音制作者传播录音制品的获酬权，将其收入渠道从信息网络传播权拓展到非交互式的技术传输方式；第 47 条明确了广播组织可规制以任何技术手段进行的同步播放，同时通过为广播组织增加信息网络传播权来规制广播节目在互联网中的交互式传播；第 54 条将法定赔偿数额的上限从 50 万元提高到 500 万元，有益于改变有声书侵权案诉讼收效低的现状。

2021 年 3 月 1 日，《刑法修正案（十一）》施行，信息网络传播权和表演者权被纳入刑法的保护范畴，侵犯著作权的法定刑上限大幅增加。2021 年 3 月，最高人民法院发布《最高人民法院关于审理侵害知识产权民事案件适用惩罚性赔偿的解释》，进一步加强对严重侵害知识产权行为的惩处。

我国第一个有关有声读物的版权管理组织的诞生源于一场民间的企业“抱团自救”。当时非法盗版商通过盗版听书作品获取直接利益并获得广告收益，著作权人利益难以得到保障、用户付费意识难以形成，这使有声阅读行业的发展陷入困境。2014 年 4 月 23 日，浙江电子音像出版社、"氧气听书"等单位联合全国有声读物版权人、有声书录制者和表演者，在杭州万松书院成立"中国听书作品反盗版联盟"。① 同年，联盟陆续在各地法院向深圳市懒人在线科技有限公司、上海二三四五网络科技股份有限公司等就提供盗版有声书提起诉讼，索要赔偿共计 120 万元。其中，最早在深圳市南山法院正式立案的杭州平治信息技术股份有限公司与央广之声诉讼"懒人听书"案被业界认为是我国听书行业进行集体维权的第一案。

2018 年 8 月 16 日，最高人民法院发布第一批涉互联网的 10 个典型案例，其中谢某起诉深圳市懒人在线科技有限公司等侵害其作品信息网络传播权案，为有声读物版权保护工作的开展提供了依据。② 谢某是小说《72 变小女生》的作者，对该小说享有绝对著作权。2016 年，他发现自己的作品被制作成有声书在"懒人听书"平台上向公众提供，于是对授权链中的 4 家公司提起了诉讼。2017 年 6 月 19 日，法院认定侵权成立，判令 4 家公司共同赔偿著作权人 6100 元。有关人士指出，当时有声读物的立法和司法规则存在漏洞，而行业的快速发展需要明确的规则，该案件的判决为行业主体提供了明确的指导，有助于推动文化产业的健康发展。该案让有声阅读领域中授权不规范问题浮出水面，明确了未改变文字内容的有声读物仅为以录音制品存在的复制件，制作该类有声读物需要获取作者的复制权而非改编权，缺乏有效权利却向下授权的上游"授权方"已经构成侵权。

2018 年 12 月 9 日，中国广播电影电视社会组织联合会（简称"中广联"）有声阅读委员会在北京成立。③ 该组织除了开展论文、专家、艺术家、作品的评选活动，业务与学术交流活动以外，还希望借助新技术的研究和应用，克服版权监管、版权交易、版权对账等方面的困难，从而更好

---

① 童静宜：《国内听书行业首个反盗版联盟成立　向盗版侵权宣战》，2014 年 4 月 25 日，人民网，http：//ip. people. com. cn/n/2014/0425/c136655-24941866. html。

② 《最高法发布第一批涉互联网典型案例》，2018 年 8 月 16 日，百度百家号，https：//baijiahao. baidu. com/s? id=1608945169939708309&wfr=spider&for=pc。

③ 《中广联有声阅读委员会成立大会在京举行》，百度百家号，2018 年 12 月 11 日，https：//baijiahao. baidu. com/s? id=1619541942181095987&wfr=spider&for=pc。

地满足中国有声阅读市场的需求。2019年4月，中国网络版权保护与发展大会召开，国家版权交易中心联盟与中广联有声阅读委员会共同签署网络版权保护战略合作协议，旨在保护有声读物著作权人的权益，制止侵权盗版的传播，汇聚版权资源，推进价值引领，完善创造、运用、保护和管理版权的相关举措，推动我国有声阅读产业持续健康发展。① 2020年10月21日至22日，中国·北京国际版权授权大会在雁栖湖举行，同时，中国版权产业区块链运营服务中心与中广联有声阅读委员会版权发展基地在雁栖湖落户。②

2021年10月，中央网信办等18个部门和单位针对区块链在4大类16个领域的应用联合印发《关于组织申报区块链创新应用试点的通知》③，其中由中宣部组织和管理的"区块链+版权"项目鼓励行业相关管理部门联合建立接入版权信息的标准，并积极参与版权区块链建设，通过公信力节点接入等方式，探索运用技术手段固定权属信息，进而通过版权认证、版权登记、版权转让等流程，提高版权溯源取证的效率，减少融资认证中版权质押的阻碍。据2021年12月22日公示的试点入选名单，其中"区块链+版权"项目的入选单位共计12家，包括中国版权协会、深圳市前海智慧版权创新发展研究院、中国版权保护中心等。④

从2018年开始，有声读物被有关部门纳入重点领域开展版权专项治理。当年7月16日，"剑网2018"专项行动由国家版权局等部门共同启动，针对大量未授权的音乐、文字、口述作品在网络直播、知识分享、有声阅读中出现的侵权问题，大力整治有关平台，力图引导平台形成良好的

---

① 《国家版权交易中心联盟签署版权保护战略合作协议》，国家版权局网站，2019年4月6日，https://www.ncac.gov.cn/chinacopyright/contents/12453/350945.shtml。
② 《有声活动丨有声阅读委员会版权发展基地落户雁栖湖……国际版权授权大会透露这些信息》，"中国有声阅读"微信公众号，2020年10月21日，https://mp.weixin.qq.com/s/mkqfv3QGkozMUC5JtMizYw。
③ 《区块链周报18部委联合组织试点工作，SEC首次批准比特币期货ETF》，网易，2021年10月17日，https://www.163.com/dy/article/GMHGME1T0550B1DU.html。
④ 《关于国家区块链创新应用试点入选名单的公示》，澎湃网，2021年12月23日，https://www.thepaper.cn/newsDetail_forward_15972835。

版权秩序。①"剑网2018"专项行动启动当年安徽滁州就"懒人听书网"传播侵权录音作品进行了惩处，案中所涉有声书等录音作品达12398部。② 自2018年之后，每年的"剑网行动"都把有声读物的侵权问题作为重点，不断巩固和维持有声阅读行业的版权秩序。2019~2022年的"剑网行动"延续"剑网2018"的治理目标，强调"巩固网络重点领域版权治理成果"③，对有声读物平台的版权治理作进一步强化。

二 中国有声阅读版权保护的现状

2022年是深入落实《版权工作"十四五"规划》的重要一年，是中宣部印发《关于推动出版深度融合发展的实施意见》、推进出版深度融合的启动之年，是《马拉喀什条约》在我国落地实施的第一年，在多重背景之下，有声阅读版权保护工作得到快速推进，迈上了新的台阶。

（一）《马拉喀什条约》及相关规定实施，推动无障碍格式版作品向有声化发展

《关于为盲人、视力障碍者或其他印刷品阅读障碍者获得已出版作品提供便利的马拉喀什条约》（简称《马拉喀什条约》），于2013年在摩洛哥马拉喀什缔结。该条约由世界知识产权组织负责管理，要求缔约方对版权限制和例外作出规定，确保阅读障碍者享有平等欣赏作品、受教育权，它是全球版权领域中唯一的人权条约。该条约的服务对象包括盲人及除盲人外的视力障碍人士与其他印刷品阅读障碍者。条约中所指的无障碍格式版，是指可供以上人群阅读的作品版式，包括盲文、大号字体、有声书等形式。中国于

---

① 《国家版权局等四部委启动"剑网2018"专项行动》，国家版权局网站，2018年7月16日，https：//www.ncac.gov.cn/chinacopyright/contents/12384/350234.shtml。
② 《国家版权局通报"剑网2018"专项行动工作成果》，国家版权局网站，2019年2月27日，https：//www.ncac.gov.cn/chinacopyright/contents/12384/350238.shtml。
③ 《国家版权局等四部门启动"剑网2019"专项行动》，国家版权局网站，2019年4月26日，https：//www.ncac.gov.cn/chinacopyright/contents/12473/350972.shtml。

2013 年 6 月 28 日缔结《马拉喀什条约》。2020 年 11 月 11 日，《著作权法》第三次修订中对著作权合理使用情况进行了修改，将合理使用情形的范围从"将已发表著作改为盲文"扩大到"将已发表著作改为阅读障碍者可以感知到的无障碍方式"，符合《马拉喀什条约》的核心内涵。此后该条约于 2021 年 10 月 23 日经十三届全国人大常委会批准通过，其批准书于 2022 年 2 月 5 日向世界知识产权组织递交。

2022 年 8 月 9 日，国家版权局印发《以无障碍方式向阅读障碍者提供作品暂行规定》。为更好地与《马拉喀什条约》相衔接、提高《著作权法》有关条款的可操作性，这一暂行规定从重要概念的界定、规则要求的明确、主体资质的规定、监督管理的强化几方面进行了补充和完善。在此之前，新修《著作权法》明确规定，已出版的著作制成无障碍格式版提供给阅读障碍者，可以不经著作权人许可也不需要支付报酬。这就意味着如若阅读障碍者不能感知或者能感知但不能有效利用文字、视频形式的作品，可将作品以盲文、大字或有声形式进行出版以供阅读障碍者免费欣赏。同时，这一暂行规定在第 7 条中又进一步提出要鼓励从事出版、广播电视、电影、网络视听和无障碍格式服务的机构，生产和提供无障碍格式版服务，推动拥有作品版权的出版社、电台、电视台等机构将文字、视听作品向有声化的无障碍格式版转化。

但《马拉喀什条约》的实施，也增加了作品在无障碍格式版制作和传播过程中的泄漏和侵权风险。为此，这一暂行规定要求制作和提供无障碍格式版需要标明作者姓名、作品名称，尊重作品的完整性，不以营利为目的，仅对持有相关证明的阅读障碍者和相关服务机构在特定渠道中供给，借助技术识别、出示身份证等手段防止作品内容的泄漏等，从而在一定程度上规避了条约实施过程中的侵权风险。

（二）《三体》有声读物著作权纠纷案产生示范性影响

2022 年 9 月 13 日，2022 年度上海版权保护工作新闻发布会召开，会上公布《三体》有声读物著作权纠纷案入选 2021 年度上海市版权 10 大典型案例。①2019年10月17日，腾讯公司起诉广州荔支公司的《三体》有声书侵权。2021年6月3日，上海法院支持腾讯公司的维权诉求，并突破了旧版《著作权法》中50万元的法定赔偿上限，裁定荔支公司赔偿腾讯公司500万元经济损失，支付腾讯公司阻止侵权行为的合理费用171481.79元，此外，荔支公司被要求在官网主页上连续15日发表著作权侵权行为声明。②由于《三体》是国内极具影响力的科幻小说，且该案赔偿数额之大在有声读物版权纠纷中前所未有，该案在推进平台间接侵权责任认定、提高诉讼赔偿数额、加大对知识产权保护力度等方面产生了示范性影响。

追究传播未授权有声读物的平台责任，可以追溯到2014年"中国听书作品反盗版联盟"发起的有声书行业集体维权第一案。此后，"剑网2018"专项行动专门针对有声读物平台未经授权使用他人作品的行为进行了整治。随着UGC成为重要的内容生产方式，越来越多的侵权行为转变为用户上传所导致的间接侵权，侵权责任的判定变得更加复杂。据相关人士介绍，在与有声读物相关的平台间接侵权案件中，借由避风港原则③，平台往往通过举证用户的上传责任来逃避处罚。同时，由于各个法院对平台侵权责任的认定标准有所不同，间接侵权的裁定也往往存疑。④ 用户身份信息的缺失、平台对避风港原则的利用、法院认定标准不一等因素，都为平台免责制造了便利。

---

① 《因侵犯〈三体〉音频著作权，法院判定荔枝APP赔偿500万》，百度百家号，2022年8月14日，https：//baijiahao.baidu.com/s？id=1743929749575383026&wfr=spider&for=pc。

② 《深圳市腾讯计算机系统有限公司与广州荔支网络技术有限公司著作权权属、侵权纠纷民事一审案件民事判决书》，中国裁判文书网，2022年9月2日，https：//wenshu.court.gov.cn/website/wenshu/181107ANFZ0BXSK4/index.html？docId=FK3CU6/ZpOthfBPDUOp5V3M+pGOgt9uPHXabVzOuwrXiEn/KxmSIY7fWnudOoarTJc+eFJ/t4uoAEcAuoG9ZmZC6kQOD2Ucl+B1XBuqxmWzAM/YYm+RX5iVxiBjT0a0P。

③ 避风港原则，指当网络服务提供商只提供空间服务，并不制作网页内容时，如果被告知侵权，则有删除的义务，否则就被视为侵权。如果侵权内容既不在网络服务提供商的服务器上存储，又没有被告知哪些内容应该删除，则网络服务提供商不承担侵权责任。https：//baike.baidu.com/item/避风港原则/588459。

④ 刘茜芸：《数字有声读物产业中的版权保护风险与应对研究》，《科技与出版》2021年第1期，第123~129页。

版权纠纷判决突破法定赔偿上限，最早可追溯到 2009 年最高人民法院印发的《最高人民法院关于当前经济形势下知识产权审判服务大局若干问题的意见》。该文件第 16 条规定，侵权受损或获利的具体数目难以确认时，如果能够佐证涉案数额明显超过法定赔偿最高限额，应当结合案件中的其他证据，在法定最高限额以上合理确定赔偿额。① 然而在实际情况中，有声读物在维权诉讼过程中往往面临维权成本高而收效甚微的情况。因涉及有声读物版权纠纷的案件有较强的专业性，且相关证据往往提取难度高或证明效力低，不少案件都需要通过司法鉴定、公证证据和保全程序进一步佐证，需要耗费大量的时间和精力。此外，目前实际审判中赔偿数额主要按照《使用文字作品支付报酬办法》和《出版文字作品报酬规定》计算，只有当侵权人所获收益有确凿证据时，原告才能获得相对高额的赔偿。但此类案件在审判实务中并不多见，因而有声读物的维权诉讼意义更倾向于确认权属关系而非获得相应赔偿。

在《三体》有声读物侵权纠纷案中，法院依据涉案权利作品的知名度、作品名称、平台推荐及收到腾讯侵权通知后持续的侵权行为，推断荔支公司在知情情况下传播侵权音频，并没有采取制止侵权的相关措施。最终，荔支公司被判定构成帮助侵权，应当承担相应的民事责任。在赔偿金额的裁定中，法院综合考量权利作品知名度、侵权平台规模及具体侵权事实、侵权成本与侵权所获利益后，作出了突破法定赔偿限额的判决。有关人士指出，该案的关键在于腾讯对侵权数据的长期取证，使知名度、侵权规模、侵权时间、侵权收入等赔偿考量因素转化为数据，为法院提供了判断基础，这对主体维权具有借鉴意义。

2021 年 3 月，最高人民法院发布《最高人民法院关于审理侵害知识产权民事案件适用惩罚性赔偿的解释》，其中明确指出被告在原告或利害关系人的告知和警告下继续侵权的，可初步认定被告有侵犯知识产权的故意行

---

① 《最高人民法院印发〈关于当前经济形势下知识产权审判服务大局若干问题的意见〉的通知》，最高人民法院网站，2010 年 2 月 25 日，https：//www.court.gov.cn/zixun-xiangqing-384.html。

为。2022 年 7 月，上海市高级人民法院发布《关于加强新时代知识产权审判工作、为知识产权强市建设提供有力司法服务和保障的意见》，其中明确提出对于情节严重的故意侵权行为应给予较大程度的惩罚性赔偿。可以预期，随着版权保护力度的进一步加大，有声读物的版权诉讼赔偿额将持续走高，相关平台的责任与义务也将趋于强化。

（三）国家"区块链+版权"创新应用试点工作启动，新技术推进版权产业健康发展

2022 年 1 月，中央网信办、中宣部等 18 个部门和单位共同发布了国家区块链创新应用试点入选名单，其中在"区块链+版权"特色领域中有 12 家入选。① 该工作基于我国推动产业数字化转型的重要部署，指导试点单位依托区块链技术，针对版权登记、授权、管理、交易、运营等重要环节，提供版权治理的解决方案。

2022 年 9 月 1 日，中国国际服务贸易交易会于北京召开。大会期间，北京市版权保护中心、北京互联网法院、首都版权协会等单位，在北京市版权局指导下，共同举办了国家区块链数字版权创新应用成果展示暨第三届版权链生态大会，展示和发布了以数字版权证书、版权链和天平链为基础设施的数字版权创新应用最新成果。② 大会期间，北京市版权保护中心与北京互联网法院共同发布了版权链—天平链协同治理平台 2.0，该平台为协同治理平台在版权治理方面的最新成果。该平台在 2017 年启动前期调研工作，2018 年启动技术研发，2019 年投入试运行，在 2020 年服贸会上发布 1.0 版本。其 2.0 版本的突破在于，一是具有"双标统一、同步保护，双链协同、数据共享，双驱促市、正本清源"的核心能力；二是可以实现"确权强化、举证简化、维权优化、认证易化"的目标效果。随版权链—天平链 2.0 版发

---

① 《2022 年中国版权十件大事》，国家版权局网站，2023 年 2 月 28 日，https：//www.ncac.gov.cn/chinacopyright/contents/12227/357345.shtml。

② 《国家区块链数字版权创新应用成果展示亮相服贸会》，北京市新闻出版局网站，2022 年 9 月 10 日，http：//www.bjxwcbj.gov.cn/zwxx/gzdt/bq/81e49a2fb98e43309c065b4ec23dcb2f.html。

布的，还有 4 个以数字版权证书、版权链和天平链为基础设施的数字文化资产和数字版权发行交易平台，即南方文化交易所数字文化资产交易平台、有鱼艺术数字版权发行平台、"版艺云"图书数字版权发行和交易平台、"魔音数藏"音乐数字版权发行和交易平台。同时，由中国版权协会指导，北京中版链科技有限公司搭建及运营的中国版权链版权服务平台也在服贸会上亮相。通过"打卡服贸会，版权认证我先行"活动，北京中版链科技有限公司展示了该平台提供版权认证、版权存证、侵权监测、在线固证、版权维权、纠纷调解、授权溯源、版权资产管理等一站式版权保护和版权资产管理的服务。[①]

2022 年中国版权年会暨中国版权协会 2022 年度工作总结会上提出，中国版权链版权服务平台已初步建立起了具备确权、孵化、交易等功能的一站式版权服务体系，成为集区块链版权存证、版权认证、版权鉴定、版权资产管理、侵权监测、侵权固证、诉讼维权、纠纷调解、版权授权九大功能模块于一体，涵盖版权全生命周期的综合性版权服务体系。[②] 在版权确权方面，该平台的在线自动化验证的方式将版权确权周期由传统的 30 个工作日压缩到 3~5 个工作日；在版权保护方面，借助区块链，该平台使侵权固证周期较传统固证周期减少 30 个工作日，提升了侵权固证效率；在版权交易方面，该平台与中国出版创意产业基地、国家版权创新基地联合打造版权创意服务平台，构建公开透明的 IP 授权交易渠道。截至 2022 年底，该平台已为中央电视台、腾讯、小红书等数十家国内外权利人组织等提供一站式版权保护服务，完成包括东京奥运会、北京冬奥会、北京冬残奥会、央视春晚、央视元宵晚会、NBA、卡塔尔世界杯、凯叔讲故事、《三体》动漫等在内的多个国内外重大项目的版权保护工作，累计处理侵权链接 197 多万条，24 小时侵权下线率达到 96.1%，整体下线率达到 100%，处理下线非法会员账号 1238

---

① 《中国版权链版权服务平台亮相服贸会，"版权秀"活动受追捧》，"中国版权协会"微信公众号，2022 年 9 月 2 日，https：//mp. weixin. qq. com/s/8ScvEVNJT-qZEd7SKvriNw。
② 《九大功能模块、涵盖版权全生命周期 中国版权链已经建成一站式版权服务体系》，"中国版权协会"微信公众号，2023 年 1 月 17 日，https：//mp. weixin. qq. com/s/C5mGTvC05RbStBrcMTGfMg。

个，为权利人挽回经济损失 1584 万元。同时，为 NBA、腾讯音乐、酷狗音乐、凯声文化、搜狐等国内外权利人提供版权确权、侵权固证等区块链服务，上链数据 28 万余条。

三　中国有声阅读版权保护工作发展趋势分析

（一）版权授权机制有待进一步完善，营造良好的有声阅读版权秩序

虽然谢某诉懒人听书侵权案终审以来，不同类型的有声读物著作权性质得到明确，有关主体制作、在线提供有声读物所需要获取的具体权限也逐渐明晰，但目前有声读物的版权授权模式并不成熟。在实际案例中存在大量用户上传未授权内容、用户制作内容侵权、授权环节侵权的现象，反映出市场主体版权意识薄弱、授权关系不透明、授权约定不明确、授权链过长等问题。例如，2020 年王某某诉喜马拉雅公司侵害其作品信息网络传播权，被告提出，侵权作品由其用户"可以这样"上传，该用户经过"王某某—武汉凤凰台公司—北京多乐时代公司—北京可以这样公司"的授权链条而获得了合法授权，其中武汉凤凰台公司已注销，权利义务由北京多乐时代公司承继。但在诉讼中，被告所提供的证据不能证明该授权链条完整，因此被告平台上对侵权作品所进行的传播不具备合法权，它对相关有声读物的传播行为构成侵权。[①] 在当前的版权授权模式中，合同订立即授权生效，无须经过登记、审批等程序，这虽有利于作品的广泛传播和权利人利益的实现，但也使得大众无法辨别版权授权情况，从而提高侵权影响力。授权机制的不成熟，不但给权利人、网络平台、有声读物传播者带来了较大的审查压力，也不利于司法程序中的举证，因此有声读物的版权授权机制亟待进一步完善。

---

① 《王＊＊与上海喜马拉雅科技有限公司侵害作品信息网络传播权纠纷一审民事裁定书》，天眼查，2020 年 10 月 1 日，https://susong.tianyancha.com/fa360680e4654fa4ba78e6c4e1b73d2e。

（二）强化网络运营平台解决纠纷的责任和义务，推广著作权审查配套技术与机制

网络信息内容服务平台企业应当履行信息内容管理主体责任，内容安全是有声读物平台的生命线，加强对内容尤其是对 UGC 内容的有效审核和管控，是有声读物平台不能避而不谈、理应主动面对的问题。近年来，我国对平台的责任要求和惩罚力度明显提升，强化平台责任成为有声阅读版权保护工作的必然要求。据《2021 年度中国网络版权保护报告》，"2021 年，我国加强新型视听内容创作和版权保护的制度化建设，并通过督促网络平台积极履行版权内容管理的主体责任，巩固网络视听产业生产传播秩序向上向好趋势"①。如在《三体》有声读物侵权纠纷案中，法院强调了平台的注意义务，认为被侵权作品有较大知名度、侵权作品传播规模较大，且"荔枝 FM"平台应当具有信息管理能力，判断该平台已获知或应知其平台主播存在传播侵权音频的现象，却没有制止用户相关的侵权行为，属于帮助侵权。随着版权保护力度的不断加大，目前审核已成为各大有声读物平台内容发布的前置关口，各大平台专门成立内容安全中心，通过自己研发或者引入人工智能、大数据等技术，建立审核基地，借助"AI+人工"审核，进行平台内容把关。如喜马拉雅依托技术加人工的审核方式，建立了版权保护的专用平台，并将原创内容纳入版权管理资源库中，持续累积版权词。若用户上传同名的内容，该内容会在系统的介入下上传失败。同时，喜马拉雅坚持"三审+抽审"制度，遵循内容"先审后发"原则，开展"7×24 小时"值班。② 但是，目前平台审查并没有统一的标准，出于成本考量，审查往往依托技术，中小企业不堪重负。为了将侵权行为扼杀在摇篮中，未来，各方还须合力推动审查技术研发与应用，并不断健全配套审查机制。

---

① 《2021 年度中国网络版权保护报告》，国家版权局网站，2023 年 2 月 28 日，https：//www.ncac.gov.cn/chinacopyright/contents/12756/357401.shtml。

② 《音频行业发展迅猛！但如何盈利？有声书版权难题何解?》，百度百家号，2021 年 5 月 10 日，https：//baijiahao.baidu.com/s?id=1699356108645543166&wfr=spider&for=pc。

（三）聚焦新技术在版权领域应用，为有声阅读版权产业健康发展保驾护航

新技术使著作权侵权成本下降，隐蔽性增强，如果听之任之，无疑会严重影响市场秩序和作者的创作热情，因而通过新技术的推广与应用，对数字版权犯罪行为进行准确打击与预防，对于版权行业的良性发展来说显得格外重要。2020 年，版权保护新技术研究推广站点由中宣部版权管理局授牌建立，10 家单位入选；2022 年，中央网信办、中宣部等 18 个部门和单位联合公布 12 家"区块链+版权"特色领域国家区块链创新应用试点单位。试点工作开展以来，区块链技术已实现了在版权存证、版权认证、版权鉴定、版权资产管理、侵权监测、侵权固证、诉讼维权、纠纷调解、版权授权等环节的全面应用。2022 年 12 月 30 日，以聚焦数字版权产业创新发展方向、探讨数字版权产业生态模式与场景应用、交流数字版权授权交易新路径和新思考为主旨的 2022 年数字版权产业生态峰会在成都落下帷幕。未来，区块链技术在版权保护中的应用将进一步完善并得到推广。目前，针对有声读物侵权审核的全能智能审核平台已经出现，平台依托自动语音识别（ASR）、声纹识别以及"AI+人工"双重审核，来实现对侵权作品的精准识别。综合来看，目前，前景虽已明朗，但多种新技术应用集成十分不足，织密版权保护的技术防护网将是推动有声阅读版权行业健康发展的大势所趋。

（四）有声阅读版权产业接近百亿规模，行业发展前景广阔

2022 年 3 月 5 日，十三届全国人大五次会议开幕，"全民阅读"第九次被写进《政府工作报告》。自 2014 年以来，"全民阅读"在《政府工作报告》中的提法，有 7 年是"倡导"，有 1 年是"推进"，而在 2022 年，则是"深入推进"。从"倡导"到"深入推进"可以看出"全民阅读"的深度和广度在不断延伸和扩展，而"数字阅读"正成为"全民阅读"的新风尚。第二十次全国国民阅读调查结果显示，"听书"和"视频讲书"正成为新的阅读选择，35.5% 的成年国民有听书习惯，该数据较 2021 年增加了 2.8 个

百分点。①《2022 年度中国数字阅读报告》显示，2022 年，我国数字阅读市场总体营收规模达 463.52 亿元，其中有声阅读市场营收 95.68 亿元，占比为 20.64%。2022 年中国数字阅读平台上架作品总量持续增长，达 5271.86 万部，较 2021 年的 3446.86 万部增长 52.95%。② 随着政策的推动，有声阅读市场规模将持续扩大，突破传统的"免费听书+广告变现"模式，"打赏+分成"、内容付费、会员订购、IP 衍生及周边产品销售等成了有声阅读行业重要的收入来源，商业模式将不断完善。随着智能手表、智能家用音箱和其他联网设备的进一步普及，有声阅读行业的阅读场景将越来越细化，融入人们的生活。在政策、技术和市场"三驾马车"的拉动下，我国有声阅读市场的发展潜力不可估量。

---

① 《过去一年，你读了几本书？——第 20 次全国国民阅读调查结果发布》，中国政府网，2023 年 4 月 23 日，http：//www.gov.cn/yaowen/2023-04/23/content_ 5752853.htm。

② 《〈2022 年度中国数字阅读报告〉发布 我国数字阅读用户规模达 5.3 亿》，中国工信新闻网，2023 年 4 月 27 日，https：//www.cnii.com.cn/rmydb/202304/t20230427_ 466363.html。

B.17
2022年中国有声阅读市场用户
行为分析报告

魏文楷　谢豪莹*

摘　要： 在国家持续推进"全民阅读"战略性措施实施的背景下，有声阅读作为助推"全民阅读"和音频行业发展的融合性产物，其产业结构、规模、形态不断丰富。在有声阅读用户中，用户整体呈现向中老年群体迁移、高学历人群转化为中高学历人群、用户需求随子女年龄变化而波动的趋势。在媒介接触方面，有声阅读用户偏向于强社交性、强互动性、强延展性的平台。在接触动因方面，用户对声音建构空间功能、信息娱乐消遣功能、音频内容陪伴式功能的需求较为强烈。在用户收听行为方面，音频内容接收呈现碎片化、暂态化、中断性特征。中国有声阅读市场应当基于用户行为进行针对性、持续性、战略性调整，以期达到社会效益和经济效益双效合一的目标。

关键词： 有声阅读用户　触媒行为　收听行为　用户分析

中国网络音频产业处于快速发展阶段，以有声阅读为代表的网络音频服

---

* 魏文楷，广西师范大学文学院/新闻与传播学院教授、硕士生导师，首届全国广播电视和网络视听行业领军人才，研究方向为受众研究、媒体运营管理、文化产业；谢豪莹，广西师范大学文学院/新闻与传播学院 2022 级硕士研究生，研究方向为视听传播、周边传播、媒体融合。

务产品市场规模逐渐扩大，2022年声音经济产业市场规模达3816.6亿元。[①]
中国有声阅读市场起步较晚，发展初期以文学名著为主，前后共经历了卡带
音像、数字化、PC互联网和移动互联网4个发展阶段。[②] 国内出现喜马拉
雅、云听、懒人听书、荔枝、蜻蜓FM、企鹅FM等以有声阅读为主要服
务的应用，有声阅读内容不断丰富，用户规模不断扩张，将有声阅读市
场持续推向结构化、付费化、系统化道路。以音频为媒介、有声读物为
内容载体、用户听觉体验为目标的有声阅读市场需要在与用户进行良性
互动的基础上，定制持续发展路径。本报告以《中国音频传媒发展研究
报告（2023）》暨南大学课题组的音频专项调查数据为基础，分析有声
阅读市场用户画像、用户触媒行为和用户视听行为，总结概括有声阅读
用户整体状况和传播特征，以期为有声阅读市场发展提供参考意见。

一 2022年中国有声阅读市场的用户整体状况

"全民阅读"已经连续十年被写入《政府工作报告》。从2014年的"倡
导全民阅读"逐渐演变为"深入推进全民阅读"，可以看出国家对全民阅读
行为推广的持续性和战略性。有声阅读作为一种有效推广全民阅读的方式，
越发受到政府、市场和受众的关注。在全国政协十四届一次会议首场"委
员通道"集体采访活动中，全国政协委员，中央民族大学党委委员、教授
蒙曼表示"听书"是一种有价值的阅读方式。[③] 新冠疫情发生后，互联网在
线内容消费用户数量实现了爆发式增长，听书人群成倍数增长，2022年中
国有声读物行业用户数量约为4.2亿，2022年中国有声读物行业市场规模

---

① 艾媒咨询：《2022年中国声音经济数字化应用发展趋势报告》，百度百家号，2023年4月
17日，https：//baijiahao.baidu.com/s？id=1758320583311475613&wfr=spider&for=pc。

② 李秀丽：《移动互联时代有声阅读的开拓与走向》，《编辑之友》2017年第6期，第19~22页。

③ 《蒙曼、陈天竺、顾青、赵剑英……全国政协委员、人大代表热议全民阅读，这些提案建
议值得关注》，"书香江苏"微信公众号，2023年4月17日，https：//mp.weixin.qq.com/
s/_hTgMob0iO5az-tEBCAlsQ。

高达 93.7 亿元。① 随着用户规模不断扩大，国内有声阅读市场呈现用户年龄分布向中老年群体迁移，男性群体持续增长，用户职业集中于建筑、房产、物业行业的特征。

（一）女性用户占比为近三年来最低值，45岁为用户增减分水岭

2022 年，中国有声阅读市场男女性别结构依旧趋于平衡，男性用户占比为 56.1%，女性用户占比为 43.9%，有声阅读市场的用户性别比（以女性为 100，男性对女性的比例）为 127.79。相较于 2021 年男性用户占比52.1%、女性用户占比 47.9%的性别分布而言，男性用户增长 7 个百分点，女性用户占比为近三年（2020~2022 年）最低值（见图1）。相比于 2021 年男性用户占比呈下降趋势的状况，2022 年中国有声阅读市场男女性别结构反映出有声阅读市场在内容选择、用户培养等方面对不同性别群体的均衡追求策略。

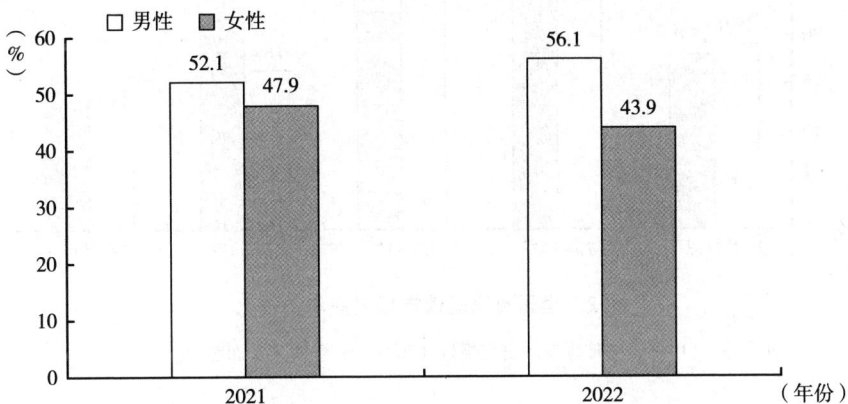

图1 全国有声阅读市场用户性别占比

数据来源：《中国音频传媒发展研究报告（2023）》暨南大学课题组。

---

① 《IP 孵化促进有声读物市场蓬勃发展 未来持续聚焦付费内容生态》，"观研天下"微信公众号，2023 年 4 月 17 日，https：//mp.weixin.qq.com/s/WFNDtfmI7yDpjs_ VRPoW-g。

全国有声阅读市场中 45~54 岁、55 岁及以上用户占比分别为 21.7%、13.4%，合计 35.1%。相比于 2021 年 45~54 岁、55 岁及以上用户分别占比 16.4% 和 11.4%，45~54 岁年龄段群体增长速度超过 30%。24 岁及以下、25~34 岁、35~44 岁年龄占比分别为 18.0%、24.5% 和 22.4%，总占比为 64.9%，2021 年这三个年龄段用户的总占比为 72.2%（见图 2）。通过数据对比发现，45 岁为有声阅读市场用户数量增减的分水岭，低于 45 岁的用户数量总体呈下降趋势，反映了中老年群体对有声阅读的强烈需求。虽然现在 45 岁以下用户群体依旧占多数，但能看出有声阅读市场年龄分布逐渐倾向中老年化，有声读物的生产、选择和呈现应当充分考虑中老年群体的需求和体验感。

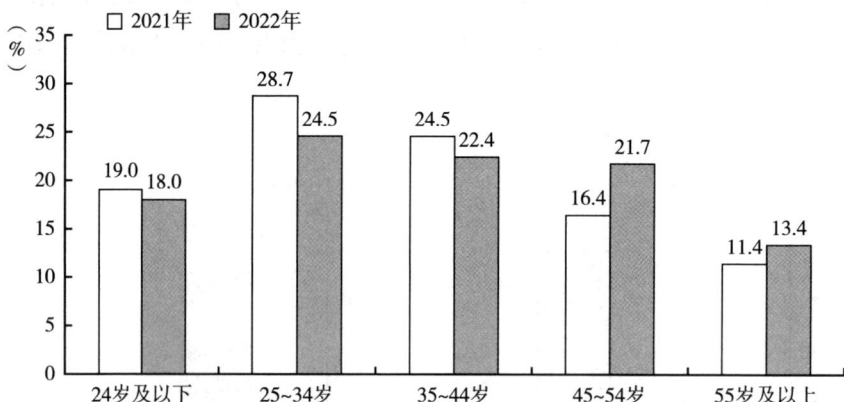

图 2 全国有声阅读市场用户年龄占比

数据来源：《中国音频传媒发展研究报告（2023）》暨南大学课题组。

（二）用户集中于接受应用型高等教育，中等收入群体收听需求高

从有声阅读用户受教育经历来看，有声读物的用户大多为接受应用型高等教育的群体。其中，接受过大专教育的用户占比最多，高达 38.4%，接受过高中及中专职高教育的用户占比为 22.5%，这两部分用户占比合计 60.9%。可见接受应用型高等教育的人群对有声阅读的需求更大，这与有声

读物的传播形式和传播介质有极大关系。有声读物相较于具有易接触、易理解、易吸收特性的纸质版读物而言对于接受应用型高等教育的用户具有更大吸引力。接受过本科教育的用户占比为 26.7%，接受过研究生教育的用户占比为 1.7%，相较于 2021 年的 28.9% 和 2.3% 均有所下降（见图3），这反映出有声读物市场的用户下沉。该发展特征表明，将关注点从高学历人群逐步延展至中等学历人群，是增加市场用户量的必经之路。

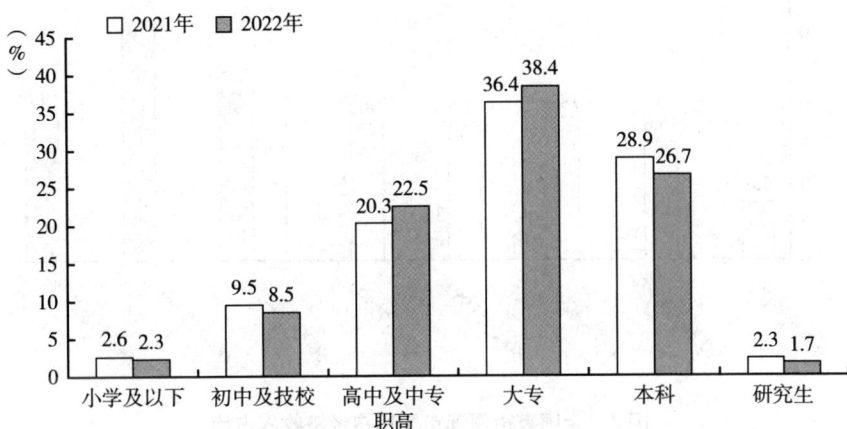

图3　全国有声阅读市场用户学历占比

数据来源：《中国音频传媒发展研究报告（2023）》暨南大学课题组。

经济收入方面，有声阅读用户个人收入状况大多为中等收入。其中，个人每月税前收入 3000~3999 元占比为 11.6%，4000~4999 元占比为 18.8%，5000~5999 元占比为 17.8%，6000~7999 元占比为 18.2%，合计为 66.4%。相较于 2021 年个人每月税前收入 6000 元及以上人群占比达 59.4% 的数据，有声阅读用户从高收入人群逐渐转移至中高收入人群。但通过家庭每月税前收入数据可以看出，用户集中于家庭收入 10000 元及以上，其中家庭每月税前收入 10000~19999 元的用户占比为 40.7%，20000 元及以上的用户占比为 19.6%，合计 60.3%（见图4），可见有声阅读付费行为不仅和个人收入有关，也有家庭收入有较大关系。对于有声阅读市场付费业务的调查不能局限于用户本人，还须联合家庭背景和整体收入来进行付费内容推广，以免错失目标受众。用户经济收入整体呈现消费能力较强用户占比居多的状况，有声阅读市场应当及时抓住市场机遇，针对不同用户群体进行定制化有声读物付费服务宣推，从而提升有声读物用户购买力。

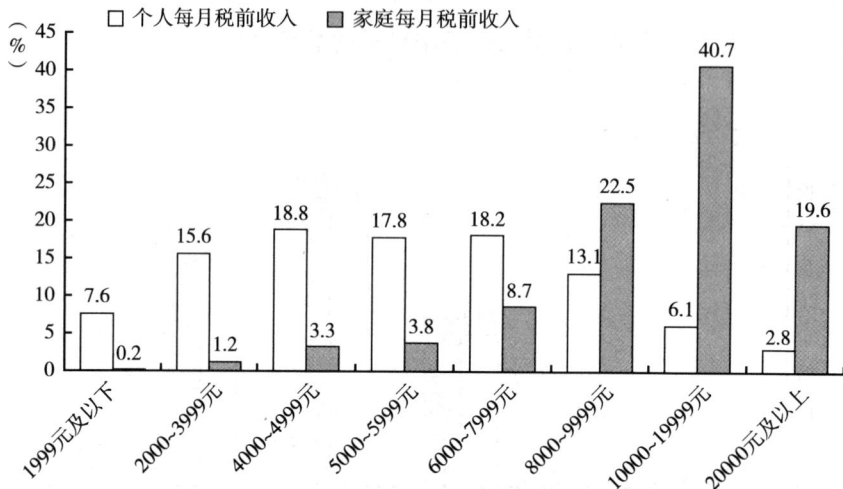

图4 全国有声阅读市场用户经济收入占比

数据来源：《中国音频传媒发展研究报告（2023）》暨南大学课题组。

（三）用户需求随子女年龄变化而波动，有声阅读定位为车辆伴随物

从用户婚育状况来看，有声阅读用户多为已婚且有小孩人士，占比高达72.4%。其中，已婚且小孩年龄为18岁及以上的人群对有声读物的需求最大，占比为24.3%。可以看出，用户青睐于有声读物的陪伴式特征。子女年龄成为用户选择有声阅读的影响因素之一，在子女接受小学教育时，父母对有声读物的需求增加，相比于已婚且小孩年龄为0~3岁、4~6岁、13~17岁的人群而言，已婚且小孩年龄为7~12岁的用户占比更高，为14.8%（见图5）。儿童对有声读物的接触和了解更多掌握在家长手中，用户家庭结

构和教育需求，是未来有声阅读市场需要重视的部分。这也给有声读物的内容把关提出更高要求，应当严格管控有声阅读市场中流通的有声读物，使其努力践行好其承载的教育责任。

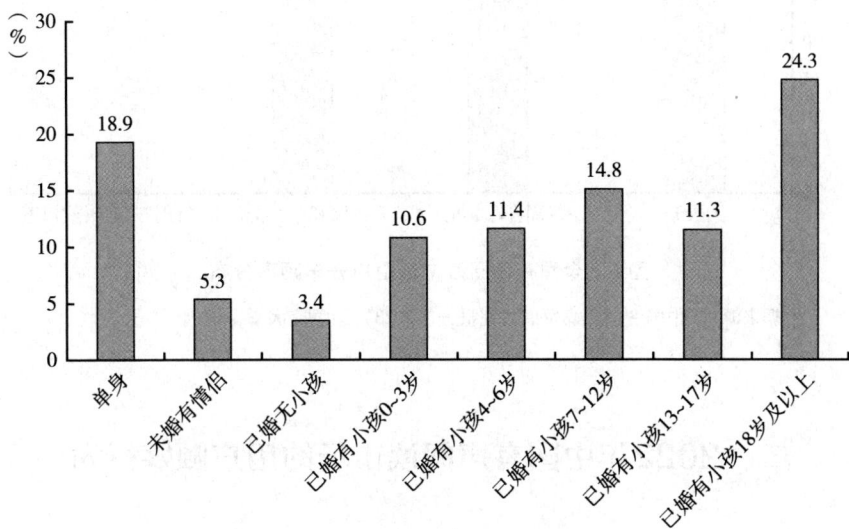

图5　全国有声阅读市场用户婚育状况

数据来源：《中国音频传媒发展研究报告（2023）》暨南大学课题组。

有声阅读的发展契机为车载音频，用户大多为有车且开车频率较高的人群。其中每周开车1次以上的人群占比为99.8%。每天开车的用户占比为36.1%。每周开车4~6天的用户占比为41.1%（见图6），开车频率与阅读有声读物有直接联系，这反映出有声阅读在用户心中的定位是车辆伴随物。开车次数较多的人在声音伴随下形成了新型媒介接收思维，对声音信息的捕捉更加敏锐，信息转化率随着信息接触次数的增长而不断提升。除了"开车一族"是主要目标用户外，"有车一族"也是潜在目标用户，41.8%的用户表示自己家里有小汽车但不开车，车辆作为音频传播的特殊载体，为音频媒介传播营造特定传播空间，即使不是司机本人，也能被音频所影响。

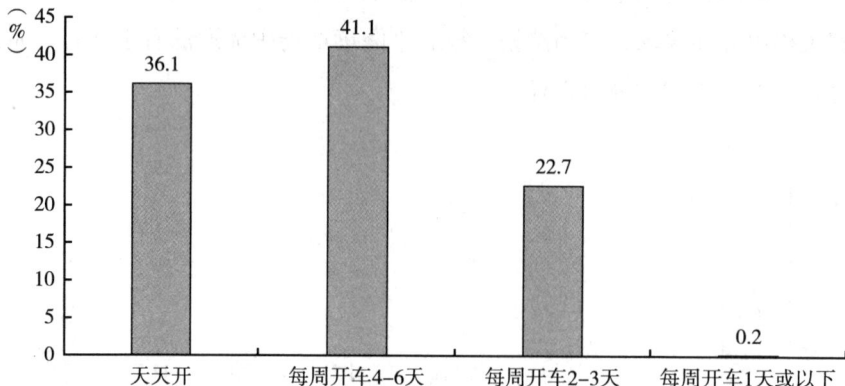

图6 全国有声阅读市场用户开车频率分布

数据来源：《中国音频传媒发展研究报告（2023）》暨南大学课题组。

二 2022年中国有声阅读市场的用户触媒行为

有声阅读用户倾向于选择短视频和直播等互动性较强的传播形式，用户分享欲和互动欲望较为强烈，乐意将有声读物分享给身边的朋友。社交媒体平台的强传播力能带来有声阅读市场的用户增长，但具有长期积攒的信任度和优质内容吸引力等优势的传统媒体，于有声阅读而言也是较合适的传播推广路径。有声阅读市场在传播过程中，应当考虑用户接触的动因，充分发挥音频陪伴性、场景建构性和知识承载性等优势，提升有声阅读市场的用户留存和转化率。

（一）触媒渠道：社交属性抢占触达先机，熟人社会分享传播

1. 短视频、直播互动传播吸引力明显，转发分享欲望较高

《中国音频传媒发展研究报告（2023）》暨南大学课题组的音频专项调查数据显示，有声阅读市场中喜欢短视频和直播形式的用户占比分别为81.1%和40.1%（图7），在抖音、微博等短视频平台中进行点赞和评论的用户占比分别为78.4%和61.3%，选择加关注的用户占比为64.9%（见图8）。

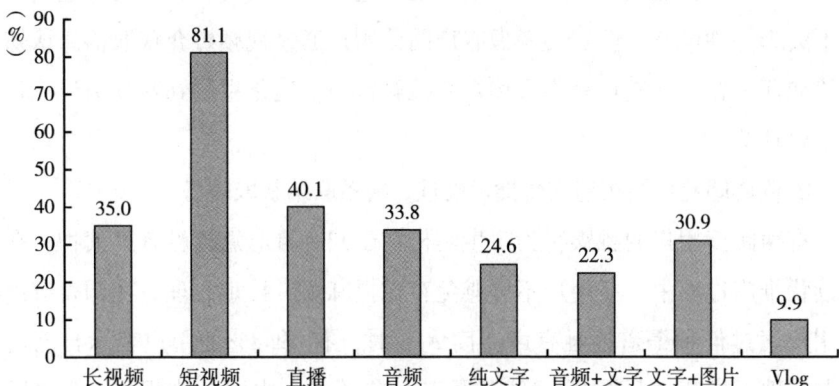

图7 中国有声阅读的用户媒介喜好

数据来源：《中国音频传媒发展研究报告（2023）》暨南大学课题组。

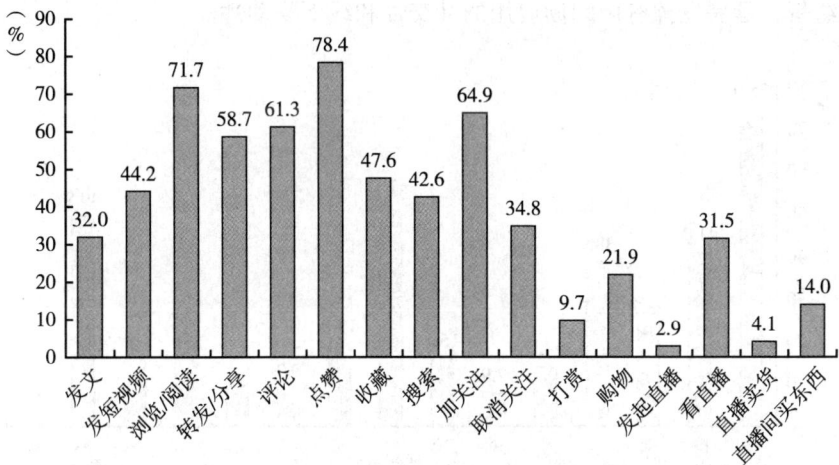

图8 中国有声阅读的用户短视频媒介行为选择

数据来源：《中国音频传媒发展研究报告（2023）》暨南大学课题组。

由此可见，用户在观看短视频和直播过程中，与发布者进行互动的需求较为强烈，互动形式从点赞到评论由浅入深，之后延续至"加关注"等持续接收信息行为。在短视频等强互动形式带动下，受众的信息接收度和接受度维持在较高水平，通过短视频、直播等形式进行有声读物和有声阅读应用的推广不失为一种策略。但需要考虑有声阅读用户通过视频媒介获取信息认知后应该如何引领受众进行有声阅读媒介接触行为，这是视频到音频引流流程中的重要环节。

2. 同心圆社会结构建构传播可能性，关系联结获取信任

有声阅读用户的触媒行为产生契机在于知晓且愿意接触有声读物。在有声读物推广过程中，新用户不可避免存在畏麻烦、畏难心理。在调查有声阅读用户通过何种渠道接触有声阅读 App 时，有49.8%的用户表示自己通过朋友或熟人推荐（见图9）。费孝通先生在《乡土中国》中提出："中国社会是一个同心圆结构。"[①] 在中国熟人社会语境中，基于关系网络进行新事物、新消息的扩散传播是较容易引发新用户关注和信任的方式。此种触媒行为不仅能让用户对有声阅读这一新事物有基本认知，还能成为维系朋友关系的纽带，延展发挥有声阅读应用的社交性和线下联动性。

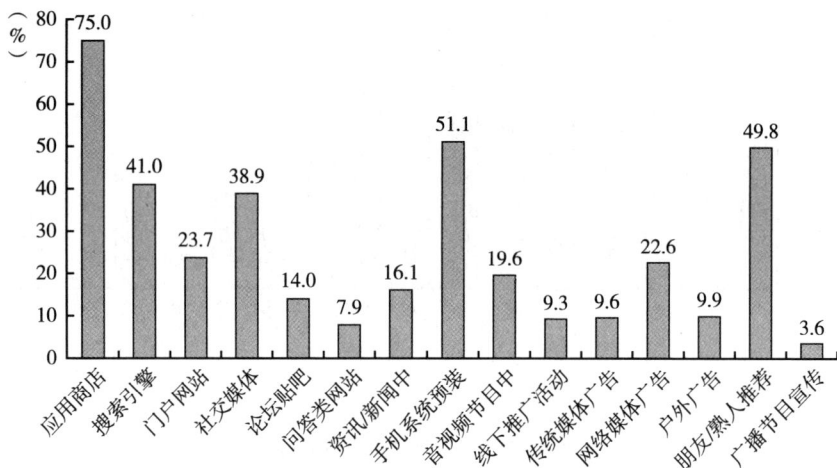

图9　中国有声阅读的用户触媒渠道分布

数据来源：《中国音频传媒发展研究报告（2023）》暨南大学课题组。

---

① 费孝通：《乡土中国》，上海世纪出版集团，2007，第27页。

3. 抖音、微信成为有声阅读传播主力军，传统媒体力量稳固

随着智能手机的发展，线下行为逐渐迁移至线上。在众多应用中，用户更倾向于使用具有社交功能、网络支付功能和网络购物功能的应用，选择这三种功能的用户占比分别为75.9%、78.7%和72.5%（见图10）。从用户的应用使用状况来看，近三个月使用过微信和抖音的用户分别占比94.6%和70.3%。抖音作为具有社交和购物功能的短视频应用，微信作为具有支付和社交功能的综合型应用，平台的用户数量庞大。两个应用与有声读物都有较强兼容性，成为用户接触有声阅读的主要渠道。与此同时，在国家政策扶持下，外加有声阅读本身具有的知识承载性和层次丰富性，传统媒体的推荐作用也不容小觑。通过电视、广播和报刊媒体获取信息的有声阅读用户占比分别为55.4%、26.8%和10.6%（见图11），与有声阅读形式和内容相适应的用户群体倾向于选择更有权威性、内容质量更有保障的传统媒体作为知识获取渠道。这启发有声阅读市场各主体应当抓住政策的红利，构建新媒体和传统媒体双向并行的触媒矩阵。

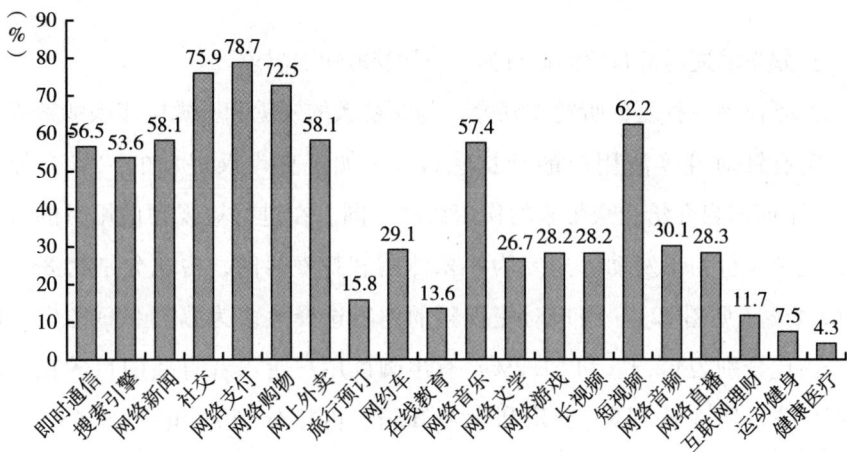

图10　中国有声阅读的用户 App 功能选择

数据来源：《中国音频传媒发展研究报告（2023）》暨南大学课题组。

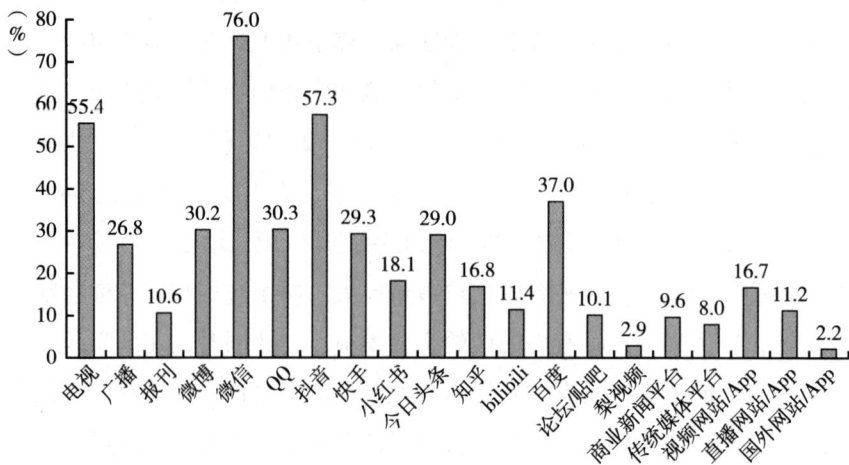

图11 中国有声阅读的用户信息接收渠道分布

数据来源：《中国音频传媒发展研究报告（2023）》暨南大学课题组。

（二）触媒动因：音频延续"内容为王"原则，倦怠社会舒缓压力

1. 娱乐消遣诱发有声阅读行为，附加获取知识需求

音频作为一种复苏听觉的媒介，与短视频的视觉和听觉同步唤醒效果不同，它有针对性唤醒用户的听觉感官。正如麦克卢汉提出的"媒介即讯息"，不同的媒介给受众带来的作用截然不同。在进行短视频使用目的调查时，短视频行为诱发动因主要为娱乐休闲和打发时间，占比分别为83.1%和65.8%（见图12）。用户对短视频的内容选择大多为搞笑和日常生活两类，占比分别为62.1%和51.2%。有声阅读用户听语音直播的目的在于聆听好声音、听主播唱歌/音乐和学习知识，占比分别为50.3%、45.3%和43.4%（见图13），反映出有声阅读市场的内容延展性和内容追求上的独特性，坚守"内容为王"的原则。在中国有声阅读市场尚未完善的状况下，将短视频媒体娱乐消遣的作用牵引至音频媒体存在一定的合理性，但也需要注意音频媒体自身的特性，着力和短视频媒介之间具有差异性。

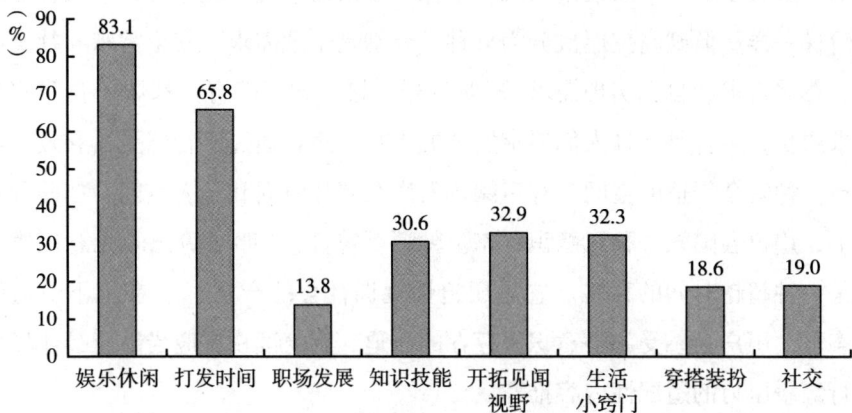

图12 中国有声阅读用户使用短视频应用的目的

数据来源：《中国音频传媒发展研究报告（2023）》暨南大学课题组。

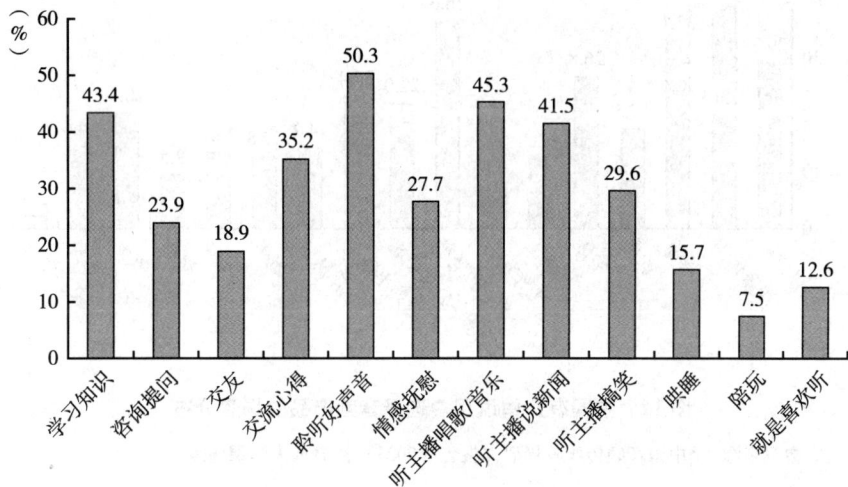

图13 中国有声阅读用户使用有声阅读应用的目的

数据来源：《中国音频传媒发展研究报告（2023）》暨南大学课题组。

2. 用户群体注重声音情境建构能力，注重场景适配功效

有声阅读用户群体选择听音频节目的场景主要为居家休闲、上下班-开车/坐车和睡前，占比分别为48.7%、36.6%和33.1%（图14），对音频信

息的接收大多处于情绪放松状态。根据马斯洛需求层次理论可知,人类需求像阶梯一样从低到高按层次分为五种,分别是生理需求、安全需求、社交需求、尊重需求和自我实现需求。[①] 听音乐、接受教育等行为都属于自我实现需求层次,声音是一种人们追求安全的工具,声音通过声音感受器和效应器营造一种安全舒适的空间。有声阅读发生在碎片时间和私人空间,在此种状态下,用户会陷入一种无意识状态。韩炳哲曾言:"弗洛伊德的无意识概念不是一种超越时间的存在。它是压迫性规训社会的产物。"[②] 在上下班通勤状态下,用户会感受到潜意识里存在的压迫,有声读物更应当结合具体场景进行舒缓压力的适配性内容推荐。

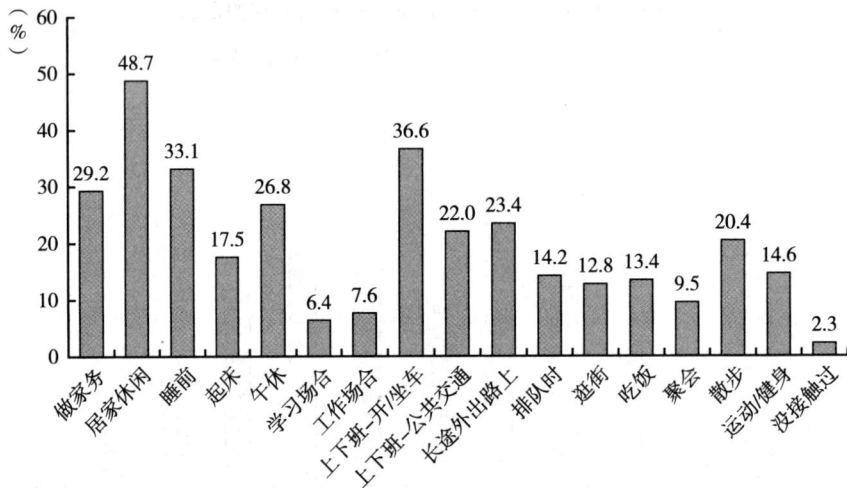

图 14　中国有声阅读用户选择音频产品的场景分布

数据来源:《中国音频传媒发展研究报告(2023)》暨南大学课题组。

3.引流渠道营造主动选择心理感知,强化陪伴情感服务

在进行营销方式调查时发现,40%的用户选择公众号营销,47%的用户选择活动营销(图15)。这反映出用户更倾向于选择公众号这种主动选

---

① 〔美〕A. H. 马斯洛:《人类激励理论》,《心理学周报》1943 年第 50 期,第 370~396 页。

② 〔德〕韩炳哲:《倦怠社会》,安尼、马琰译,中信出版集团,2019,第 6 页。

择性和用户黏性较强的营销方式，或者互动性和时效性更强的活动营销方式。这反映出用户触媒行为的产生动因契合用户对不同种类信息的需求，音频信息的伴随性让用户对有声读物的陪伴性情感需求更为明显。有声读物和音乐常被用户进行横向比较，但有声读物的陪伴性和变化性是音乐产品待完善的部分，有声阅读市场需要抓住市场机遇，打造有声读物市场的专属定位。

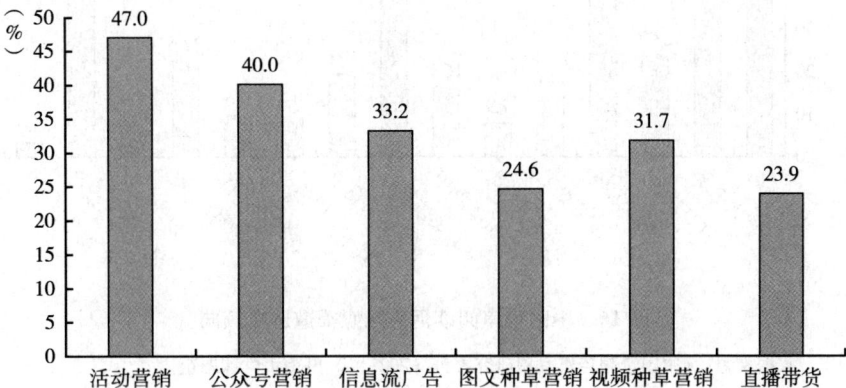

图 15 中国有声阅读用户营销方式选择倾向

数据来源：《中国音频传媒发展研究报告（2023）》暨南大学课题组。

（三）触媒延展：有声阅读影响范围拓宽，转化留存机制滞后

1.音频市场借势扩充用户蓄力已久，算法推荐触达率高

用户在触媒渠道选择中除了朋友/熟人推荐外，还倾向于选择基于算法运作的应用商店和搜索引擎，用户占比分别为75%和41%（见图16）。算法技术不仅使用于内容推荐，也使用于应用和形式的推广，有声阅读平台的发展遵循产品的生命周期，即产品经历导入期、成长期、成熟期和引进期四个阶段。导入期又分为研发期和引进期。[1] 在引进期的用户触媒行为中，有声

---

[1] R. Vernon, "International Investment and International Trade in the Product Cycle," *Quarterly Journal of Economics*, 1966, 80 (2): 190-207.

阅读应用要想推广至新用户，需要在了解用户个人喜好的基础上，结合具体时机进行有针对性推荐，从而提升用户转化率。

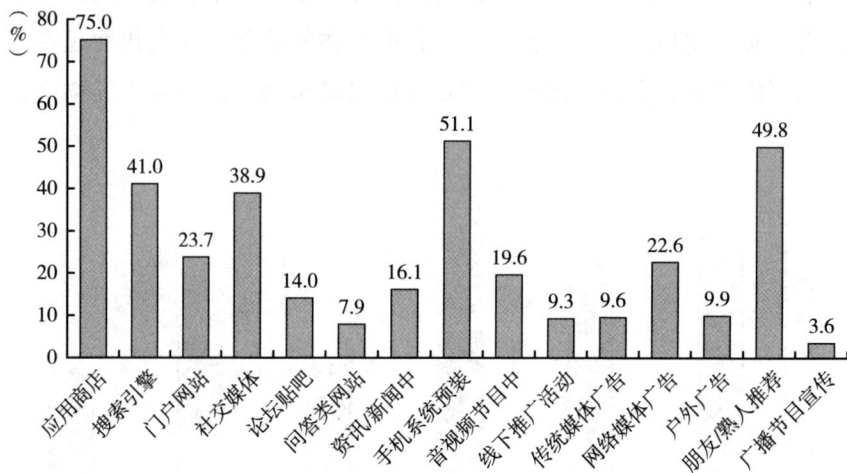

图 16　中国有声阅读用户触媒渠道选择倾向

数据来源：《中国音频传媒发展研究报告（2023）》暨南大学课题组。

2. 用户接触顺承转化培养策略欠佳，提升丰富多样体验

有声阅读用户对传统媒体平台及媒体 App、微信公众号和微信小程序的关注和使用呈现不同特点。用户在传统媒体平台和媒体 App 使用过程中，对于应用"关注并使用过"、"关注了，但没怎么使用"、"没有，但可能会关注"和"不会关注与使用"四种行为分布较为均衡。由此可以知道，有声阅读对传统媒体平台的涉猎较窄，传统媒体平台和媒体 App 的触达率不低，但转化率不高。在微信平台中的公众号和小程序中，关注和使用较为一致，说明微信平台引发用户关注的可能性更大，但依旧有超过 20% 的用户关注过后并不使用（见图 17）。有声阅读市场能够通过各渠道广撒网接触用户，但从接触到转化需要转变思路。回归内容本身，前期在借助多平台推广内容时，提高内容层次的丰富性，以此从用户触媒顺承至用户转化。

3. 音频融合触媒行为发挥桥梁作用，内容联动促进转化

用户长期处于视觉媒介的思维培养下，一时之间使之从视觉转化为听觉

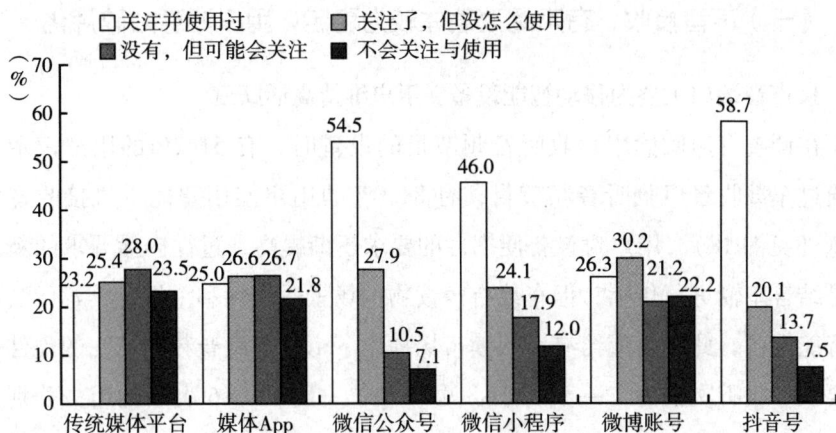

图17　中国有声阅读用户触媒转化状况

数据来源：《中国音频传媒发展研究报告（2023）》暨南大学课题组。

是有难度的事情。选择听觉并非摒弃视觉，有声读物的发展也是如此。在考虑用户接收状况下，设计慢节奏传播方案，以音视频融合的形式抢占用户心智。在用户选择内容接收形式时，30.9%的用户选择"文字+图片"，33.8%的用户选择音频，超过50%的用户选择短视频。音频的传播需要通过结合短视频、直播、"文字+图片"等形式进行内容联动，在场景融合状况下，提升用户转化率。

三　2022年中国有声阅读市场的用户收听行为

随着媒介技术的发展，有声阅读传播形式悄然发生改变，用户信息接收端口和内容偏向也发生变化。不同年龄阶段的用户对有声读物的内容需求不同，如老年群体对养生类信息需求增加，音乐类和新闻类讯息在有声读物中拥有较强竞争力。用户收听行为是有声阅读市场发展的基础，对内容版权的运营和进行内容个性化推荐应当是未来有声阅读市场专注的两个方向。

（一）声音接收：有声阅读载体较为稳定，用户注意力碎片化

1.声音端口主要为移动智能设备，用户维持高活跃度

在调查有声阅读用户收听音频节目的设备时，有 51.2% 的用户表示自己通过车载收音机收听音频节目，有 81.0% 的用户使用智能手机接收音频信息（见图 18）。用户对设备便携性的要求逐渐提高，过往广播寻求的新出路是结合车辆进行传播，但车载有声读物的场景适配性和个性化推荐无法赶上智能设备。此种情形给有声阅读市场提出了衔接车载音频和算法的硬件设备要求。收听次数为"一天听 2~3 次"和"一周听 4~6 次"的用户分别占比为 28.9% 和 22.0%（见图 19），用户的活跃度维持在较高水平，这对有声读物内容创作者提出了持续性要求。

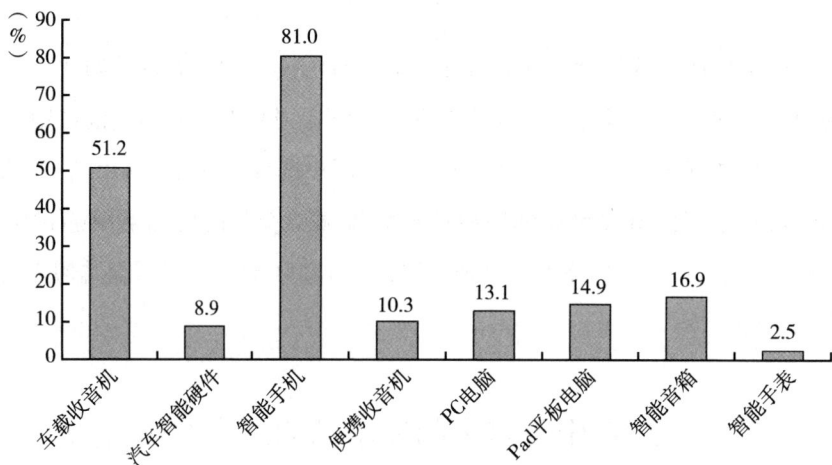

图18 中国有声阅读用户收听音频节目设备选择

数据来源：《中国音频传媒发展研究报告（2023）》暨南大学课题组。

2.通勤时段发挥声音伴随式作用，用户喜好状态稳定

用户收听音频节目的时间段主要集中在 7:00~8:59，12:00~12:59，17:00~18:59，上下班通勤时间段和午休时间段为收听高峰期（见图 20）。这体现出有声读物的伴随作用，但也对有声读物的内容连续性提出新要求，在上

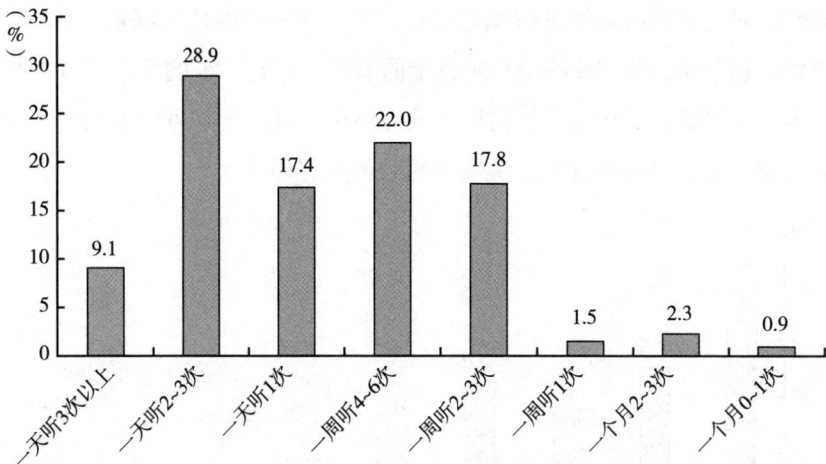

图19 中国有声阅读用户收听有声读物的频率分布

数据来源：《中国音频传媒发展研究报告（2023）》暨南大学课题组。

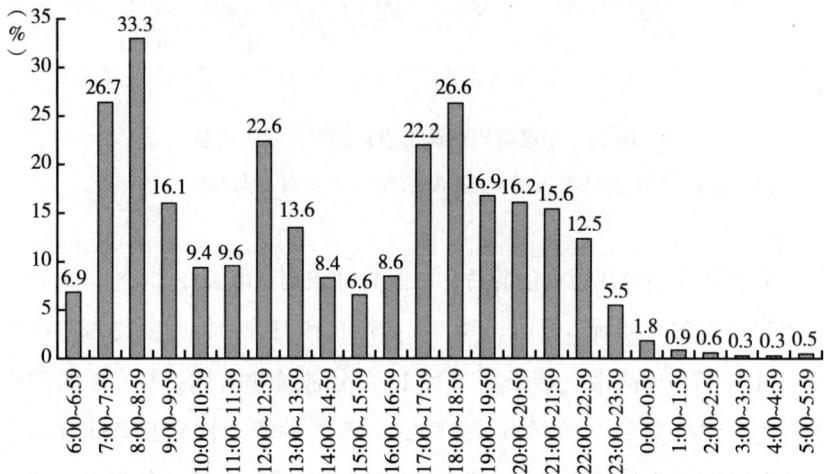

图20 中国有声阅读用户收听音频节目时间段分布

数据来源：《中国音频传媒发展研究报告（2023）》暨南大学课题组。

下班高峰期，用户所能接受的内容难度不能太大，且处于随时收听中断的状态，内容创作者需要考虑到内容在嘈杂环境中的断裂性，以及与下一场景的连接性。对用户收听习惯进行调查可知，用户内容偏好较为固定，49.7%的用户听广播频率，35.2%的用户听特定的节目，还有32%的用户听App推荐的内容（见图21）。在用户较为稳定的习惯中，有声读物可以加大对类似栏目的推荐力度，形成更优质、关联性更强的内容矩阵。

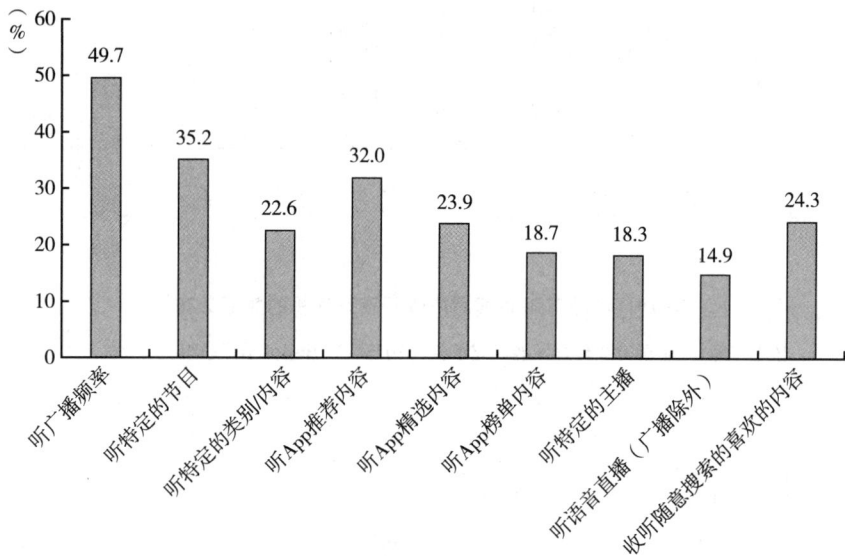

图21　中国有声阅读用户音频节目收听习惯

数据来源：《中国音频传媒发展研究报告（2023）》暨南大学课题组。

3. 有声阅读用户注意力呈碎片化，三分钟法则获取关注

用户在接触一档新节目时，76.1%的用户在三分钟内判断是否继续听该节目，其中17.1%的用户给予新节目1~2分钟接触时间，11.3%的用户选择接触时间维持在2~3分钟（见图22）。音频的流动性和兼容性有助于有声读物和各种媒介的结合，但当集中于智能设备时，各种其他类型的信息干扰将成为音频信息传播的阻碍之一，对有声读物的空间营造和传播持久性有所影响，这对有声阅读市场提出了结合碎片化传播状况进行相应读物生产的要求。在前三分钟设置情节跌宕的内容，三分钟法则对于付费有声读物的免费片段选择具有一定借鉴意义。

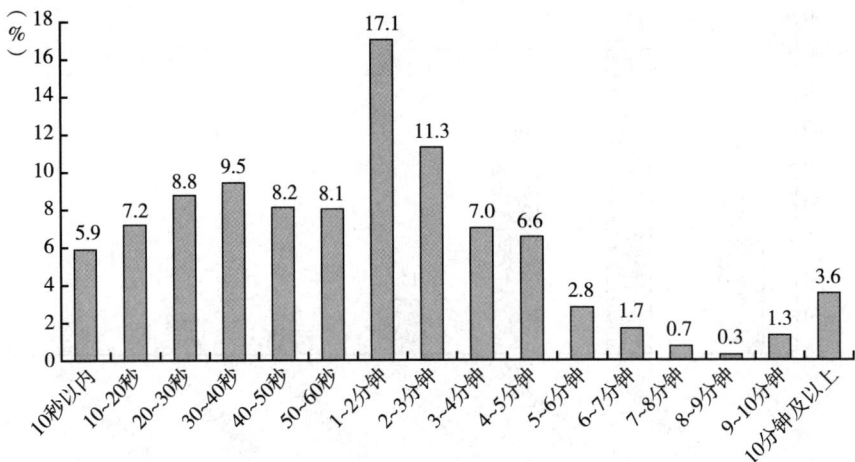

图22 中国有声阅读用户音频新节目接触时间

数据来源：《中国音频传媒发展研究报告（2023）》暨南大学课题组。

（二）有声内容：内容推荐匹配群体需求，用户偏好趋暂态化

1. 用户因地域贴近性倾向于选择本地电台，有声平台暂居劣势

用户对电台频率的选择大多集中于本地城市电台和本地省级电台，分别占比83.4%和52.7%（见图23）。基于信息价值中贴近性的衡量指标，在广播电台运营规模呈下滑趋势的背景下，本地电台在充分结合信息地域贴近性特征的基础上孕育了一批固定用户。其中，在对电台具体内容类型的选择中，新闻台和音乐台分别占比61.7%和59.6%。有声平台可以充分发挥本地新闻讯息针对性和时效性强的优势，将本地用户培养为忠实用户，将有声平台的短暂性优势转化为持续性优势。

2. 新闻和音乐成为两大主流内容，听觉感官需求复苏

听觉感官需求复苏意味着音频信息在传播过程中的定位发生改变。但有声读物不同于音乐的地方在于，其内容承载阈值大于音乐，其媒介延展性比音乐更强，这也是阅读行为能与有声读物充分融合的原因，此种融合对有声阅读市场的教育意义和指导意义提出更高要求。用户收听的内容大

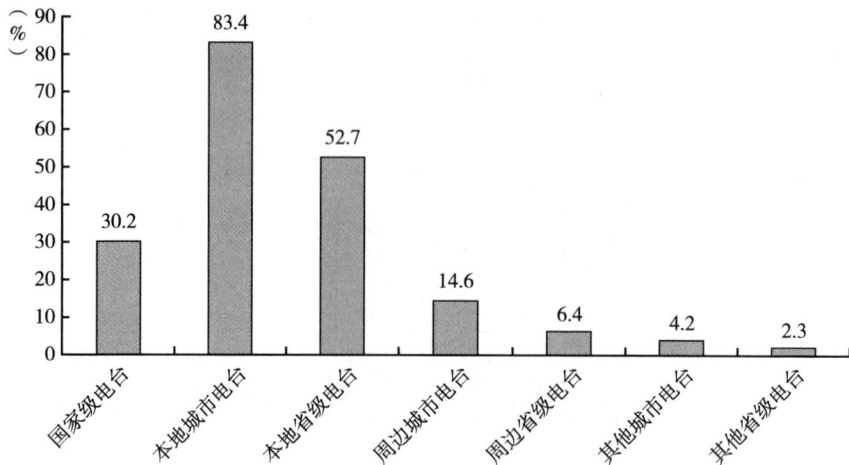

图 23 中国有声阅读用户电台频率选择

数据来源:《中国音频传媒发展研究报告 (2023)》暨南大学课题组。

多聚焦于新闻和音乐两大部分 (见图 24)。用户收听时长一般维持在 30~40 分钟,人体在集中注意力的一个周期内能保证充分使用听觉感官。学者英尼斯提出媒介偏向理论,认为声音属于空间媒介,但在现有媒介技术的保存时长下,声音也具有时间偏向,对传播的传承意义也具有一定的作用。有声阅读市场在发展过程中需要考量听觉文化发挥的社会效益。必须从空间和时间两个方面去克服媒介的偏向,既不过分倚重时间媒介,也不过分倚重空间媒介。[1]

3. 中老年群体成为新型重点用户,养生内容认可度高

在有声书方面,健康类书籍和生活类书籍是最受关注的内容,分别占 34.4% 和 32.6% (图 25),这不仅反映出有声阅读用户对内容的需求,还反映出在听觉感官下能发挥更大功效的有声读物内容板块为健康类和生活类,有声阅读能提升听觉对人体除耳朵外的其他感官的行为引导。有声读物的目标受众不仅是年轻群体,还有新型用户——中老年群体,在健康信息的传播

---

① 〔加〕哈罗德·英尼斯:《帝国与传播》,何道宽译,中国人民大学出版社,2003,第 4 页。

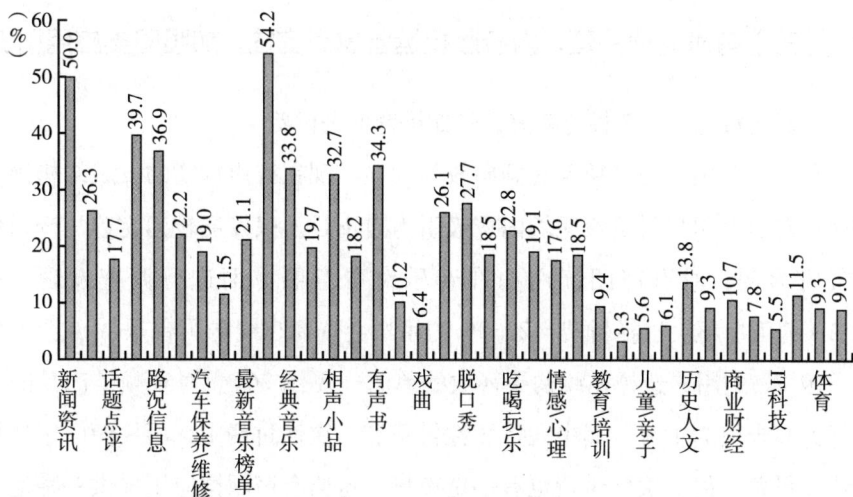

图 24　中国有声阅读用户收听内容

数据来源：《中国音频传媒发展研究报告（2023）》暨南大学课题组。

过程中，应确保内容真实，严格审核健康类信息，杜绝虚假传播，承担对中老年群体健康意识的培养责任。

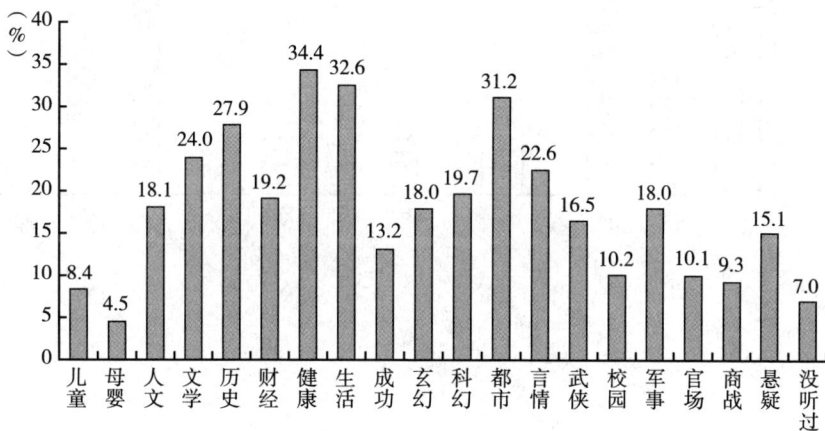

图 25　中国有声阅读用户收听有声书内容

数据来源：《中国音频传媒发展研究报告（2023）》暨南大学课题组。

（三）有声阅读外延：内容版权运营重点支柱，加强同类应用引流

1. 购买行为基于个性化喜好，长期培育促进付费

有声阅读用户的兴趣爱好倾向较为明显，现在有声读物的发展结构尚未完善，对引发用户付费意愿的内容吸引力也不足。以发展较为完善的音乐付费市场为例，对有声阅读用户在音乐付费意愿方面进行调查发现，有38.2%的用户不会选择付费，22.8%的用户会选择在线购买音乐App会员权益，19.7%的用户选择在线购买喜欢的单曲（见图26）。对音频类产品的付费行为尚未成为主流，其中在持续性付费和一次性付费中，用户倾向于选择持续性付费，但一次性付费也有一定市场。这给有声阅读应用提供一种运营思路，即以某些优质有声读物为吸引点，推出持续性付费机制，让部分有声读物作为有声阅读App的引流点，为打造有声阅读App品牌服务。

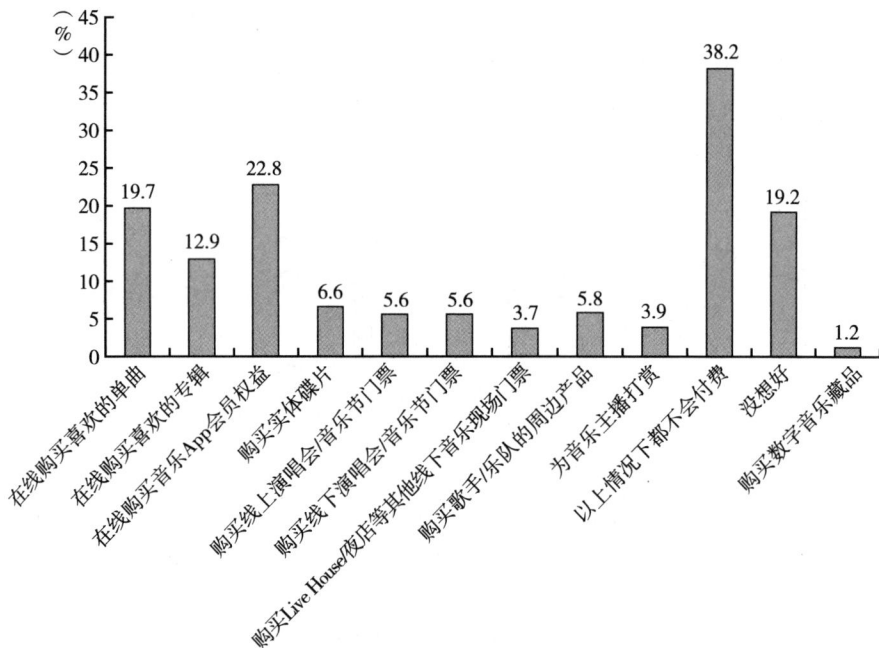

图26　中国有声阅读用户音乐付费意愿

数据来源：《中国音频传媒发展研究报告（2023）》暨南大学课题组。

2. 音乐类应用推荐引流效果显著，激活有声阅读社交属性

有声阅读用户中会选择在音乐类 App 中听有声书等非音乐内容的用户占比为 61%，34.3% 的用户有意愿但没有在音乐类 App 中听有声读物，26.7% 的用户有意愿且在音乐类 App 中听过有声读物（图 27）。由此可见，对有声读物具有引流作用的音乐类应用，与经音频媒介传播的信息，目标用户存在一定的重合。于有声阅读市场而言，在音乐类 App 中传播有声读物、刊登软广是一种有效且高效的引流方式。与此同时，在有声阅读 App 中，65.9% 的用户有意愿听音乐和娱乐节目等内容，音乐类平台和有声阅读平台进行内容互换可以作为双方合作的条件。除此以外，借助用户愿意在微信平台分享歌曲的行为，能够提高有声读物的分享可能性。

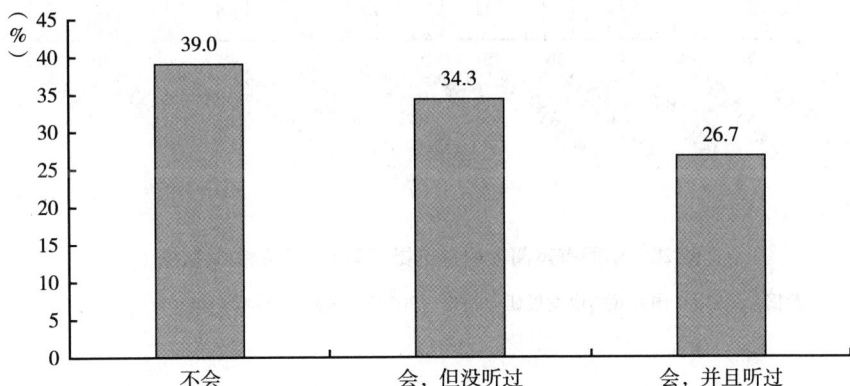

图 27　中国有声阅读用户在音乐类 App 中听有声读物的意愿

数据来源：《中国音频传媒发展研究报告（2023）》暨南大学课题组。

3. 内容互动易激发推荐分享欲望，形成口碑营销

在进行有声阅读用户对平台的依赖度调查时发现，32% 的用户对选择综合性音频平台和专门的有声书平台并没有明显倾向。这部分用户是有声阅读应用的重点目标，需要借助内容互动和内容分享等能引发用户间交流的形式提升用户对专业类有声书平台的黏性。但用户黏性的培养需要平台本身的质量过硬，内容符合用户需求，在此基础上，用户分享推广后才能形成口碑效

应。用户对有声书平台的选择因素中，有声书资源数量、内容分类和是否有喜欢的有声书分别占比46.1%、34.7%和35.0%（见图28）。这要求有声阅读市场主体掌握更多有声书版权和资源，提升有声书的播讲质量，形成平台特性和风格，不断扩大市场规模。

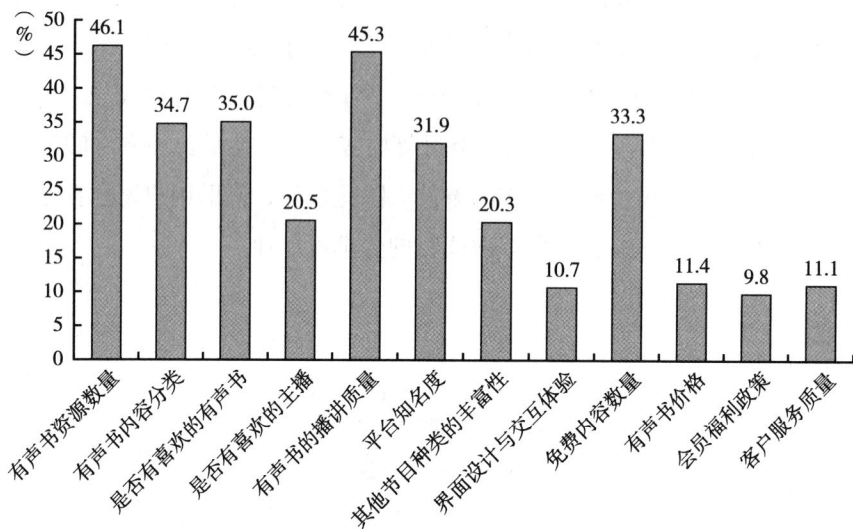

图28 中国有声阅读用户选择有声书平台的衡量指标

数据来源：《中国音频传媒发展研究报告（2023）》暨南大学课题组。

有声阅读市场的发展并非一朝一夕之事，但无论发展至哪个阶段，对用户的重视都是市场持续发展的原则。有声阅读市场需要关注中老年用户偏多的状况，针对目标用户进行内容生产、内容营销和传播的全流程调整。从媒介视角出发，考虑到用户通过不同媒介技术和感官接触有声读物的行为，有声阅读市场还需要紧密结合用户视听行为，从用户切实需求和接收习惯出发，设置有针对性的有声读物内容和传播渠道，以期促进有声阅读市场发展，实现有声阅读行业的经济效益和社会效益双效合一。

B.18
2022年中国音频直播市场发展及行为分析报告

李颖彦*

摘 要: 2022 年，音频直播行业不仅见证和参与了"宅经济"和直播电商的繁荣发展，而且在国家政策、经济、社会和技术的共同支持下，实现了进一步发展和突破。在追求品质化和精品化发展的思路引导下，音频直播持续深耕专业垂直领域，优化沉浸感听觉体验，充分利用自身的特性与优势把握住了直播领域的长尾市场，实现了与其他传媒形态和内容形式的差异化竞争，为音频传媒领域的生态环境优化做出了贡献。

关键词: 音频直播 垂直小众 沉浸感 媒介生态

随着网络直播行业及其市场的日益繁荣，网络音频直播行业所涵盖的直播类型及用户市场规模也得到了进一步扩展。CNNIC 发布的第 51 次《中国互联网络发展状况统计报告》显示，截至 2022 年 12 月，我国网络直播用户达 7.51 亿，较 2021 年 12 月增长 4728 万人，占网民整体的 70.3%。[①]2022 年，网络音频直播行业整体发展稳中有进，专业垂直细分的小众化发展布局进一步深入，营造沉浸感、亲密性等情感氛围依然是音频直播坚持和追求的目标。在政策、经济、社会需求以及专业技术的

---

* 李颖彦，暨南大学新闻与传播学院 2021 级博士研究生，研究方向为视听传播、媒介文化研究。
① 中国互联网络信息中心: 第 51 次《中国互联网络发展状况统计报告》，百度百家号，2023 年 3 月 2 日，http: baijiahao. baidu. com/s? id=1761312742418509029&wfr=spider&for=pc。

合力推动下，音频直播行业以"直播+游戏""直播+社交""直播+助眠""直播+Pia 戏"等为代表的多元化布局正持续向专业化、规范化方向发展。

一 音频直播发展环境分析

在混杂多元的互联网发展环境中，音频直播作为网络音频行业的细分样态，如今已经找到了与其他音频形式和视频直播生态发展的平衡点，其健康有序、日臻专业的发展状态依赖于政策的引导以及经济环境所营造的良好发展氛围，也是音频基础设施日益完善、市场优胜劣汰的结果。

（一）优良的政策环境提供发展保障

2022 年，网络视听治理规则已基本覆盖视听传播领域的各个环节，对网络视听内容建设与管理更加垂直精准，为网络传媒生态的秩序化、健康化发展提供了系统完备的制度保障，基本实现了网络视听治理规则和网络生态的全面重构。

在网络安全审查方面，党中央进一步加强对网络平台安全的监管，相继发布了《网络安全审查办法》《关于规范网络直播打赏 加强未成年人保护的意见》等多个网络安全监管政策，为网络视听传媒的高质量发展把舵指航。其中，《网络安全审查办法》的正式施行意味着网络安全审查坚持防范网络安全风险与促进先进技术应用相结合、过程公正透明与知识产权保护相结合、事前审查与持续监管相结合、企业承诺与社会监督相结合，从产品和服务以及数据处理活动安全性、可能带来的国家安全风险等方面进行审查。[1]《关于规范网络直播打赏 加强未成年人保护的意见》的实施完善了对网络新业态中未成年人行为的保护与约束，加强培养未成年人的网络道德

---

[1] 安在：《〈网络安全审查办法〉今日正式实施》，廊坊市自然资源和规划司网站，2022 年 2 月 17 日，http://zrghj.lf.gov.cn/lfsgt/zt/wlaq/10693812796534976512.html。

意识和行为准则、网络法治观念和行为规范、网络使用能力、人身财产安全保护等网络安全意识和防护技能。[①] 此外，为防范算法推荐带来的"信息茧房""过滤气泡"等问题，国家互联网信息办公室、工业和信息化部、公安部、国家市场监督管理总局联合发布《互联网信息服务算法推荐管理规定》，该规定旨在规范互联网信息服务算法推荐活动，维护国家安全和社会公共利益，保护公民、法人和其他组织的合法权益，促进互联网信息服务健康发展。[②]

网络安全审查体系的健全意味着建设网络强国、维护和保障我国国家网络安全的战略任务正在转化为一种可执行、可操作的制度性安排，为网络音频直播平台发展的规范化、健康化提供了稳定的外部环境和良性竞争的重要保障。

（二）声音红利市场逐步开拓

随着知识付费、音频直播、语音电台等多样化声音内容呈现形式与互动方式的快速崛起，音频领域在内容生产、内容分发及硬件设备等方面实现了进一步发展，并已形成明显的差异化发展格局。中国互联网络信息中心发布的《2023中国网络视听发展研究报告》[③] 显示，截至2022年12月，我国网络视听的用户规模达10.40亿，超过即时通信（10.38亿），网络视听成为第一大互联网应用。网络视听网民使用率为97.4%，同比增长1.4个百分点，保持着高位稳定增长。其中，互联网音频（含音乐）用户规模约为6.9亿，全网用户渗透率约为67.6%，人均每日使用量达114分钟。在收听途径方面，"车载广播"和"手机App"已经成为2022年用户最主要的收听方式；在内容方面，虽然网络音频早已实现了去中心化

---

① 《关于规范网络直播打赏 加强未成年人保护的意见》，中国文明网，2022年5月7日，http：//www.nrta.gov.cn/art/2022/5/7/art_113_60309.html。

② 《国家互联网信息办公室等四部门发布〈互联网信息服务算法推荐管理规定〉》，中国政府网，2022年1月4日，https：//www.gov.cn/xinwen/2022-01/04/content_5666387.htm。

③ 《〈2023中国网络视听发展研究报告〉发布》，中国日报中文网，2023年3月31日，https：//sc.chinadaily.com.cn/a/202303/31/WS642636cca3102ada8b2361f4.html。

传播，但大部分优质网络音频内容仍由主流媒体提供；在类型方面，音乐、新闻、汽车类是广播节目播出占比最高的类型。在直播发展领域，网络直播用户规模约7.51亿（见图1），网络直播成为网络视听第二大应用。网络直播已经深入娱乐、教育、商业等多个领域，未来发展前景广阔，从用户构成上来看，高学历、一线及新一线城市中青年群体的网络视听使用率更高。

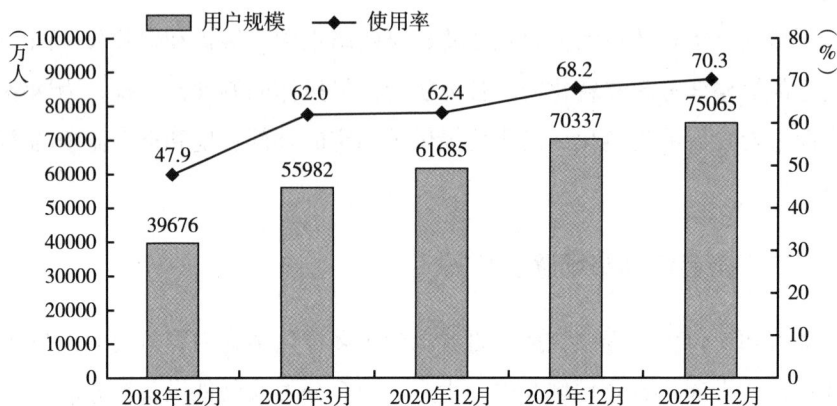

图1 2018~2022年网络直播用户规模及使用率

数据来源：CNNIC《2023中国网络视听发展研究报告》。

从音频平台的总体竞争格局上分析，在线音频的用户增量尚有挖潜的空间。《中国音频传媒发展研究报告（2023）》暨南大学课题组的音频专项调查数据显示，2022年我国音频用户达到7.78亿人，网络音频用户突破7亿人。其中，处于第一梯队的在线音频平台依然是喜马拉雅，占据73.5%的市场份额（见图2）。音频直播行业在未来仍然具备保持20%~30%增长速度的发展势头，并且市场集中度也将得到进一步的提升。2022年第四季度，喜马拉雅实现了首次千万级的季度赢利；荔枝2022年全年营收增长至21.85亿元，净利润达8650万元，首次实现全年赢利。商业音频平台的赢利使在线音频赛道热度再起。

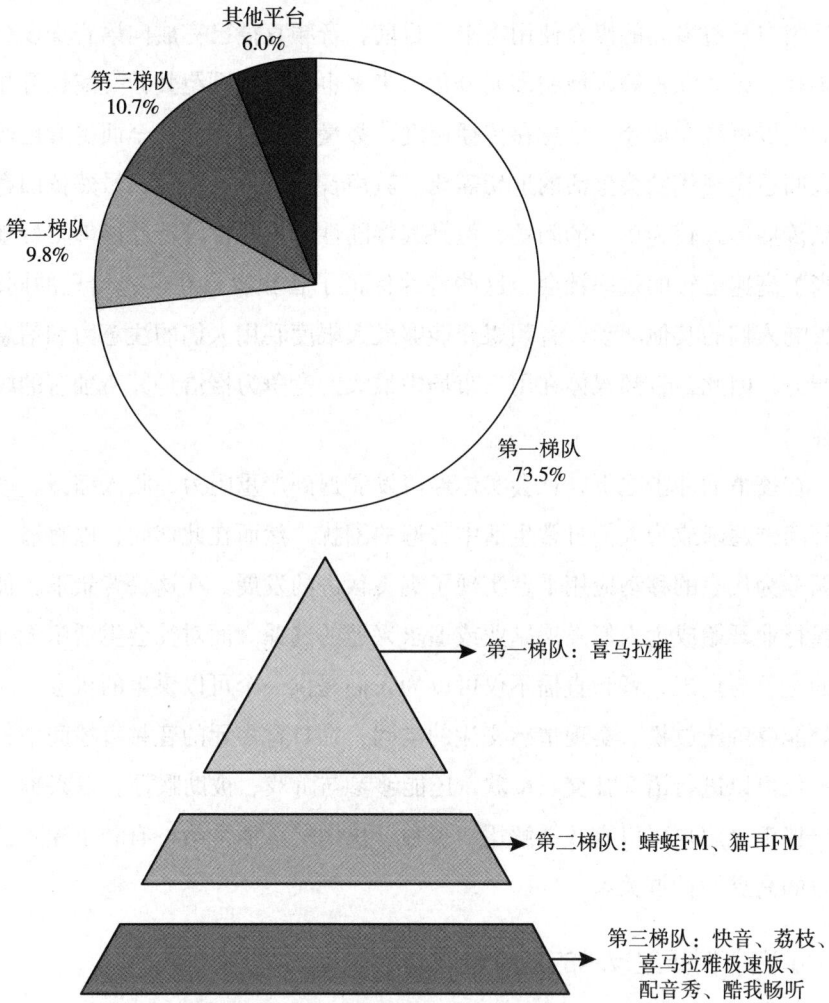

图2　2022年音频直播企业市场集中度排名

数据来源：艾瑞咨询。

（三）社会需求的稳步驱动

相比于视频直播，音频直播作为一种具有强社交属性的音频传播形式，展现了音频媒体所特有的伴随性强、易建立情感联结，以及能够满足用户社会情感需要等优势。另外，音频直播持续深耕专业垂直领域，有利于进一步满足用户日益多元的媒介使用需求。目前，音频直播已完成向语音交友、语音游戏、语音课程等领域的多元分化，未来也将持续围绕其社交属性开拓更多的发展可能。如今，信息在传播速度、数量与质量方面的全面提升已经成为人们适应现代社会生活的迫切需要。就声音传播本身而言，虽然依旧存在信息传播形式较为单一的问题，但是其伴随性、低耗性等特性能够很好地适配当下高速运转的效率社会，这些特性保证了音频媒介在传递信息的同时，不影响人们的其他活动，音频媒介能够最大限度利用人们的注意力和信息接收能力。因此，音频媒体在用户市场中最大的竞争力恰恰是其所独有的媒介特性。

在疫情的冲击之下，社会实体经济发展遇到严重阻力，收入缩减、就业难等问题逐渐成为人们日常生活中普遍的困扰。然而在此期间，以直播、短视频等为代表的移动应用平台实现了突飞猛进的发展。在这一背景下，加入主播行业开始成为人们发展副业或追求兴趣的选择。面对社会生活中无处不在的竞争与焦虑，音频直播不仅可以为人们提供一个可以谋生的机会，还是一处能够解压放松、实现情感交流的空间，在日益多元的音频直播间中，用户不仅可以进行语音社交、K歌，还能够参与游戏、被助眠等。以兴趣、情感陪伴汇聚用户可以有效缓解用户孤独、焦虑等负面情绪，有利于建立长期有效的高黏性社群关系。

（四）创新型技术的支持与推动

积极与新兴技术融合是音频媒体为更好适应和满足用户需求乃至创造用户需求的创新路径。随着网络发展环境及新型智能传播技术的进一步优化，国内音频传媒产业与科学技术完成了进一步紧密合作。在直播领域，随着元宇宙时代的到来，虚拟主播行业迎来快速发展，并成为2022年度的最大亮点。通过不断优化软件功能和硬件配置，虚拟主播在直播过程中已经可以实现一键换装、镜头控制、灯光控制、场景更换等功能。iiMedia Research（艾媒咨询）数据显示，2022年中国虚拟人带动产业市场规模和核心市场规模分别为 1866.1 亿元和 120.8 亿元①，作为元宇宙概念的关键要素之一，虚拟人科技的营销价值在未来有望进一步提高，核心市场规模将持续扩大。

2022 年被称为人工智能生成内容（AIGC）元年，文本写作、短视频制作、绘画等领域涌现大量 AI 作品，AI 语音识别和 AI 语音合成等技术在音频传媒领域的使用也逐步成熟，推动了新型音频内容生产模式的出现和音频内容生产效率的提升。此外，音频传媒与"5G+大数据"技术的深度融合，为用户在 IOT 体系下的声音无缝体验提供了高宽带、低延时的海量信息流动速率。5G 电台通过智能抓取、编排、播报、监控、云端分发等操作可以一键生成新闻、天气、路况、音乐串接等内容，仅需 5 分钟即可生成一套 24 小时播出的电台节目。②

在智能推送技术的加持下，音频直播可以更高效精准地找到目标用户，有利于全面提升平台的运营服务效率和质量。随着音频媒体与人工智能、IoT 技术的持续深入融合，以及网络安全技术的进一步完善，音频媒体的传播形态和传播场景也会向健康有序化方向开拓。

二 音频直播的发展特点

在扩张、深耕与稳定的渐进式发展历程中，音频直播逐步明确和巩固了其在音频行业中的发展定位。在当前阶段，持续深耕专业垂直细分领域、打造沉浸感听觉体验以及巩固与加强互补性传播定位是正处于成熟发展期的音频直播行业的主要发展方向。

（一）持续深耕专业垂直细分领域

深耕专业垂直细分领域是音频直播行业始终要坚持的重要发展方向。音

---

① 《2023 年中国虚拟偶像产业发展研究报告：AI 技术将为虚拟人发展注入加速度》，中国服务贸易指南网，2023 年 4 月 3 日，http://Tradeinservices. mofcom. gov. cn/article/lingyu/jsmyi/202304/147411. html。

② 《5G 智慧电台》，百度百科，2023 年 6 月 2 日，http://baike. baidu. com/item/5G 智慧电台/51150698? fr=ge_ ala。

频直播间看似是一个社交平台，但本质上还是一个内容平台，相对于视频直播可视化的传播形式，音频直播中的声音传播更加适配私密性、情感化的传播内容，这种较为纯粹的传播形式相比视频直播更依赖高质量内容。用户只有真正听进去，才能决定内容是否被喜欢和需要，因此，高质量的音频直播在社交场景中往往能够产生更为强大的用户黏性。

音频直播小众化、轻量化的媒介特质决定了其具有激活"长尾"市场的优势，因而其发展的重点在于追求品质和专业，充分承接和挖掘小众市场。音频直播轻娱乐、重深度，在与视频直播形成一定的差异互补之后，方能具有更大的发展空间。如今，音频直播已经在社交、教育、游戏、助眠等专业板块打造出了成熟的垂直趣缘社区，并通过深度挖掘小众市场，展现了巨大的发展潜力。这种以专业垂直为主要发展方向的音频直播有利于精确定位，确定目标人群，满足用户的个性化需求，实现对特定受众的精准服务。垂直细分之后的内容资源会更加优质和集中，便于留住用户，进而形成更加稳定的社群关系，当用户的内容消费诉求在平台中得到满足时，用户自然愿意为好内容、好主播买单。

（二）打造沉浸感听觉体验

在视听传播中，营造沉浸感是为用户提供良好情感体验的重要组成部分，也是音频直播行业长期以来遵循的逻辑。沉浸感产生的核心在于促使用户产生置于某种客体环境的幻觉，用户得以毫无违和感地参与到艺术作品的叙事之中来。这种沉浸感体验能够对用户的感官、情感及其对亲密关系的理解产生影响，并且在一定程度上是直播技术和内容质量方面的折射。在音频直播中，由于声音媒介天然具有陪伴性的特点，助眠功能一直以来就是音频直播的强项，也是音频媒体营造沉浸感的重要代表之一。如今，音频直播的助眠板块已经演化出睡前陪聊、白噪声、舒缓音乐以及ASMR等多种类型，并且深受商业资本和用户市场的欢迎。由此可见，持续深化沉浸感听觉体验是音频直播保持用户黏性的重要因素，也是引领用户消费升级的关键。

在以虚拟现实、元宇宙等为代表的先进技术的影响和带领下，沉浸感营造必将成为泛娱乐平台着重开发的重要方向之一。目前，音频直播已经在背景音乐、语言把控等方面实现了更为专业化、精准化的发展，并且在技术方面，音频直播所依赖的声网已经实现从 RTC 向 RTE 的转变，将实时音视频服务带到了更多的日常生活场景，从而积极完成沉浸感升级。随着作为数字原生代的 Z 世代逐渐成为移动互联网的核心使用群体，音频直播必将提供更好的"沉浸感"使用体验，这也敦促技术开发者和内容生产者创造出能够进行实时互动的更多玩法和质量更高的声音内容以赢得这代人的青睐。

（三）加强差异化、互补性传播定位

音频直播的迅速普及与其可观的市场需求使音频直播几乎成为各类网络平台的标配，在不同的平台中，音频直播都已经基本明确了自己的功能定位，并且与其他传播形式之间形成了互补与分工。比如抖音平台中的语音直播主打社交和助眠功能，音乐播放平台中的音频直播主打以音乐为核心的趣缘社交。2022 年，音频直播在社交、助眠、游戏、Pia 戏等方面继续显示强大的功能优势。

随着声音消费市场的逐渐扩大，音频直播在平台中的差异性与专业度进一步提升，这主要体现在直播平台的界面设置和主播及内容质量的把控方面。在平台界面的设置中，音频直播入口大多处于平台首页的分类栏，点击音频直播入口之后才会出现才艺、知识分享、游戏等更为详细的分类。虽然有些分类标签会与首页音频分类重叠，但音频直播会作为对后者的补充，从而有助于实现更加立体的传播效果。在主播筛选及内容质量把控方面，以喜马拉雅为代表的音频平台从一开始就十分注重对优质主播的培养，通过广泛招募声音主播、创办有声演播训练营等，打造出了一大批高质量声音团队。与此同时，平台还会积极与优质 MCN、大 V 等进行合作，在内容建设方面不断加大质量审核与把关力度，在商业转化的优胜劣汰机制中完成对主播和内容的筛选。

三　音频直播用户行为分析

如今，直播在用户市场中的渗透率正逐渐提高，并且成为用户最喜欢的内容形式之一。直播领域的用户主要为年轻化、高学历和中高收入人群，这与音频平台的整体用户画像基本契合。从用户的消费行为上来看，音频直播用户在充值打赏方面还有很大的潜力。

（一）用户画像分析

《中国音频传媒发展研究报告（2023）》暨南大学课题组的音频专项调查数据显示，2022年音频直播用户中男性消费者占比略高，但总体性别分布均匀。从年龄分布上来看，音频直播用户以中青年消费者为主，25～34岁、35～44岁的用户分别占比29.7%和22.9%，同时，用户大多有小孩，并且孩子年龄在18岁以上的用户占比较高。在受教育程度方面，用户学历以高中及中专职高、大专、本科为主。另外用户所从事的行业大多为建筑、房产、物业等服务行业。其中，家庭月收入为10000～19999元的用户占比为40.2%，由此可见，音频直播的目标用户以城市中产阶层为主。

（二）用户触媒行为分析

中国网络音频用户总体规模的连年增长带动了网络音频直播市场的繁荣，但从近几年音频直播市场的总体发展趋势来看，用户量增长的速度正日益放缓（见图3）。这一现象标志着声音市场已经基本上完成了市场扩张和用户争夺，开始步入平台发展的成熟期与稳定期。

数据显示，分别有53.3%和35.6%的用户表示喜欢用直播和音频的形式接收信息，点赞、评论、转发是用户在新媒体平台中的惯用操作行为。在内容喜好类型及行为目的方面，音频直播用户整体偏爱搞笑、日常生活等泛娱乐类内容，用它们来休闲娱乐、打发时间，并且在通常情况下，当用户遇到骚扰信息过多或内容质量差时，会取消对某一账号的关注。

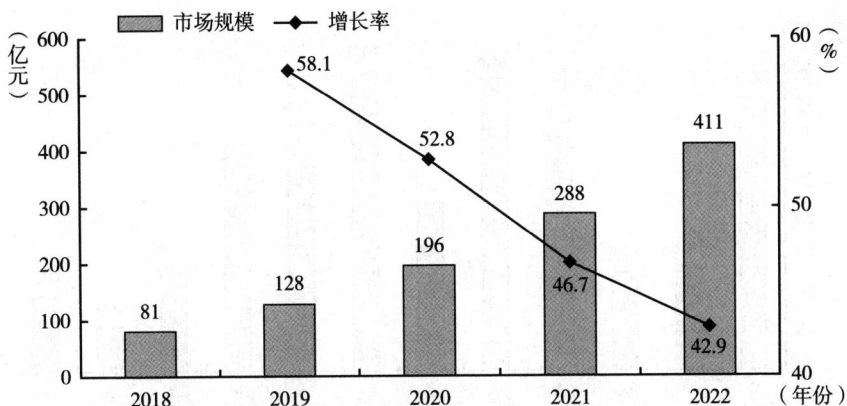

图3 2018~2022年中国网络音频直播市场规模及增长率

数据来源：艾瑞咨询。

（三）用户收听行为分析

在用户的日常收听行为方面，25.2%的用户会在一天内收听2~3次，超过45%的用户会在一周内收听2~3次或4~6次，由此可见，音频直播的用户收听活跃度总体较为理想。会在7：00~9：00和17：00~19：00形成两个收听小高峰，对应的场景大致处于上班前和下班后，收听时长集中在10~40分钟。在收听持续时间方面，33.8%的用户收听时长为20~30分钟。58.3%的用户可以在2分钟内判断出是否会继续听下去。

在内容获取习惯方面，用户自行搜索和通过平台推荐接收内容的比例各占30%，高于收听榜单内容（15.9%）和特定主播（14%）等的占比。在用户收听音频直播的目的方面（见图4），占比前三的分别为听主播唱歌/音乐（39.7%）、聆听好声音（38.8%）、学习知识（36.2%）。

（四）用户消费行为分析

引导用户成功付费是平台完成商业化闭环的关键，但目前，音频直播用户充值打赏的行为发生率和消费数额远不及为平台会员付费或对单个内容付

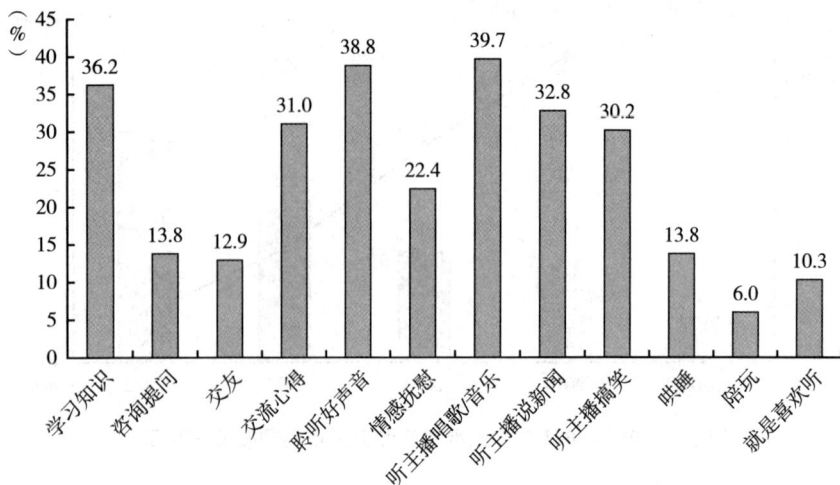

图4 用户收听音频直播的目的

数据来源：《中国音频传媒发展研究报告（2023）》暨南大学课题组。

费的发生率和消费数额。对用户付费意愿的调查显示，42.3%的用户愿意为音频内容付费，其中付费意愿在100元以下的占81%。其中，节目契合用户口味，以及主播的受欢迎程度是促使用户产生消费行为的关键触发点。在音频消费的三种主要方式中，充值打赏行为（7.3%）远低于成为付费会员（72.5%）和对单个内容付费（39.3%），这意味着音频直播的商业化变现方式尚有很大的开拓空间。在对诱发用户付费行为的原因调查中发现，获得独享内容和高品质内容是用户付费最直接和最主要的原因，占比达79.2%。

近年来，音频直播行业在电商直播领域也取得了一定的进展。数据显示，移动网络消费已经越来越成为人们的日常购物习惯，其中，食品饮料、生活日用品是电商消费品的主力，并且在食品方面，用户倾向于购买健康、高品质食物，在穿和用方面更追求实用性和性价比。从整体来看，用户在直播间下单购买的原因主要是产品性价比高（37.0%）、产品有特色（35.2%）和产品实用（33.5%）（见图5），而影响用户下单的因素除了产品本身的质量问题外，还有用户对主播的评价及售后服务问题等（见图6）。

2022年是我国疫情防控和经济复苏的转折之年，音频直播行业在其中

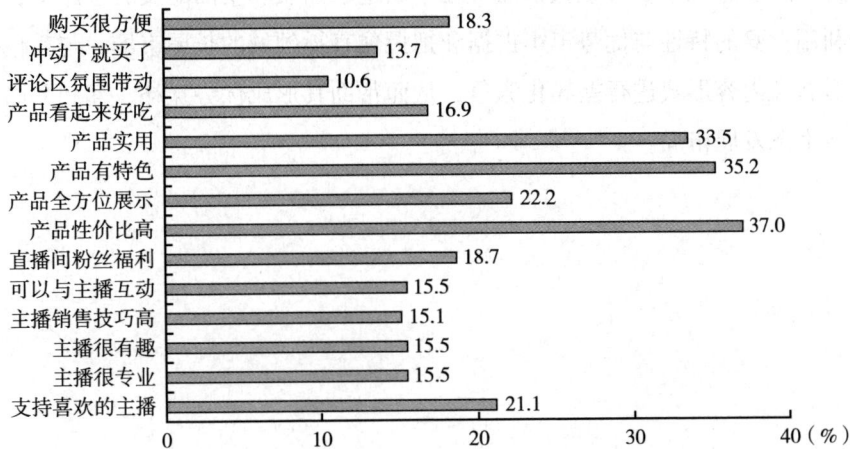

图5 用户在直播间下单的原因

原因	百分比
购买很方便	18.3
冲动下就买了	13.7
评论区氛围带动	10.6
产品看起来好吃	16.9
产品实用	33.5
产品有特色	35.2
产品全方位展示	22.2
产品性价比高	37.0
直播间粉丝福利	18.7
可以与主播互动	15.5
主播销售技巧高	15.1
主播很有趣	15.5
主播很专业	15.5
支持喜欢的主播	21.1

数据来源：《中国音频传媒发展研究报告（2023）》暨南大学课题组。

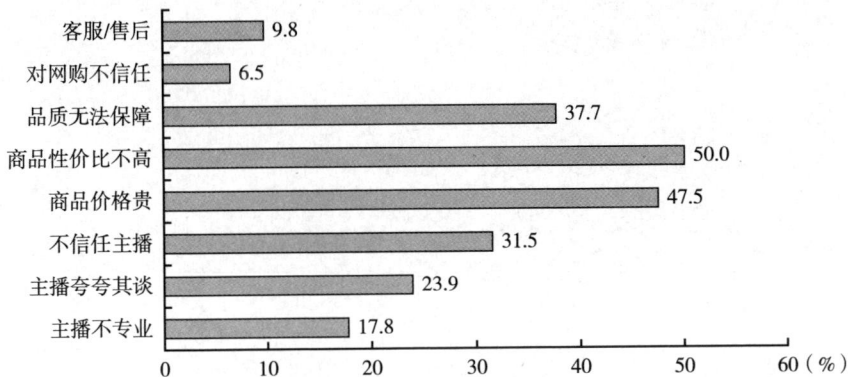

图6 影响用户在直播间下单的因素

因素	百分比
客服/售后	9.8
对网购不信任	6.5
品质无法保障	37.7
商品性价比不高	50.0
商品价格贵	47.5
不信任主播	31.5
主播夸夸其谈	23.9
主播不专业	17.8

数据来源：《中国音频传媒发展研究报告（2023）》暨南大学课题组。

不仅见证和参与了"宅经济"和直播电商的繁荣发展，同时在国家政策、经济、社会和技术的共同支持下，为音频传媒领域的生态环境优化做出了较大的贡献。如今，音频直播正逐步走向高质量发展之路，随着音频直播平台的日益专业化和垂直化，音频直播必将进一步开拓用户的新认知和新需求。

在这一发展过程中，音频直播需要在不断追求品质和精品的发展思路下，充分利用自身的特性与优势牢牢占据和把握住直播领域的长尾市场，与其他传媒形态及内容形式进行差异化竞争，从而帮助其形成优势互补、互利共赢的良性生态发展格局。

B.19

2022年中国播客市场发展报告[*]

王春美　邢丹蕊　蔡钜丞[**]

摘　要： 2022年中国播客市场呈现蓬勃发展的势头，综合性音频平台、
网络音乐平台、垂直类播客应用、广播媒体等各类主体纷纷加大
对播客的扶持力度，通过优化功能、创建机制、完善服务、开办
活动等举措激励播客内容的创作。播客节目的细分趋势增强，内
容品类不断丰富，人文历史、商业财经、生活休闲等领域均涌现
一批颇有影响力的节目。各行各业的创作者参与到播客的创作中
来，内容的原创活力不断提高。随着用户规模不断增长，播客的
营销潜力显现，形成了包括广告承揽、个性内容定制、精品内容
付费等在内的多元商业模式。

关键词： 播客产业　移动音频　听觉文化　声音服务

　　播客是伴随互联网发展而诞生的一种音频内容样态，其典型特点是人人
皆可成为声音主播，并用声音表达观点、分享生活或传播知识。早在2004
年前后，播客就已在我国出现，并经历过一段繁荣的时期。如今，在技术、
资本、市场等多重因素的推动下，播客再次出现在移动互联网上。2022年，
包括综合性音频平台、网络音乐平台、垂直类播客应用、传统广播等在内的

---

　　* 本文系北京市属高等学校优秀青年人才培育计划项目（编号：BPHR202203219）的阶段性成果。
　　** 王春美，北京联合大学应用文理学院新闻与传播系副教授、硕士研究生导师，研究方向为广
播与音频新媒体；邢丹蕊，通讯作者，北京联合大学应用文理学院硕士研究生；蔡钜丞，北
京联合大学应用文理学院硕士研究生。

多个主体竞相布局，播客成为音频市场的运营热点。在不同类型创作主体的参与下，播客内容的生产呈现高度细分的趋势。根据播客搜索引擎"Listen Notes"的统计，2022年8月中文播客的数量已突破2.5万档。[①] 节目总量显著提升，头部优势内容的营销潜能不断彰显，播客的营收能力随之增强。

一 平台运营：多类主体纷纷入局，播客渐成市场热点

播客的数量直接关系着平台的活跃度。以喜马拉雅为首的综合性音频平台加大播客的扶持力度，多措并举促进内容创作。以网易云音乐为代表的网络音乐平台积极推进音乐与播客的融合，以"小宇宙""荔枝播客"为代表的垂直类播客应用不断优化功能，打造音频社区。传统广播也意识到了播客的重要性，加入播客业务的开发中来。

（一）综合性音频平台加大播客扶持力度

"播客"是综合性音频平台十分重视的音频内容门类。以喜马拉雅为例，自2012年上线以来，它不断探索原创内容的开发路径，建立了集挖掘、培养、孵化、变现于一体的播客扶持体系。为了推动主播和听众之间的良性互动，2022年4月喜马拉雅推出"鲲鹏互动流量计划"，基于节目的点赞数、评论数、分享数以及播放量等数据，每天选取互动表现突出的200条内容，定向给予专辑首页流量曝光扶持。[②] 截至7月，鲲鹏互动流量计划累计扶持近3000位主播4276张专辑，为每张获奖专辑带来超过3万的互动量。[③] 为了提高内容生产效率，喜马拉雅通过站内大数据分析，实时挖掘收听热点，为播客创作者提供选题参考。它所推出的音频创作工具"云剪辑"无

---

① 《JustPod：2022中文播客新观察》，先导研报网站，2022年11月28日，http：//xdyanbao.com/doc/2zg31utibx。

② 《喜马拉雅推出鲲鹏互动流量计划》，"播客志"微信公众号．2022年4月7日，https：//mp.weixin.qq.com/s/iG7BAUg7XAytjVDDc0c1Uw。

③ 《90后沈阳女生在喜马拉雅用声音做副业》，百度百家号，2022年8月31日，https：//baijiahao.baidu.com/s？id=1742649029733180251&wfr=spider&for=pc。

须下载安装即可在线剪辑，并糅合了智能音量、智能配乐、音频文字化剪辑等功能，让音频内容的创作更加便捷。喜马拉雅还通过引入 AI 技术，支持音频内容的在线录制、后期制作、一键发布，大大降低了播客的创作门槛。为了帮助水平不同的创作者，喜马拉雅于 2022 年 11 月推出"创作力等级体系"，为播客创作者提供有针对性的内容诊断，助力不同阶段的创作者实现"萌新期、潜力期、成长期、成熟期"的逐级提升，近 6 万名创作者借助此项扶持计划实现了等级跃升。[①] 加大播客推荐力度也是综合性音频平台倾力而为的举措，喜马拉雅按月推出"巅峰榜"，以此进行不同类型的精品播客推荐。2022 年 6 月，喜马拉雅发布"2022 上半年百大播客榜"，综合影响力、活跃度、互动量、收听时长等指标，向社会推荐不同领域的优质播客，在推介用户喜欢的内容的同时展现了播客的商业潜力。

（二）网络音乐平台布局播客业态

以音乐为依托，向更为宽泛的音频领域扩展，大力发展语言类音频内容，是近年来网络音乐行业的共性动作。主流音乐平台纷纷加速播客内容的建设，鼓励音乐人、制片公司、有声内容创作机构及自媒体个人进驻，它们面向用户提供广泛的声音内容与服务，形成了各自的特色。[②] 2020 年 11 月，网易云音乐在一级菜单中上线"播客"功能，同年 12 月 QQ 音乐也在顶部菜单栏新增"播客"入口，"播客"由此成为网络音乐平台的重要建设专区。2022 年，腾讯音乐娱乐集团（简称"腾讯音乐"）加速推动"音乐"与"音频"的融合，所成立的"播客创作中心"着力引入、孵化、培养各个领域的优质音频主播。2022 年 6 月，腾讯音乐启动"声浪计划 3.0"，面向全网音频创作者进行新一轮的商业化激励，主播可在后台上传免费或付费内容，并获取现金收益补贴。此项活动的亮点在于，只须注册一个账号即可

---

① 《2023 喜马拉雅创作者大会召开》，"喜马创作者"微信公众号，2023 年 2 月 15 日，https：// mp. weixin. qq. com/s/yoGa9u2Jp0AjGuvdmIi1QA。

② 王春美等：《2021 年中国网络音乐发展报告》，载申启武、牛存有《中国音频传媒发展研究报告（2022）》，社会科学文献出版社，2022。

进行腾讯音乐旗下的多个客户端分发，客户端包括酷狗音乐、酷我音乐、QQ音乐、懒人听书、酷狗听书、酷我畅听等。主播还可以根据平台提供的数据对内容进行灵活定价，在多个平台获取收益。与此同时，腾讯音乐发起"播客星学院"和"播客星推官"扶持项目，为播客创作者提供培训和导引服务。"播客星学院"由资深制作人、头部主播担任导师，为初学者免费提供系统化的音频创作指导；"播客星推官"邀请有声社群负责人和有声团体推荐新主播，推荐达到一定人数后他们可获得相应的推荐等级和现金奖励。除了上述举措外，腾讯音乐还遴选市场上的优质音频项目进行投资，2022年知名播客节目《日谈公园》所属公司获得其投资，腾讯音乐持股比例达17.5%。[①]

（三）垂类播客平台培植音频社区

除了综合性音频平台和网络音乐平台的"播客"频道以外，近年来市场上涌现一批专注于播客业务的音频应用，如"小宇宙""荔枝播客"。"小宇宙"于2020年上线，其口号为"一起听播客"，是国内首个专注于播客的音频客户端。"荔枝播客"是音频直播平台"荔枝"推出的一款垂直类播客应用，致力于为用户提供国内外精品播客，其口号为"听见新世界"。《JustPod：2022中文播客新观察》显示，垂直类播客应用逐渐受到用户欢迎，"小宇宙"的使用比例逐年上升，成为播客用户的首选应用。[②] 2022年，"小宇宙"加快版本迭代，不断优化平台功能、完善用户的收听体验，一年中先后进行37次更新。[③] 例如在1月20日的版本更新中，"小宇宙"新增了播客的"口癖检测"与"复制粘贴"功能，前者可以检测出口语中无意义的重复语气词，并将之快速定位和删除，减轻剪辑的负担；后者提供

---

① 《持续布局有声，腾讯音乐投资了季冠霖的冠声文化和知名播客日谈公园》，知乎，2022年3月17日，https：//zhuanlan.zhihu.com/p/482830545。

② 《为播客而生｜播客APP小宇宙产品分析报告》，腾讯网，2023年1月27日，https：//new.qq.com/rain/a/20230127A02LKC00。

③ https：//www.asm120.com/isorank/version/1488894313/cn.html。

了一个全新的可视化剪贴板，增加了中转和暂存的能力，可通过拖拽简化复制、粘贴的流程，让操作变得更简单。别出心裁的功能设计一直是"小宇宙"的特色，比如评论区的"时间戳"，听众收听节目时可以就某一时间节点的内容进行留言评论，像是音频的"弹幕"①，这无形中拉近了不同听众之间、听众与主播之间的距离。"语音回复"也是其鲜明特色，是主播为留言听众"专属定制"的语音，可以放大听众收到主播回复时的惊喜感，犹如被传统广播节目的主持人选中了留言一样，可以增进主播和听众的感情。打造音频社区、拓展平台的社交功能是垂直类播客应用的特性。2022年，"小宇宙"对订阅模块进行了较大的改动，新增"星标订阅""可能错过"等功能，方便用户获取订阅节目的更新内容，支持用户对喜欢的节目和单集内容进行分享，用户可以将它们转发到微博、微信、小红书等平台。

（四）广播媒体介入播客业务开发

随着音频行业的发展，广播媒体也意识到了播客的重要性，开始通过举办主播大赛、孵化声音IP、组建播客联盟等方式，吸引优质播客入驻自有客户端。2022年6月，北京广播电视台启动融媒体主播大赛，面向社会征集优秀声音作品，发掘新型主播和声音艺术形态。为丰富赛事类别，该届赛事专门开设"播客组"，鼓励非播音主持专业的声音爱好者参赛。大赛先后历时68天，共有1212位选手报名②，其中既有来自播音专业的学生，又有各大平台的播客创作者，更有喜爱声音艺术的普通用户，作品涵盖声音带货、百变配音、故事剧场、有声朗读、传统曲艺等。该次活动从征集、初赛、复赛到决赛，作品展示、听众投票、比赛直播等环节都在"听听FM"上进行，极大地提高了平台的活跃度。随后，北京广播电视台启动"声音IP计划"，推出百万元现金奖励，招募优秀播客，播客主可以围绕北京文化、北京生活、北京故事、世界杯4大主题进行内容创作。在活动举办期

---

① 俱鹤飞：《"小宇宙"App用细节破重围》，《解放日报》2022年9月13日，第2版。
② 《"你好，大主播"2022融媒体主播大赛落幕》，百度百家号，2022年9月7日，https：//t. ynet. cn/baijia/33322716. html。

间，吸引了直播公会、播客团队、个体爱好者等报名，这些播客主在 20 天时间内直播 1000 多场，创作 48 部音频专辑。[①] 依托本活动，北京广播电视台推出了"首届播客节"，为"听听 FM"带来 4 万余名新下载用户。[②] 中央广播电视总台旗下的"云听"发起了第二届"小小朗读者"活动，不同年龄组别的参赛作品均在"云听"展示，共有 56285 名少年儿童报名参加，超过 9000 个家庭参与"声音打卡陪伴计划"[③]，产生了较高的影响力。在广东，由广东网络广播电视台参与主办的"大湾区粤语播客联盟"成立，聚合广东、香港、澳门乃至海外的粤语音频创作者、专业机构、媒体，打造具有国际视野和地域特色的创新性粤语播客。

二 内容建设：播客细分趋势增强，三类节目颇受瞩目

各类平台纷纷加速播客内容的建设，使得播客节目的细分趋势增强，生活、财经、职场、历史、科技、情感、娱乐、运动、健康、旅行、汽车等领域均涌现一批成熟的播客，它们拥有稳固的收听群体。不同领域的新生播客也在源源不断地加入。节目覆盖面广、内容多元，彰显播客生态的日益繁荣。

（一）人文历史类节目占据收听榜首

根据 JustPod 发布的播客调研数据，无论是在以喜马拉雅为代表的综合性音频平台上还是在以"小宇宙"为代表的垂直类应用上，社科人文类内

---

① 《听听 FM "播客派对" 活动收官》，"听听 FM" 微信公众号，2023 年 1 月 5 日，https：//mp. weixin. qq. com/s/TjGaxLPQh62dv3lwIEZrUg。
② 《听听 FM 播客节赋能品牌客户》，"听听 FM" 微信公众号，2023 年 1 月 14 日，https：//mp. weixin. qq. com/s/vUk2RkRnFZvMkbHbKcUopQ。
③ 《第二届 "小小朗读者" 圆满收官》，央广传媒，2022 年 8 月 31 日，http：//www. cnrmg. cn/xwzx1/jtyw/20220831/t20220831_ 525993975. html。

容都高居听众收听偏好的榜首①，这与各大平台定期发布的播客榜单不谋而合。以2022年1月喜马拉雅发布的"巅峰榜"为例②，《许知远的内心旅行》《文化有限》等人文历史类播客位列其中。《中庸乱弹·儒家思想》获得2022年2月新品畅销榜第三名。③在每月榜单中，《时代读者·中国媒体人访谈录》多次榜上有名。"小宇宙"颁布的"2022年播客大赏"中④，《忽左忽右》《东亚观察局》《东腔西调》《咸柠七》《跳岛FM》等文化类节目被评为热门播客。这些节目有的聚焦时事热点、传递文化资讯，有的围绕国学艺术、民俗文化、历史人物等进行杂谈讨论，有的是以单人漫谈的形式播出，有的是以多人聊天或访谈的形式开展，是分享人文知识、表达文化观点的有效载体，在选题策划、制作水平、用户评价等方面综合体现了播客的深度和广度。这类播客的收听表现也折射了用户对人文历史、国学艺术、历史文化等内容的旺盛需求。

（二）商业财经类内容广受听众欢迎

商业财经类内容以金融、创业、商业运营、投资、市场快讯、股评等为主，对于了解行业动向、掌握财经知识、开拓经营思路等有所裨益，受到音频用户的欢迎。此类播客主要有三类：一是财经通识类节目，包括金融学、经济学、商业史、产业趋势、财商思维等方面的专业讲解或知识分享，如《中国经济72讲》《吴晓波的财经课堂》；二是金融投资类节目，包括信用、融资、股权投资、期权、证券、保险、个人理财等相关领域的知识分享；三是实践性较强的商业管理类内容，例如电子商务、创投等领域的案例，与知

---

① 《JustPod：2022中文播客新观察》，先导研报网站，2022年11月28日，http://xdyanbao.com/doc/2zg31utibx。

② 《喜马拉雅1月巅峰榜发布》，"喜马创作者"微信公众号，2022年2月16日，https://mp.weixin.qq.com/s/2Z16VY_ vMR8RTkxlzg92Kw。

③ 《喜马拉雅2月巅峰榜发布》，"喜马创作者"微信公众号，2022年3月10日，https://mp.weixin.qq.com/s/TdfgtY1ET3HNO1nGYwKInA。

④ 《2022小宇宙播客大赏，听见远和近》，"小宇宙播客"微信公众号，2023年1月16日，https://mp.weixin.qq.com/s/gJlSWcP38TmGYRnTM45LAw。

识产权、财税相关的通识或实务，还有商务谈判、团队管理、市场营销、财务会计、人力资源等相关的知识与实操等。2022 年，"小宇宙"涌现一批全新的商业财经播客，它们专注于不同的行业品类，分享商业观点或行业走势，如《小马宋》主要讲述商业经营的思考和见解，《这就是创新》邀请行业嘉宾分享新经济和新趋势，《三点下班》每期围绕股市和股民生活展开对谈。由喜马拉雅和财新视听联合出品的《声财友到》围绕多个财经高频热词，连续推出 50 多期高质量的对谈节目，《声财友到》在半年的时间里播放量突破 1300 万，单期最高播放量达 200 万。①

（三）生活休闲类节目拥有稳固用户

在各个平台发布的 2022 年热门播客榜单中，生活休闲类节目一直占有相当大的比重。生活休闲类节目顾名思义就是与生活、休闲、放松有关的语言节目，其外延较大，包含的节目类型较多，涉及的领域非常广。第一，与生活方式有关的趣味闲谈、话题讨论等杂谈类节目，如喜马拉雅开辟了专门的"生活杂谈"板块，《故事 FM》《凹凸电波》《生活杂志》等播客各具特色，播放量可观。第二，与大众生活息息相关的服务节目，如美食、旅游、汽车、运动健身等，如《百车全说》主要分享与汽车有关的话题、经验与观点，《听北京》是一档将旅游与历史、文化相结合的节目，《厨此以外》《美妆内行人》分别是美食和美妆领域的新生节目。第三，娱乐文艺类节目，包括搞笑段子、喜剧、脱口秀、影视、音乐等，每一个门类都有大量的播客分布，《大内密谈》《黑水公园》《日谈公园》《段子来了》《非常溜佳期》《妙语连朱》等热门播客均属于这一类别，常年稳居娱乐排行榜前列。第四，情感陪伴类节目，以人生感悟、情感故事、情感课堂、助眠疗愈等为主要内容。疫情之下，听播客成为对抗孤独的一种选择②，《蕊希电台》《夜听》《程一电台》等均是比较知名的情感类播客，受到年轻人的喜爱。

---

① 《财经播客〈声财友到〉第一季圆满收官》，"喜马拉雅音频营销"微信公众号，2022 年 9 月 2 日，https：//mp.weixin.qq.com/s/6VzZ6_QoiqvJex1hgdr1mg。
② 李璇：《听播客，对抗疫情带来的孤独》，《中国青年报》2022 年 3 月 22 日，第 2 版。

三 创作主体：多元角色参与制作，原创活力不断显现

播客节目的不断增长，离不开数量庞大的创作者的参与。《2022年原创内容生态报告》显示，优质原创内容月均投稿量同比增长了146%[1]，声音已成为重要创作方式，扶持原创内容及播客主成为音频生态建设的重要一环。音频创业机构、文化出版机构、商业公司、专家名人及声音爱好者等共同参与到播客的创作中来，促进了播客内容的极大丰富。

（一）专业化的机构和团队

随着音频产业的发展，市场上涌现一批专注于播客业务的音频机构和团队。这些机构和团队开设多档播客节目在多个平台同步发展，已经具有了较为广泛的影响力。据统计，2022年市场上已有15家专注于播客业务的专业机构[2]，此类机构不但自制播客节目，还通过同业合作的方式发起播客联盟，进行商业合作和内容开发，另有一些机构对外提供代制作、代运营、播客营销等服务，成为播客服务商。出版机构、人文书店、传媒机构、文化机构等也加入了播客创作阵营中，例如中信出版集团的《跳岛FM》、单向空间的《螺丝在拧紧》、读库的《读库立体声》、"看理想"的《八分》都是近年来由文化机构主导创作的播客节目，财联社、《体坛周报》、娱乐资本论、第一财经等媒体也开设播客。另外，健康、运动、金融、快消品等不同领域的机构和公司也成为播客创作的力量，如丁香医生、吴晓波频道、国泰君安期货等纷纷推出各自的播客。

（二）分布广泛的个体创作者

个体创作者是播客创作最广泛且最基础的力量。他们有的是大学教师、

---

① 《喜马拉雅发布〈2022年原创内容生态报告〉》，"喜马创作者"微信公众号，2022年12月30日，https：//mp.weixin.qq.com/s/OJqtRGYUlQJkwIrRUYSWuA。

② 《播客厂牌涌现，机构化意味着什么?》，"播客志"微信公众号，2022年4月22日，https：//mp.weixin.qq.com/s/tBHd8TzTnI6jYALxBp76aQ。

医生、媒体从业者、企业职员、退伍军人，还有的是自由职业者、学生、退休人员、家庭主妇甚至残疾人，出于对"声音"这一传播介质的喜爱，投身播客内容的创作中来。经过多年努力，部分个体创作者拥有了相当数量的收听群体，成长为平台签约主播。《2022 年原创内容生态报告》显示，不同年龄、不同职业的创作者都在尝试用声音分享知识、表达观点，超过 15 万名老年人在喜马拉雅创作内容，借助声音发挥余热，上万名残疾人借助声音跨越身体障碍①，分享自己的观点和态度，还有一些创作者用音频记录乡村生活、传播农业知识。2022 年 7 月，喜马拉雅发布的"百大播客榜"上，既有梁文道、洪晃等文化名人，也有杨毅、旭岽、柏邦妮、河森堡等来自体育、科技、编剧、文博等不同领域的专业人士，还有洛宾、向夏和朱莉等脱口秀及喜剧演员。荣登喜马拉雅"百万粉丝主播俱乐部"的"小默"曾在餐厅做过服务员、在电信运营商担任话务员、在富士康做过仓库管理员，她于 2014 年起开始创作情感播客《默默道来》，播放量超过 14 亿，粉丝数超过 143 万②，被评为 2022 年度"最具商业价值主播"。个体创作者往往在某一领域具有一定的积累或兴趣，具有声音创作的热情，借助平台提供的培训指导、社群互动、投稿激励等机会不断提升声音创作的能力。2022 年，"小宇宙"累计新增了 22740 个播客、20 多万个新单集③，这离不开海量的个体创作者的参与。

四 用户画像：收听总量不断攀升，呈年轻和高知特点

播客激发了大众的内容创作潜力，也带来了可观的收听市场。相关调研数据显示，受到多种因素的影响，2022 年播客的用户收听人数和人

---

① 《喜马拉雅发布〈2022 年原创内容生态报告〉》，"喜马创作者"微信公众号，2022 年 12 月 30 日，https：//mp.weixin.qq.com/s/OJqtRGYUlQJkwIrRUYSWuA。
② 《喜马拉雅十周年 | "百万粉丝主播俱乐部"亮相》，"喜马拉雅音频营销"微信公众号，2022 年 9 月 8 日，https：//mp.weixin.qq.com/s/NsZodLvCxnjmd4lAmdSHSA。
③ 《2022 小宇宙播客大赏，听见远和近》，"小宇宙播客"微信公众号，2023 年 1 月 16 日，https：//mp.weixin.qq.com/s/gJlSWcP38TmGYRnTM45LAw。

均收听时长均呈现增长的态势，其市场认可度稳步提升。从用户画像来看，喜欢听播客的人群具有年轻化、受教育程度高和消费潜力偏高的特点。[1]

（一）用户规模和收听时长均有增长

经过多年的培育，播客的用户规模和收听时长均呈现明显的增长趋势。根据市场研究机构 eMarketer 的调研报告，2020 年中文播客受众人数为 6840 万，2021 年为 8600 万，而 2022 年中文播客的收听人数超过 1 亿，真正成为当下最受关注的流媒体形式之一。同时，该机构预测中国市场播客的消费规模在 2023～2024 年会保持年均 15.8% 的增长势头，位列全球之冠。根据 JustPod 发布的播客调研数据，播客的整体收听时长从 2020 年的人均每周 3.9 个小时上涨至 2022 年的 4.1 个小时。在不同用户群体中，重度收听用户的占比持续提高，从 2020 年的 21.6% 上升至 2022 年的 35.6%，这从侧面印证了播客的市场认可度正逐步提升。

（二）听众呈现高知和年轻化的特点

从受众的基本构成来看，播客听众具有年轻、高知、消费潜力较高等特点。根据 JustPod 发布的数据（见表 1），经常收听播客的听众年龄在 30 岁上下，2022 年 22 岁～35 岁的听众比例高达 73.90%，年轻化的特质明显。从学历分布来看，而研究生学历比例有所上升，凸显播客受众的受教育程度普遍较高，具有"高知化"的特点。播客受众的地域分布也具有显著特性，主要人群集中在一线城市。从收入水平来看，播客受众的月平均收入稳步提升，2022 年已达到 14808 元。优质的用户构成为播客营销奠定了良好基础。

---

[1] 《JustPod：2022 中文播客新观察》，先导研报网站，2022 年 11 月 28 日，http://xdyanbao.com/doc/2zg31utibx。

表1　2020~2022年中文播客用户画像指标

画像指标	2020年	2021年	2022年
女性占比(%)	43.10	56.30	53.10
平均年龄(岁)	28.4	29.1	30.2
核心人群(22岁~35岁)占比(%)	79.50	72.40	73.90
研究生学历占比(%)	26.30	38.40	40.00
一线城市(北上广深)占比(%)	41.70	43.20	48.50
境外占比(%)	5.60	6.70	6.50
月平均收入(元)	11965	12913	14808

资料来源:《JustPod:2022中文播客新观察》。

五　商业模式:探索多种营收途径,打造品牌营销阵地

随着听众规模增长,播客的营销潜力逐步显现。在平台的助力下,播客承揽广告的能力提升,同时开启个性化内容定制服务,一些精品原创专辑陆续推出,探索用户付费的多种可能性,播客的营收模式呈现多样化的态势。

(一)承接个性内容定制,创新广告营销

广告是播客营收的主要方式。2022年,在市场广告预算整体缩减的情况下,播客广告投放实现逆势增长,社会关注度不断提升。[1] 常见的播客广告有口播、冠名、植入以及贴片等形式,一般在节目的开头、中间或结尾进行呈现。为了创新播客营收的模式,各类平台加大了内容营销的力度,即根据企业的营销传播诉求,邀请不同领域的头部播客进行定向内容的生产和传播[2],主要有三种形式。一是单期定制或系列定制,邀请某一领域颇具影响力的播客,结合其自身的节目风格和品牌方的营销诉求,专门制作一期

---

[1] 《史上最大规模播客营销刚落幕,听听创作者们怎么说?》,"播客志"微信公众号,2022年11月8日,https://mp.weixin.qq.com/s/iK9GcaH2QLT1kE39q5Q24Q。

[2] 王春美、伍婷:《移动音频平台的广告运营逻辑与实践启示》,《传媒》2023年第5期。

或多期节目。例如 2022 年 9 月《东吴同学会》受邀为互联网产品"钉钉"打造《数字韧性》专辑，围绕企业的数字化转型进行对话和讨论，传播产品理念，进行深度宣传，成为内容营销的典型案例。二是跨界共制，邀请不同领域的人气播客从不同角度进行节目的联合创作。以可口可乐与喜马拉雅的合作为例，由黄磊的《黄小厨》领衔《黑水公园》《人间观察局》《文化有限》等八档头部播客，从美食、影视、生活方式、艺术人文等八个视角，讲述八种地域菜系，分享八个"回家吃饭"的故事，通过话题、故事与音乐的结合，将产品宣传与节目内容进行有机结合，半年中这八期定制节目的播放量达 580 万，起到了良好的宣传效果。① 三是为企业开通官方账号，搭建专门的"品牌电台"，以声音的形式发布企业动态、展示品牌形象或推介产品和服务。2022 年 10 月，美妆品牌珀莱雅在"小宇宙"推出播客栏目《珀莱雅的发现 FM》，邀请北京大学临床心理学博士分享心理学知识，探讨情绪表达的技巧，节目共播出六期，用公益宣传的方式展现品牌形象。

（二）推出精品原创专辑，推动用户付费

经过长时间的积累，一批播客创作团队掌握了某一细分领域的内容创作方法与规律，开始试水付费内容的制作。2022 年 8 月，由《日谈公园》出品的付费音频专辑《独创非洲：摄影师梁子的非洲探险》在"小宇宙"上线，讲述了 6 个非洲国家的传奇故事，记录了非洲人的真实生活状态，节目共 6 集约 400 分钟，定价 49.9 元，一经推出便受到了广泛关注。播客团队"故事 FM"经过多年的积累，也于 2022 年首次推出付费专辑，该专辑可在微信号、"小宇宙"、网易云音乐及喜马拉雅购买收听。目前，播客付费分为整档付费和单集付费两种形式，单集付费支持用户购买感兴趣的某一集节目，喜马拉雅和"小宇宙"均已开通单集付费功能。以《黑水公园》为例，

---

① 《喜马拉雅荣获第 9 届 TMA 移动营销大奖》，"喜马拉雅音频营销"微信公众号，2023 年 1 月 6 日，https://mp.weixin.qq.com/s/r5FUPzbVfyyZGEHNnzuy_w。

2022 年它先后推出 8 个付费单集，每集时长 2 个小时左右，一集按 4 元收费，是较早尝试单集付费的播客节目。

经过多年的发展，播客已成为与广播剧、有声书、音乐、直播等并驾齐驱的音频内容。综合性音频平台、网络音乐平台、垂直类播客应用、广播媒体等共同参与到播客市场的培育与开发中，通过资金、技术、服务等方面的持续投入，搭建起一套相对成熟的运营体系，吸引更多的创作者加入优质原创内容的生产阵营。来自出版、传媒、文化等领域的专业机构和团队逐渐成长为播客创作的中坚力量，分布于各行各业、具有不同生活背景的个体创作者则是播客业态繁荣的基础，一些专注于播客业务的音频创业公司陆续出现。多样化的创作主体促使播客数量呈现持续攀升的势头，内容细分化、专业化的趋势增强，越来越多的人知晓播客、收听播客。"声音"的介质属性增强，不仅勾连起不同角落的个体，也与出版、科技、教育、金融、快消品等诸多行业产生了联系，其营销潜力和产业价值因而得到释放，多元化的商业模式初步形成。

附 录 2022年全国广播收听市场竞争格局*

一 北京广播市场竞争格局

表1 2022年北京广播市场频率竞争格局TOP10

排名	频率名称	收听率(%)	收听份额(%)
1	北京交通广播	0.58	22.7
2	北京音乐广播	0.26	10.2
3	北京新闻广播	0.24	9.2
4	京津冀之声	0.23	8.8
5	中央中国之声	0.20	7.7
6	北京文艺广播	0.14	5.2
7	中央音乐之声	0.13	5.1
8	中央经济之声	0.11	4.2
9	中国交通广播	0.09	3.5
10	中国国际广播电台劲曲调频	0.08	3.3

二 上海广播市场竞争格局

表2 2022年上海广播市场频率竞争格局TOP10

排名	频率名称	收听率(%)	收听份额(%)
1	上海流行音乐广播	0.43	24.7
2	上海经典金曲广播	0.41	24.0

---

* 数据来源:《中国音频传媒发展研究报告(2023)》暨南大学课题组。

续表

排名	频率名称	收听率（%）	收听份额（%）
3	上海交通广播	0.22	13.0
4	上海新闻广播	0.19	11.2
5	上海经典音乐广播	0.16	9.5
6	上海第一财经广播	0.08	4.4
7	中央音乐之声	0.06	3.5
8	上海故事广播	0.05	2.7
9	中央经济之声	0.04	2.2
10	上海五星体育广播	0.02	1.3

三　天津广播市场竞争格局

表3　2022年天津广播市场频率竞争格局TOP10

排名	频率名称	收听率（%）	收听份额（%）
1	天津交通广播	0.76	29.7
2	天津相声广播	0.45	17.5
3	天津音乐广播	0.40	15.5
4	天津新闻广播	0.34	13.2
5	天津动听885	0.14	5.5
6	天津文艺广播	0.08	3.0
7	天津经济广播	0.07	2.7
8	天津生活广播	0.06	2.5
9	中央中国之声	0.05	2.1
10	天津滨海广播	0.05	2.0

四　重庆广播市场竞争格局

表4　2022年重庆广播市场频率竞争格局TOP10

排名	频率名称	收听率（%）	收听份额（%）
1	重庆交通广播	0.61	20.4
2	重庆音乐广播	0.48	16.0

排名	频率名称	收听率（%）	收听份额（%）
3	重庆私家车广播	0.38	12.8
4	重庆之声	0.33	10.9
5	中央音乐之声	0.29	9.8
6	重庆经济广播	0.25	8.2
7	中央中国之声	0.24	8.0
8	中央经济之声	0.21	7.0
9	中国国际广播电台轻松调频	0.11	3.7
10	中国国际广播电台环球资讯广播	0.07	2.2

五　杭州广播市场竞争格局

表5　2022年杭州广播市场频率竞争格局TOP10

排名	频率名称	收听率（%）	收听份额（%）
1	杭州交通经济广播	0.76	17.9
2	浙江交通之声	0.51	12.0
3	杭州西湖之声	0.49	11.7
4	浙江第一音乐广播	0.39	9.3
5	浙江之声	0.33	7.8
6	杭州流行音乐广播	0.32	7.6
7	杭州之声	0.28	6.6
8	浙江经济广播	0.24	5.8
9	中央音乐之声	0.21	5.1
10	浙江城市之声	0.19	4.5

六　合肥广播市场竞争格局

表6　2022年合肥广播市场频率竞争格局TOP10

排名	频率名称	收听率（%）	收听份额（%）
1	安徽交通广播	0.43	10.4
2	合肥交通信息广播	0.39	9.4

排名	频率名称	收听率（%）	收听份额（%）
3	安徽音乐广播	0.37	8.9
4	安徽综合广播	0.33	8.1
5	合肥综合广播	0.31	7.5
6	安徽经济广播	0.28	6.7
7	中央中国之声	0.26	6.2
8	合肥故事广播	0.23	5.6
9	安徽生活广播	0.21	5.0
10	合肥文艺广播	0.20	4.8

七　福州广播市场竞争格局

表7　2022年福州广播市场频率竞争格局 TOP10

排名	频率名称	收听率（%）	收听份额（%）
1	福建都市生活广播	0.84	20.7
2	福建交通广播	0.67	16.4
3	福建音乐广播	0.58	14.1
4	福州交通之声	0.40	9.8
5	福建新闻综合广播	0.29	7.1
6	福州音乐广播	0.17	4.2
7	福建经济广播	0.16	3.9
8	福州新闻广播	0.14	3.5
9	中央中国之声	0.13	3.2
10	福建文艺广播	0.13	3.2

八　兰州广播市场竞争格局

表8　2022年深圳广播市场频率竞争格局 TOP10

排名	频率名称	收听率（%）	收听份额（%）
1	甘肃交通广播	0.55	25.3
2	兰州综合广播	0.44	20.1

排名	频率名称	收听率(%)	收听份额(%)
3	甘肃都市调频广播	0.21	9.6
4	兰州生活文艺广播	0.16	7.2
5	兰州交通音乐广播	0.15	7.1
6	甘肃新闻综合广播	0.14	6.6
7	甘肃青少广播青春调频	0.13	6.0
8	甘肃经济广播	0.13	5.8
9	甘肃农村广播乡村之音	0.10	4.7
10	中央中国之声	0.08	3.6

九　深圳广播市场竞争格局

表9　2022年深圳广播市场频率竞争格局TOP10

排名	频率名称	收听率(%)	收听份额(%)
1	深圳交通广播	0.53	12.0
2	深圳音乐广播	0.46	10.5
3	深圳生活广播	0.36	8.0
4	深圳新闻广播	0.35	7.9
5	南粤之声	0.33	7.5
6	中央中国之声	0.27	6.0
7	中央音乐之声	0.25	5.6
8	大湾区之声	0.24	5.5
9	湾区之声	0.21	4.8
10	广州金曲音乐广播	0.20	4.5

十　广州广播市场竞争格局

表10　2022年广州广播市场频率竞争格局TOP10

排名	频率名称	收听率(%)	收听份额(%)
1	广东交通之声	0.77	19.4
2	广东音乐之声	0.64	16.3

续表

排名	频率名称	收听率(%)	收听份额(%)
3	广州新闻广播	0.46	11.6
4	广州交通广播	0.28	7.0
5	广东珠江经济广播	0.20	5.0
6	广东新闻广播	0.19	4.8
7	广州金曲音乐广播	0.17	4.3
8	广东城市之声	0.15	3.7
9	中央中国之声	0.14	3.6
10	广州电台青少年广播	0.12	3.0

十一 南宁广播市场竞争格局

表 11 2022 年南宁广播市场频率竞争格局 TOP10

排名	频率名称	收听率(%)	收听份额(%)
1	广西教育广播	0.36	20.6
2	广西文艺广播	0.27	15.4
3	广西经济广播	0.23	13.1
4	南宁乡村生活广播	0.19	10.5
5	广西综合广播	0.17	9.7
6	广西交通广播	0.16	9.3
7	南宁交通音乐广播	0.13	7.2
8	南宁故事广播	0.08	4.7
9	中央中国之声	0.05	2.8
10	中央音乐之声	0.04	2.4

十二 贵阳广播市场竞争格局

表 12 2022 年贵阳广播市场频率竞争格局 TOP10

排名	频率名称	收听率(%)	收听份额(%)
1	贵州交通广播	0.37	11.6
2	贵阳交通广播	0.33	10.4

排名	频率名称	收听率(%)	收听份额(%)
3	贵州音乐广播	0.31	9.9
4	贵州综合广播	0.28	8.8
5	贵阳都市女性广播	0.27	8.5
6	中央中国之声	0.26	8.3
7	贵州故事广播	0.23	7.3
8	贵阳新闻综合广播	0.20	6.3
9	贵州都市广播	0.19	6.0
10	中央音乐之声	0.17	5.3

十三　海口广播市场竞争格局

表13　2022年海口广播市场频率竞争格局TOP10

排名	频率名称	收听率(%)	收听份额(%)
1	海南交通广播	0.58	15.2
2	海南旅游广播	0.54	14.1
3	海口音乐广播	0.52	13.6
4	海南音乐广播	0.46	12.1
5	海口旅游交通广播	0.44	11.4
6	中央中国之声	0.37	9.5
7	海口综合广播	0.32	8.3
8	中央音乐之声	0.30	7.8
9	海南新闻广播	0.11	2.8
10	中央经济之声	0.06	1.7

十四　石家庄广播市场竞争格局

表14　2022年石家庄广播市场频率竞争格局TOP10

排名	频率名称	收听率(%)	收听份额(%)
1	石家庄交通广播	0.31	14.2
2	河北交通广播	0.28	12.7

续表

排名	频率名称	收听率（%）	收听份额（%）
3	石家庄音乐广播	0.21	9.6
4	河北音乐广播	0.16	7.6
5	河北综合广播	0.15	7.1
6	中央中国之声	0.15	6.7
7	河北经济广播	0.11	5.0
8	石家庄综合广播	0.10	4.7
9	河北旅游文化广播	0.10	4.4
10	河北新闻广播	0.09	3.9

十五　郑州广播市场竞争格局

表15　2022年郑州广播市场频率竞争格局TOP10

排名	频率名称	收听率（%）	收听份额（%）
1	郑州交通广播	0.19	16.5
2	河南交通广播	0.17	15.3
3	河南影视广播	0.10	8.9
4	河南音乐广播	0.10	8.5
5	郑州新闻综合广播	0.09	7.5
6	汽车音乐广播	0.08	7.3
7	河南旅游广播	0.08	6.9
8	郑州音乐广播	0.06	5.2
9	郑州中牟广播	0.06	5.0
10	郑州经济生活广播	0.05	4.7

十六　哈尔滨广播市场竞争格局

表16　2022年哈尔滨广播市场频率竞争格局TOP10

排名	频率名称	收听率（%）	收听份额（%）
1	黑龙江交通广播	0.64	23.2
2	哈尔滨文艺广播	0.42	15.1

续表

排名	频率名称	收听率(%)	收听份额(%)
3	黑龙江广播97频道	0.40	14.3
4	黑龙江高校广播	0.24	8.7
5	黑龙江音乐广播	0.20	7.2
6	黑龙江都市女性广播	0.18	6.6
7	黑龙江生活广播	0.15	5.3
8	哈尔滨交通广播	0.14	4.9
9	哈尔滨音乐广播	0.10	3.7
10	黑龙江新闻广播	0.10	3.5

十七　武汉广播市场竞争格局

表17　2022年武汉广播市场频率竞争格局TOP10

排名	频率名称	收听率(%)	收听份额(%)
1	楚天交通广播	0.55	12.9
2	楚天音乐广播	0.47	11.0
3	湖北之声	0.41	9.5
4	湖北经典音乐广播	0.40	9.3
5	武汉交通广播	0.27	6.4
6	武汉音乐广播	0.26	6.1
7	武汉经济广播	0.25	5.8
8	武汉综合广播	0.24	5.7
9	中央经济之声	0.23	5.3
10	湖北城市之声	0.21	4.8

十八　长沙广播市场竞争格局

表18　2022年长沙广播市场频率竞争格局TOP10

排名	频率名称	收听率(%)	收听份额(%)
1	湖南交通广播	0.53	12.4
2	湖南金鹰之声	0.40	9.4

续表

排名	频率名称	收听率（%）	收听份额（%）
3	长沙交通广播	0.36	8.4
4	湖南音乐之声	0.35	8.2
5	长沙新闻广播	0.32	7.4
6	湖南旅游广播	0.29	6.9
7	长沙城市之声	0.26	6.0
8	湖南综合广播	0.25	5.8
9	湖南经济广播	0.24	5.6
10	湖南潇湘之声	0.21	4.8

十九　长春广播市场竞争格局

表 19　2022 年长春广播市场频率竞争格局 TOP10

排名	频率名称	收听率（%）	收听份额（%）
1	长春交通之声	0.46	34.5
2	吉林交通广播	0.18	13.5
3	长春经济广播	0.14	10.5
4	吉林资讯广播	0.14	10.3
5	吉林音乐广播	0.06	4.4
6	中央经济之声	0.06	4.2
7	长春都市音乐广播	0.05	4.1
8	中央中国之声	0.05	4.0
9	长春新闻综合广播	0.03	2.0
10	吉林教育广播	0.03	1.9

二十　南京广播市场竞争格局

表 20　2022 年南京广播市场频率竞争格局 TOP10

排名	频率名称	收听率（%）	收听份额（%）
1	南京交通广播	0.32	18.8
2	江苏交通广播	0.25	14.6

排名	频率名称	收听率(%)	收听份额(%)
3	南京音乐广播	0.17	10.3
4	江苏经典流行音乐广播	0.14	8.6
5	南京体育广播	0.11	6.7
6	江苏音乐广播	0.10	6.2
7	江苏新闻广播	0.10	5.8
8	中央中国之声	0.08	4.9
9	六合县人民广播电台	0.08	4.9
10	江苏金陵之声	0.08	4.6

二十一　南昌广播市场竞争格局

表 21　2022 年南昌广播市场频率竞争格局 TOP10

排名	频率名称	收听率(%)	收听份额(%)
1	江西交通广播	0.29	20.5
2	南昌交通广播	0.22	15.3
3	江西旅游广播	0.15	10.4
4	江西音乐广播	0.15	10.3
5	南昌新闻综合广播	0.14	9.6
6	江西新闻广播	0.10	7.0
7	江西民生广播	0.06	4.2
8	江西故事广播	0.06	4.1
9	中央中国之声	0.05	3.3
10	江西都市广播	0.05	3.3

二十二　沈阳广播市场竞争格局

表 22　2022 年沈阳广播市场频率竞争格局 TOP10

排名	频率名称	收听率(%)	收听份额(%)
1	辽宁音乐广播	0.64	16.5
2	辽宁都市广播	0.58	14.8

排名	频率名称	收听率（%）	收听份额（%）
3	沈阳新闻广播	0.40	10.4
4	辽宁交通广播	0.39	9.9
5	中央中国之声	0.35	9.1
6	辽宁之声	0.34	8.8
7	辽宁经典音乐广播	0.27	6.9
8	辽宁生活广播	0.22	5.6
9	中央音乐之声	0.19	4.8
10	中央经济之声	0.18	4.6

二十三　呼和浩特广播市场竞争格局

表 23　2022 年呼和浩特广播市场频率竞争格局 TOP10

排名	频率名称	收听率（%）	收听份额（%）
1	内蒙古交通之声	0.44	18.7
2	内蒙古音乐之声	0.27	11.2
3	内蒙古新闻广播	0.25	10.3
4	中央音乐之声	0.24	9.9
5	内蒙古经济生活广播	0.20	8.2
6	呼和浩特交通广播	0.17	7.4
7	内蒙古评书曲艺广播	0.12	5.0
8	呼和浩特综合广播	0.11	4.7
9	内蒙古新闻综合广播	0.10	4.1
10	呼和浩特城市生活广播	0.09	3.8

二十四　银川广播市场竞争格局

表 24　2022 年银川广播市场频率竞争格局 TOP10

排名	频率名称	收听率（%）	收听份额（%）
1	宁夏交通广播	0.54	16.7
2	银川交通音乐广播	0.45	13.9

续表

排名	频率名称	收听率(%)	收听份额(%)
3	宁夏新闻广播	0.44	13.8
4	宁夏音乐广播	0.33	10.2
5	银川新闻综合广播	0.27	8.4
6	宁夏经济广播	0.26	8.0
7	宁夏旅游广播	0.25	7.9
8	银川都市经济广播	0.18	5.5
9	中央音乐之声	0.15	4.7
10	中央中国之声	0.13	3.9

二十五　西宁广播市场竞争格局

表25　2022年西宁广播市场频率竞争格局 TOP10

排名	频率名称	收听率(%)	收听份额(%)
1	青海交通音乐广播	0.52	17.2
2	西宁交通文艺广播	0.44	14.7
3	西宁都市生活广播	0.33	11.1
4	青海新闻综合广播	0.31	10.3
5	西宁综合广播	0.30	9.9
6	青海生活广播	0.26	8.6
7	中央中国之声	0.22	7.5
8	青海经济广播	0.20	6.6
9	西宁旅游广播	0.19	6.3
10	中央音乐之声	0.16	5.2

二十六　济南广播市场竞争格局

表26　2022年济南广播市场频率竞争格局 TOP10

排名	频率名称	收听率(%)	收听份额(%)
1	济南交通广播	0.94	23.6
2	济南新闻广播	0.71	17.7

续表

排名	频率名称	收听率（%）	收听份额（%）
3	济南音乐广播	0.58	14.4
4	济南经济广播	0.55	13.8
5	济南故事广播	0.44	11.0
6	山东音乐广播	0.13	3.3
7	山东综合广播	0.11	2.7
8	山东乡村之声	0.09	2.3
9	中央中国之声	0.08	2.1
10	山东经济广播	0.07	1.9

二十七　太原广播市场竞争格局

表27　2022年太原广播市场频率竞争格局TOP10

排名	频率名称	收听率（%）	收听份额（%）
1	山西交通广播	0.55	13.8
2	太原交通广播	0.43	10.9
3	太原音乐广播	0.35	8.9
4	太原综合广播	0.33	8.4
5	山西音乐广播	0.31	7.9
6	太原经济广播	0.30	7.5
7	山西综合广播	0.24	5.9
8	山西文艺广播	0.23	6.1
9	山西故事广播	0.23	5.8
10	山西经济广播	0.22	5.4

二十八　西安广播市场竞争格局

表28　2022年西安广播市场频率竞争格局TOP10

排名	频率名称	收听率（%）	收听份额（%）
1	西安交通旅游广播	0.41	13.0
2	陕西交通广播	0.36	11.4

排名	频率名称	收听率（%）	收听份额（%）
3	西安音乐广播	0.28	8.9
4	陕西音乐广播	0.25	7.9
5	西安新闻广播	0.24	7.5
6	陕西新闻广播	0.20	6.2
7	中央中国之声	0.18	5.8
8	中央经济之声	0.18	5.8
9	西安综艺广播	0.16	5.0
10	陕西都市广播	0.16	5.0

二十九　成都广播市场竞争格局

表29　2022年成都广播市场频率竞争格局TOP10

排名	频率名称	收听率（%）	收听份额（%）
1	成都交通文艺广播	0.40	14.3
2	四川城市之音	0.35	12.7
3	四川交通广播	0.30	10.8
4	成都经济广播	0.25	9.1
5	四川新闻广播	0.16	5.8
6	四川经济广播	0.15	5.5
7	成都新闻广播	0.15	5.4
8	四川岷江音乐	0.15	5.3
9	四川文艺广播	0.14	5.2
10	四川天府之声	0.11	3.8

三十　乌鲁木齐广播市场竞争格局

表30　2022年乌鲁木齐广播市场频率竞争格局TOP10

排名	频率名称	收听率（%）	收听份额（%）
1	新疆交通广播	0.32	14.9
2	乌鲁木齐旅游音乐广播	0.30	13.9

续表

排名	频率名称	收听率（%）	收听份额（%）
3	中央中国之声	0.26	12.2
4	乌鲁木齐交通广播	0.20	9.6
5	新疆文化旅游广播	0.17	8.1
6	乌鲁木齐维语交通文艺广播	0.14	6.4
7	乌鲁木齐新闻广播	0.12	5.5
8	新疆音乐广播	0.12	5.4
9	新疆故事广播	0.09	4.2
10	新疆新闻广播	0.08	3.9

三十一　昆明广播市场竞争格局

表31　2022年昆明广播市场频率竞争格局TOP10

排名	频率名称	收听率（%）	收听份额（%）
1	云南交通之声	0.43	14.7
2	昆明汽车音乐广播	0.33	11.6
3	云南新闻广播	0.29	10.0
4	云南音乐广播	0.27	9.5
5	昆明新闻综合广播	0.24	8.2
6	昆明文艺旅游广播	0.22	7.6
7	云南经济广播	0.20	6.9
8	中央中国之声	0.19	6.6
9	云南旅游广播	0.19	6.6
10	中央经济之声	0.15	5.3

Abstract

Report on Development of China's Audio Media (2023) is compiled by the project team from the School of Journalism and Communication of Jinan University. It brings together the insightful perspectives of experts, scholars, and industry elites in the field of Chinese broadcast media and audio, as well as the latest research findings from domestic professionals specializing in integrated media studies.

In the face of the complex external situation and challenging propaganda tasks, China broadcast system has adhered to Xi Jinping Thought on Socialism with Chinese Characteristics for a New Era as its guiding principle. It has implemented the decisions and requirements of the Party Central Committee and achieved remarkable progress in its work. Throughout the year, China Audio Media focused on strengthening and expanding mainstream public opinion guidance, effectively harnessing the positive role of public opinion. The integration of traditional broadcasting media and emerging new media platforms has created a new paradigm for effective communication. Furthermore, the collaboration between traditional broadcasting and new media broadcasting has contributed to enhancing communication between China and the rest of the world. The emergency broadcast system has also made significant advancements through the collaborative efforts of the national broadcasting system. Additionally, the development of mobile audio has responded to the significant changes brought about by the mobile Internet era. It has gradually developed a comprehensive communication model that encompasses various application scenarios, including smartphones, cars, wearables, and homes.

China's broadcasting media has actively strengthened the construction of multi-scene and cross-regional smart broadcasting, promoting the comprehensive integration of various media platforms. Broadcast media at all levels across the country are exploring the path of deep integration and transformation. This includes building integrated media entities, constructing all-media matrices, exploring diverse profit models, and actively leveraging new technologies. Since the goal of establishing an all-media communication system was proposed at the 20th Party Congress, the broadcast media has continuously deepened the concept of integration. They have consolidated communication platforms, expanded communication matrices, innovated content creation, promoted talent transformation, and facilitated management changes. These efforts have provided strong spiritual impetus for economic and social development. Deep integration in broadcasting plays a crucial role in leading mainstream values, social governance, cultural heritage, and international communication. It exhibits characteristics such as intelligence, immersion, and groundedness. With the continuous advancement of mobile communication technology and digital multimedia technology, the market scale of audio content continues to expand, and the sound content industry continues to explore its unique value.

After multiple attempts to integrate broadcast media with platforms such as short-form live video, portals, and major commercial audio and video clients, a diversified and innovative development path has been established. The influence and user base of broadcast media have further declined under the strong impact of new media. In addition to consolidating the listener base and enhancing their loyalty, broadcast media should vigorously expand their non-audio content offerings on online platforms. This requires exploring various dimensions such as platforms, data, content, brand, and technology to expand the business model of broadcast media. With the end of the era of home confinement due to the pandemic, radio listening is gradually returning to normal on different devices. Therefore, radio stations should prioritize content and adopt a listener-centric development strategy that meets their needs for personalized, scenario-based, and specialized content. By creating more high-quality programs, radio stations can enhance the productivity and competitiveness of their content.

The mobile music industry in China is not only facing the challenges of industrial upgrading and reshaping business models but also confronting new technological tests brought by short video music and AI-assisted music generation. The industry needs to continue investing in platforms, users, technology, and content while integrating mobile music with urban cultural construction. This will create new opportunities for Chinese cultural consumption in the digital era. As the boundaries between video and music users converge and in-car radio and music apps seek to integrate, the online music industry actively combines new technologies such as meta-universe and AI to provide users with a brand-new music experience. Traditional music broadcasting must also accelerate synergistic development with the mobile music industry through the support of mobile Internet technology.

Mobile audio has reached a relatively mature stage of development, driven by factors such as policies, market trends, and technology advancements. It has established a comprehensive service ecosystem in different regions. Mobile audio has become an important source of entertainment and leisure for users, connecting various aspects of their lives. Following the COVID-19 pandemic, the audiobook market has entered a healthy and orderly development stage driven by national reading policies, leading to enriched industrial structure, scale, and formats. Audiobooks, as an integral part of the new digital publishing and distribution system, have entered a new phase of copyright protection. Audio live platforms continue to focus on specific verticals, optimizing the immersive listening experience and effectively catering to niche markets in the live broadcasting field. This brings about differentiated competition with other media forms and content formats. The Chinese podcast market has also seen further growth and development in 2022, characterized by increasing program segmentation and a rising original content landscape, demonstrating significant marketing potential.

Keywords: Audio Media; Deep Integration; Radio Station; Mobile Music

Contents

I General Report

Abstract: In 2022, China Audio Media showcased the powerful voice of the socialist audio industry with Chinese characteristics in the new era. During the 20th National Congress of the Communist Party of China, audio media insisted on consolidating and strengthening the guidance of mainstream public opinion, playing an active role in guiding public opinion. This year, the integration of broadcast media has continued to advance, promoting the development of a comprehensive media communication system that serves national governance and social governance innovation. Mobile audio follows the major changes in the development trend of the mobile Internet era and gradually explores a full-scene communication model that covers cell phones, cars, wearables, homes, and other application scenarios. Traditional broadcasting and new media broadcasting work together to achieve new milestones in the field of international broadcasting business and make significant contributions to promoting communication between China and the rest of the world. It is worth noting that the emergency broadcasting system has made outstanding progress due to the concerted and joint efforts of the national broadcasting system. This progress has been achieved by maximizing the unique role of broadcasting in national policy propaganda, social governance, and cultural construction.

Keywords: Audio Communication; Deep Integration; Mobile Audio; Emergency Broadcasting

Ⅱ Media Convergence

B.2 Status and Characteristics of Deep Integration
of China Broadcasting in 2022   *Li Yue* / 017

Abstract: Media convergence has passed its tenth anniversary since 2014 when it rose to become a national strategy, and in accelerating the process of deep media convergence, the national broadcasting anchors the development direction of new mainstream media convergence, and continuously explores and innovates at the level of the audio industry, scenes, cases, and modes, etc., and the media convergence has crossed a new stage of intelligence. This paper selects the most representative and innovative cases of the national 2022 year to analyze and summarize the media practices and characteristics of deep integration.

With the traditional profit model of the broadcasting industry represented by broadcasting shrinking significantly, broadcast media at all levels nationwide are carrying out supply-side reform, exploring the path of deep integration and transformation by creating a fusion media body, building a full media matrix, exploring diversified profit models, and actively using new technologies.

Keywords: Deep Integration; Broadcast Transformation; Media Account; Media Matrix

B.3 Analysis of the Effectiveness and Application Scenarios
of China's Broadcast Convergence Communication
in 2022   *Jing Yixin, Sun Jiaxue* / 029

Abstract: 2022 Chinese broadcast media continues to strengthen the construction of multi-scene and cross-regional smart broadcasting and promote the great development of full media integration. With the continuous development of intelligent technology, the unique communication advantages of broadcast media are amplified, playing an important role in mainstream values leadership, social governance, cultural inheritance and international communication, and presenting intelligent, immersive, grounded and other communication characteristics. China's broadcast media continues to gather social consensus at the level of main theme propaganda, improve broadcast service capacity at the level of grassroots governance, strengthen cultural penetration at the level of Chinese cultural communication, and present China's highlights with sound on the international stage. 2022 China's broadcast development practice is undoubtedly praiseworthy, and broadcast, as a key link of deep media integration, is promoting the construction of a new pattern of media communication and singing the The new voice.

Keywords: Smart Broadcasting; Smart Audio; Multi-dimensional Scene; Media Convergence

B.4 Analysis Report of China Sound Content Users' Touch-media Behavior in 2022 *Niu Cunyou* / 042

Abstract: The size of China's sound content market continues to grow in 2022, and sound content product applications have become an important part of consumers' daily lives. The widespread use of fifth-generation mobile communication technology and digital multimedia technology has effectively promoted the in-depth dissemination of sound broadcasting and sound content, strongly stimulating consumer demand for the sound content market, making sound content has become one of the important carriers of cultural communication. Sound content industry refers to the industry formed by the relevant economic phenomena and behaviors that occur around sound for content information consumption, "let sound create value and let sound realize value".

Keywords: Sound Content; Sound Value; User Profile; Touch-media Behavior

B.5 Analysis of the Construction of China's Broadcast

All-media Communication System in 2022   *Tu Youquan* / 060

Abstract: The Party's 20th National Congress put forward the major requirement of "strengthening the construction of a full-media communication system and shaping a new pattern of mainstream public opinion", which has pointed out the direction for the integration and development of media organizations, including broadcast media. Broadcast media continue to deepen the concept of integration, consolidate the communication platform, expand the communication matrix, innovate to create content, promote the transformation of talent, promote management changes, play a characteristic advantage, continue to build a full media communication system, strengthen mainstream public opinion, and provide strong spiritual power for economic and social development.

Keywords: Media Convergence; All-media Communication System; Mobile Platform

B.6 Practical Exploration of Broadcast Platform Transformation

Yu Dan / 075

Abstract: After years of development, the mobile audio industry has developed to a relatively stable period, but competition is still fierce. How can traditional broadcasting develop new media channels and realize digital transformation in such a market pattern? The audio client of China Central Radio and Television Station (CCTV), Cloud Listen, has made full use of its own resource advantages, and through its differentiated positioning, In just a few years, CCTV's audio client CloudListen has taken full advantage of the station's copyright resources, gathered the national live broadcast streams, gathered the station's high-quality content, and through differentiated positioning, created an information headline by the ear, a knowledge base of pendant class and a sound library of

Chinese culture. At the same time, it has explored the research and development application of AI anchors and colourful sounds, and is committed to providing users of multiple endpoints such as vehicles and smart wear with full-scene sound products and services. We are committed to providing sound products and services for multiple end-users, such as automobiles and smart wearables. It has the potential to overtake the later.

Keywords: Dissemination of Mainstream Voice; Integration of Stations and Networks; Technology Empowerment

Ⅲ Radio Station

B.7 Analysis of the Competitive Landscape of China's
Broadcast Market in 2022 *Chen Yehong* / 084

Abstract: In 2022, in the post-epidemic era, the influence and user base of broadcast media will continue to decline due to domestic and international political, economic, and media factors. In-vehicle and at-home listening scenarios will be replaced by in-vehicle smart devices and entertainment/shopping applications. Although the quality of listeners remains high, the decline in listener engagement is a cause for concern. Among the three tiers of radio stations, the competitiveness of centralized radio stations continues to grow due to their high-quality content resources, which attract listeners away from provincial and municipal radio stations. Among all types of frequencies, the competitiveness of traffic frequencies remained solid and ranked first on the list. Meanwhile, the competitiveness of news frequencies continued to increase and surpassed music frequencies to claim the second spot. On the other hand, the competitiveness of music frequencies continued to decline. With the overall weak growth of the audio ecosystem, broadcast media need to strengthen the presence of non-audio content on online platforms. This should be done while also consolidating the size of their listenership and improving their stickiness and loyalty in the future. For most local radio stations, it is neither practical nor feasible to continue building their own client base. Instead, they need to enhance their media influence by expanding into platforms and operating as quality content supply organizations.

Keywords: In-vehicle Listening; Listener Quality; Tertiary Radio; Type Frequency

B. 8 Exploring the Multi-Marketing of China's Broadcast Media Operations in 2022 *Zhong Qihua* / 102

Abstract: Under the double pressure of the overall decline of the advertising market and the further tilting of advertising channels to the mobile Internet and new media, how to give full play to theadvantages of broadcast media and expand new tracks in the inherent business model has become an urgent challenge for broadcasting practitioners to break through. With the deepening of media integration, it has become a new opportunity for China's broadcast media to find a new track of diversified marketing at the wind gap. In view of this, this paper collates and analyses the exploration of multifaceted marketing for China's broadcast media operation in 2022, examines the challenges faced by the transformation of broadcast media, evaluates them in multiple dimensions such as platforms, data, content, brands, technologies and industries, and explores countermeasures such as upgrading across the level, deepening into the field of pendant categories, taking advantage of on-board channels, linking up cross-boundary cooperation, technological innovation and developing ways of generating revenues, etc., to Through the exploration of countermeasures such as upgrading across levels, cultivating vertical areas, utilising the advantages of in-car channels, linking up cross-border cooperation, technological innovation and exploring ways to generate revenue, the study reveals the various possibilities of broadcast media operation under the innovative model, with a view to providing reference for broadcast practitioners.

Keywords: Broadcast Media; Multi-Marketing; New Track for Broadcasting

B . 9 Analysis Report of China Radio Listenership in 2022

Sun Meiling / 113

Abstract: With the advancement of dissemination and integration, the construction of radio integrated media has entered a stable development stage of improving efficiency and quality, and the time is ripe for further deepening reforms. In 2022, the overall era after the epidemic has arrived, and the voices of different terminals are gradually returning to normal. The main radio audience is from the 70s and 80s generations. The structure of school years and monthly income forms a wheel shape with obvious additions at both ends and a large middle. In different states of voice, the truck end is in the center. In 2022, the voice purpose of the national radio audience simultaneously attracts the audience to improve, while the audience's listening habits decrease. However, the audience's "daily activities" have declined, and they prefer high-quality short and medium-length program content. The audience's decision to continue listening to a program further summarizes the time. Personalized, scenario-based, and vertical demands for content are needed to create more high-quality programs in order to further enhance the productivity and competitiveness of content dissemination.

Keywords: Radio Listeners; Listener Profile; Listening Habits; Content Preference

Ⅳ Music Mobile Audio

B . 10 Report of China Mobile Music Industry Development

in 2022 *Liu Yuanpeng* / 136

Abstract: The global music industry in 2022 is experiencing a significant impact from smart technology and video streaming. Similarly, the Chinese mobile music industry is also encountering major challenges in terms of industrial upgrading, development, and reshaping of its industrial model. Under the joint promotion of national policies, economic transformation, and digital technology, the development trend of China's mobile music industry has taken on five basic forms: expanding market scale, improving infrastructure, standardizing copyright management, structuring resources on platforms, and diversifying business dynamics. In addition to sustaining robust growth, China's mobile music industry also needs to confront the new challenges posed by short-form video music and artificial intelligence-assisted music generation. In the future, China's mobile music industry needs to make simultaneous efforts on multiple fronts, including the platform, user, technology, and content sides. This will enhance the internal momentum of mobile music industry development, integrate mobile music with urban cultural construction, and create a new digital era scene for Chinese cultural consumption.

Keywords: Mobile Music; Online Music; Music Industry; Mobile Media; Digital Culture

Abstract: In the era of mobile Internet, traditional music broadcasting is greatly impacted by mobile music platforms. This has a significant influence on the program production, operation mode, and development direction of traditional music broadcasting. Traditional music broadcasting must seek synergistic development with the mobile music industry, supported by mobile Internet technology. From the perspective of traditional media, this paper analyzes the plight of music radio in the era of mobile Internet, which is facing audience diversion, weakening influence, outdated institutional mechanisms, technological constraints, and loss of talents. It is proposed that traditional music broadcasting must, with the support of mobile Internet technology, solidify the basic plate of in-car listening, enter the mobile Internet platform, seek synergistic development with the mobile music industry, and make every effort to build a new intelligent broadcasting.

Keywords: Mobile Internet; Music Broadcasting; Convergence and Innovation; Mobile Music Industry

B.12 Analysis Report of China Internet Music User

Listening in 2022 *Zhang Shuai, Sun Yang* / 164

Abstract: In 2022, China's online music user base slightly decreased compared to the previous year, and the user usage rate also decreased. This indicates a slower development compared to other entertainment applications. Through the analysis of user profiles, it has been found that the proportion of female users has increased. Additionally, the age structure of users has shifted towards younger demographics. This indicates that the potential of the untapped market has further expanded. Furthermore, users with higher income levels show a greater willingness to consume online. Lastly, the mainstream user group demonstrates a certain level of literacy. From the perspective of users' listening behavior and preferences, their listening time is more concentrated. When choosing music tracks, they tend to prefer music from the 80s, 90s, and popular music from the past five years. Chinese music has a clear advantage as the mainstream choice. In recent years, the domestic online music industry has undergone significant changes. The boundaries between video and music users are merging, and there is an increasing connection between car radio and music apps. These developments provide an optimistic explanation for the decrease in the number of online music users in 2022. The rapidly evolving online music industry is also actively developing new technologies, such as the meta-universe and AI, to provide users with a unique music experience.

Keywords: Online Music; User Portrait; Music Distribution

V   Non-music Mobile Audio

B.13   Report of China Mobile Radio Development in 2022

Abstract: In 2022, driven by a combination of various factors including policy, market, and technology, the development of mobile radio will reach a relatively mature stage. This will lead to the formation of a region-wide service ecosystem with a significantly expanding market size. Through the integration and coordination of copyright, content, products, platforms, channels, users, and other resources in each link of the upstream, midstream, and downstream, enterprises are exploring a business model with B2B advertising and marketing and B2C paid subscriptions, user rewards, and derivative development as the core. In terms of competition pattern, the comprehensive audio platform Himalaya still holds the leading position, while Dragonfly FM and Litchi maintain the second tier. The "national team" of traditional media transformation, supported by the resources of the Central Broadcasting Corporation (CGC), Cloud Listen, has risen to the third tier. In the future, AIoT (Artificial Intelligence Internet of Things) will promote the widespread use of mobile audio in various settings. AIGC (Artificial Intelligence Generated Content) will revolutionize the production and operation of mobile radio, unlocking the full potential of mobile radio in cars. Additionally, mobile radio will be integrated with offline environments to reach users more effectively.

Keywords: Mobile Radio; Mobile Audio Industry; Himalaya; Cloud Listening

B.14   Analysis Report of China Mobile Radio User

Behavior in 2022

Abstract: Currently, mobile radio has become a significant means of entertainment and leisure for users, as well as an important platform for connecting users to various life services. Therefore, it is crucial to thoroughly study the user ecosystem of mobile radio. This paper provides a comprehensive analysis of the profile of mobile radio users, their listening behavior, content preferences, and media interaction. The findings of this analysis provide crucial data support for the integration and development of the mobile radio industry. Additionally, it offers operational guidance for mobile radio stations to explore new scenarios and expand their services further.

Keywords: Mobile Radio; User Profile; Listening Habits; Media Touching Behavior

B.15 China Audiobook Market Development Report in 2022

Tong Yun, Zhou Shihao and Wang Yifei / 222

Abstract: In 2022, the audiobook market has experienced new opportunities and presented new highlights following the COVID-19 pandemic. Favorable policies promoting reading for all individuals contribute to the healthy and organized growth of the audiobook market. Audiobook thematic publishing continues to embrace the main theme of the new era. Community audiobook libraries are being embraced by the grassroots. Audiobooks are moving towards segmentation and boutique offerings. Intelligent technology is leading audiobooks into new territory. The audiobook industry is experiencing integration and innovation. On one hand, the demand for audiobook cultural services is booming. On the other hand, there are frequent issues of audiobook infringement, highlighting the need for intellectual property protection. With the advancement of technology, the new wave of media changes triggered by AIGC has become a hot topic for discussion.

Keywords: Audiobooks; Audio Books; Digital Audiobook Publishing

B.16   Report on the Status and Development of Copyright

Protection for China Audiobooks in 2022

Wu Shenghua, Li Chan / 234

Abstract: Audiobooks, as an important segment of the new publishing and dissemination system in the digital era, has entered a new stage in its copyright protection 2022. The Three Bodies audiobook copyright infringement dispute case was selected as one of the top ten typical cases of copyright in Shanghai in 2021, which had a demonstration effect on regulating authorisation, increasing the amount of compensation and enhancing the responsibility of platforms. However, copyright issues in the field of audiobooks continue to limit the development of the industry. Analysing the development trend of China's audiobook copyright protection work, China still needs to improve the copyright authorisation mechanism, strengthen the responsibility and obligation of network operation platforms to resolve disputes, and enhance the comprehensive application of new technologies in copyright protection, so as to escort the healthy development of the audiobook copyright industry.

Keywords: Audiobooks; Digital Communication; Copyright Protection

B.17   Analysis Report of China Audiobook Market User

Behavior in 2022   *Wei Wenkai, Xie Haoying / 249*

Abstract: Against the backdrop of the country's strategic measures to promote "reading for all", audiobooks have become an integral product in promoting widespread reading and the development of the audio industry. The industry has seen significant growth in terms of its structure, scale, and formats. Among audiophiles, there is a noticeable trend of users gradually shifting towards the middle-aged and elderly groups. This transformation is accompanied by a shift from highly educated individuals to those with middle and high levels of education. Additionally, user needs fluctuate based on the age of their children. In terms of contact motivation, users have a strong demand for audio creation space, entertainment and recreational functions, and audio content companionship. In terms of user listening behavior, audio content reception is characterized by fragmentation, transience, and interruption. The Chinese audiobook market should make targeted, continuous, and strategic adjustments based on user behavior in order to achieve the goal of combining social and economic benefits.

Keywords: Audiobook Users; Media Touching Behavior; Listening Behavior; User Analysis

B.18 Analysis Report of China Live Audio Market
Development and Behavior in 2022 *Li Yingyan* / 275

Abstract: In 2022, the live audio industry not only witnessed and participated in the prosperous development of the "home economy" and live e-commerce, but also achieved further improvement and breakthroughs in its own development with the joint support of national policy, economy, society, and technology. Under the pursuit of quality and boutique development, Audio Live continues to focus on the professional vertical field. It aims to optimize the immersive listening experience and leverage its unique characteristics and advantages to firmly establish a presence in the long tail market of live broadcasting. Audio Live aims to differentiate itself from other media and content forms, and make continuous efforts and contributions to improving the ecological environment in the audio media field.

Keywords: Live Audio; Vertical Niche; Immersion; Media Ecology

B.19 Report of China Podcast Market Development in 2022
Wang Chunmei, Xing Danrui and Cai Jucheng / 289

Abstract: In 2022, China's podcast market is experiencing a boom.

Comprehensive audio platforms, online music platforms, pendant podcast applications, broadcast media, and other entities are increasing their support for podcasts. This support is stimulating the creation of podcast content by optimizing features, creating mechanisms, improving services, and organizing events. The trend of podcast program segmentation has increased, leading to enriched content categories. Numerous influential programs have emerged in areas such as humanities and history, business and finance, and lifestyle and leisure. Creators from all walks of life are participating in the creation of podcasts, and the level of originality in content is increasing. With the growing number of users, the marketing potential of podcasts has emerged, leading to the development of multiple business models, including advertising, personalized content customization, and payment for high-quality content.

Keywords: Podcast Industry; Mobile Audio; Auditory Culture; Sound Services

社会科学文献出版社

皮 书

智库成果出版与传播平台

✤ 皮书定义 ✤

皮书是对中国与世界发展状况和热点问题进行年度监测，以专业的角度、专家的视野和实证研究方法，针对某一领域或区域现状与发展态势展开分析和预测，具备前沿性、原创性、实证性、连续性、时效性等特点的公开出版物，由一系列权威研究报告组成。

✤ 皮书作者 ✤

皮书系列报告作者以国内外一流研究机构、知名高校等重点智库的研究人员为主，多为相关领域一流专家学者，他们的观点代表了当下学界对中国与世界的现实和未来最高水平的解读与分析。截至2022年底，皮书研创机构逾千家，报告作者累计超过10万人。

✤ 皮书荣誉 ✤

皮书作为中国社会科学院基础理论研究与应用对策研究融合发展的代表性成果，不仅是哲学社会科学工作者服务中国特色社会主义现代化建设的重要成果，更是助力中国特色新型智库建设、构建中国特色哲学社会科学"三大体系"的重要平台。皮书系列先后被列入"十二五""十三五""十四五"时期国家重点出版物出版专项规划项目；2013~2023年，重点皮书列入中国社会科学院国家哲学社会科学创新工程项目。

皮书网

（网址：www.pishu.cn）

发布皮书研创资讯，传播皮书精彩内容
引领皮书出版潮流，打造皮书服务平台

栏目设置

◆关于皮书

何谓皮书、皮书分类、皮书大事记、
皮书荣誉、皮书出版第一人、皮书编辑部

◆最新资讯

通知公告、新闻动态、媒体聚焦、
网站专题、视频直播、下载专区

◆皮书研创

皮书规范、皮书选题、皮书出版、
皮书研究、研创团队

◆皮书评奖评价

指标体系、皮书评价、皮书评奖

◆皮书研究院理事会

理事会章程、理事单位、个人理事、高级
研究员、理事会秘书处、入会指南

所获荣誉

◆2008年、2011年、2014年，皮书网均
在全国新闻出版业网站荣誉评选中获得
"最具商业价值网站"称号；
◆2012年，获得"出版业网站百强"称号。

网库合一

2014年，皮书网与皮书数据库端口合
一，实现资源共享，搭建智库成果融合创
新平台。

皮书网

"皮书说"
微信公众号

皮书微博

权威报告·连续出版·独家资源

皮书数据库
ANNUAL REPORT(YEARBOOK)
DATABASE

分析解读当下中国发展变迁的高端智库平台

所获荣誉

- 2020年，入选全国新闻出版深度融合发展创新案例
- 2019年，入选国家新闻出版署数字出版精品遴选推荐计划
- 2016年，入选"十三五"国家重点电子出版物出版规划骨干工程
- 2013年，荣获"中国出版政府奖·网络出版物奖"提名奖
- 连续多年荣获中国数字出版博览会"数字出版·优秀品牌"奖

皮书数据库　　"社科数托邦"
　　　　　　　微信公众号

成为用户

　　登录网址www.pishu.com.cn访问皮书数据库网站或下载皮书数据库APP，通过手机号码验证或邮箱验证即可成为皮书数据库用户。

用户福利

- 已注册用户购书后可免费获赠100元皮书数据库充值卡。刮开充值卡涂层获取充值密码，登录并进入"会员中心"—"在线充值"—"充值卡充值"，充值成功即可购买和查看数据库内容。
- 用户福利最终解释权归社会科学文献出版社所有。

数据库服务热线：400-008-6695
数据库服务QQ：2475522410
数据库服务邮箱：database@ssap.cn
图书销售热线：010-59367070/7028
图书服务QQ：1265056568
图书服务邮箱：duzhe@ssap.cn

法律声明

"皮书系列"（含蓝皮书、绿皮书、黄皮书）之品牌由社会科学文献出版社最早使用并持续至今，现已被中国图书行业所熟知。"皮书系列"的相关商标已在国家商标管理部门商标局注册，包括但不限于LOGO（ ）、皮书、Pishu、经济蓝皮书、社会蓝皮书等。"皮书系列"图书的注册商标专用权及封面设计、版式设计的著作权均为社会科学文献出版社所有。未经社会科学文献出版社书面授权许可，任何使用与"皮书系列"图书注册商标、封面设计、版式设计相同或者近似的文字、图形或其组合的行为均系侵权行为。

经作者授权，本书的专有出版权及信息网络传播权等为社会科学文献出版社享有。未经社会科学文献出版社书面授权许可，任何就本书内容的复制、发行或以数字形式进行网络传播的行为均系侵权行为。

社会科学文献出版社将通过法律途径追究上述侵权行为的法律责任，维护自身合法权益。

欢迎社会各界人士对侵犯社会科学文献出版社上述权利的侵权行为进行举报。电话：010-59367121，电子邮箱：fawubu@ssap.cn。

社会科学文献出版社